山東大學中文論叢

Shandong University Journal of Chinese Language and Literature

袁行霈题

《山东大学中文论丛》编辑部　编

山东人民出版社·济南

国家一级出版社　全国百佳图书出版单位

山东大学主办

《山东大学中文论丛》编辑部编

编辑部主任：杜泽逊

编辑部副主任：马　兵

编辑部成员：杜泽逊　李剑锋　黄发有　程相占
　　　　　　马　兵　史建国　王　辉

图书在版编目（CIP）数据

山东大学中文论丛. 第3辑／《山东大学中文论丛》编辑部编 .－－济南：
山东人民出版社，2019.9
ISBN 978-7-209-12382-2

Ⅰ．①山… Ⅱ．①山… Ⅲ．①山东大学－论丛 Ⅳ．① C55

中国版本图书馆 CIP 数据核字 (2019) 第 201751 号

出 版 人　胡长青

项目统筹　王海涛

责任编辑　崔　敏

助理编辑　谭　天

山东出版传媒股份有限公司

山东人民出版社出版发行

网址：http://www.sd-book.com.cn

社址：济南市英雄山路 165 号　邮编：250002

编辑室电话：0531-82098902　总编室电话：0531-82098914

山东省东营市新华印刷厂印装

16 开本（185 毫米×260 毫米）　15 印张　270 千字

2019 年 9 月第 1 版　2019 年 9 月第 1 次印刷

定价：48.00 元

（如有印装质量问题，请与出版社总编室联系调换）

目 录

封面人物

经学文献版本研究的典范之作

——评王锷先生新著《礼记版本研究》

孔祥军

摘　要：王锷先生新著《礼记版本研究》是第一部以单经为研究对象的版本文献学专著，成就卓著，意义非凡。《研究》的根本学术意义在于开创了经学版本研究的范式，全书体系结构完整，篇章布局合理，而各章之内又往往对该本版本特征、刊刻年代、递藏源流、文献价值等问题展开深入探讨，可谓细致全面、科学严谨。《研究》所开创的这一模式，不仅可用于研究《礼记》，更可推而广之，用于研究《周易》《毛诗》《左传》诸经，亦可为其他古代文献版本研究提供借鉴，对学界贡献深远。

关键词：王锷　《礼记版本研究》　成就

21世纪以来，经学研究，尤其是经学文献版本研究逐渐成为学界热点，其中通论方面，代表性著作有张丽娟先生《宋代经书注疏刊刻研究》、乔秀岩先生《北京读经说记》等；专研一经者，则有杜泽逊先生《尚书注疏校议》，乃杜先生编纂《尚书注疏汇校》之余，"每有商榷，别纸记之"而成，实为古人所谓笔记也。所以，新近由中华书局出版的王锷先生新著《礼记版本研究》（2018年11月，以下简称《研究》），可以说是第一部以单经为研究对象的版本文献学专著，成就卓著，意义非凡。

《研究》的根本学术意义在于开创了经学版本研究的范式，全书体系结构完整，篇章布局合理，先对《礼记》单经注本进行研究，继而对注疏本再做探讨，单经注本又以宋刊抚州本、婺州本、余仁仲本、纂图本、清刊殿本为次序，注疏本则以宋八行本、元十行本、明闽本、清阮本为先后，仅据目录安排，即可见出版本源流，又殿以"《礼记》版本述略"，回顾众本，统摄全书，分总互见，枹鼓相应，作者之用心可见一斑也。各章之内又往往对该本版本特征、刊刻年代、递藏源流、文献价值等问题展开深入探讨，可谓细致全面、科学严谨。《研究》所开创的这一模式，不仅可用于研究《礼记》，更可推而广之，用于研究《周易》《毛诗》《左传》诸经，亦可为其他古代文献版本研究提供借鉴，对学界贡献可谓深远矣。

文献版本研究的首要工作在于确定版本的性质与年代，《研究》对历代《礼记》代表性版本的刊刻年代都进行了深入研究，除了直接依据相关版本识语文字作出判断外，是书还通过考察具体避讳文字和印面刻工情况等方法进行判定。前者为考察版本年代的通行做法，《研究》通过细致排查避讳文字情况，补充完善了前人说法，如关于宋本《纂图互注礼记》，李致忠《宋版书叙录》得出比较笼统的结论，《研究》则将避讳情况具体化，依字逐一考察罗列，如云："'敦'字除抄补部分'敦善行而不怠'和注'敦厚也'、《曾子问》'摄主不厌祭'注'撤荐俎敦'和释文'敦音对'、《礼运》'而兵由此起'注'以其违大道敦补之本也'、《内则》'惇史'释文'惇音敦敦厚'、《明堂位》'两敦'释文'敦音对'之'敦'外，其余皆缺末笔"（第148—149页），从而为判定刊刻年代提供了最为全面的参考信息。要做到如此详细地对避讳情况加以记录，唯有逐页逐字悉心目验，作者之辛劳于此可见。同样，作者亦耗费了极大的精力对抚州本、八行本的印面刻本情况做了系统统计，补充完善了前人的相关结论，如于抚州本刻工，王肇文《古籍宋元刊工姓名索引》（以下简称《索引》）以为有徐实、宿敏张、宋伋三人，《研究》通过重新统计，指出无此三人，并补充了王氏《索引》遗漏了的弓颐、余英、陈祥三人（第11页）；于八行本刻工，王氏《索引》完全依据《宝礼堂宋本书录》（以下简称《书录》），《研究》通过细致核查，指出无《书录》所录马林等八人，《书录》所录马祖等十三人是补板刻工而非原板刻工，《书录》遗漏了范华等十二位原板刻工，《书录》误"王允"为"王充"（第328页）。经过如此般的彻底清理，不但修正了《书录》《索引》的记载，有利于进一步精准判定相关版本的刊刻年代，而且为学界研究宋元刻工以及宋元版本文献提供了全新的资料，而这些结论同样来自一丝不苟的逐页核查，作者的严谨态度和笃实精神令人感佩。作者还另辟蹊径，通过考察历史人物的具体履历来帮助判定刊印年代。存世最早的汇刻本《十三经注疏》为明代李元阳刊印，而学界对其详情较少探讨，作者通过分析李元阳《默游园记》，找到一条重要线索，"在闽中刻《十三经注疏》、杜氏《通典》"，又据《初刻杜氏〈通典〉序》"丙申，以御史按闽"，李元阳《游龙虎山记》云"余嘉靖丙申使闽，戊戌五月得代入疆"，推断李元阳任职福建期间为嘉靖十五年（丙申）至嘉靖十七年（戊戌），《十三经注疏》亦汇刻于此时也（第443—445页）。这是有关闽本《十三经注疏》刊刻年代最为明确的判定结论，填补了这一问题的研究空白，检哈佛大学藏闽本《十三经注疏·春秋左传注疏》卷二十九首页有题名"明御史李元阳提举金事江以达校刊"，正与"以御史按闽"之记载契合，则作者之推论信而有征矣。

版本研究的第二项重要工作是确定版本质量。过去的通常做法是拈取一二著例以为论说依据，既不全面也不深入，而《研究》则往往是抽取某卷，以研究对象为底本，与其他代表性版本做彻底汇校，然后按照底本是、底本非划为两类，将校记逐条罗列，最后再进行统计，按照正误比例，排定优劣次序，如此既言之有据，又一目了然。具体而言，抚州本抽取《檀弓》上下、婺州本抽取《曲礼》、余仁仲本抽取《檀弓》上下、殿本抽取《杂记》、八行本抽取《王制》、十行本抽取《投壶》等，经过实证式的比勘考订，从而得出了一系列重要结论。如《研究》对乾隆四十八年武英殿仿相台岳氏本《五经·礼记》的看法是，"就《杂记》篇而言……八行本、殿本注质量最好……我们有理由相信，殿本注基本反映了岳本（廖本）的面貌，廖本《九经》、岳氏《九经三传》、武英殿翻刻《五经》之《礼记注》，都是校勘精良的古籍善本"（第257—258页），可以说这是学界第一次对武英殿本《五经》刊刻质量作出科学判断。笔者在汇校《毛诗》经注本的过程中，也发现武英殿仿相台岳氏本《毛诗》文字质量远胜各本，与《研究》得出的结论不谋而合，可见殿本《五经》的版本文献价值应该得到充分肯定。《研究》各章所罗列出的校勘成果，实际上皆基于作者的另一部重要研究成果《礼记郑注汇校》，对于此书，作者自述云："我们历时十年，从事《礼记郑注汇校》工作，目的就是想搞清楚《礼记》版本优劣、文字差异及其相互关系，为进一步整理研究《礼记》奠定坚实基础。"（第487—488页）经过这一漫长艰苦的汇校过程，作者得出的最终结论是："《礼记注》版本中，抚州本最好，余仁仲本次之，绍熙本最差；《礼记注疏》版本中，和本最好，阮本次之，十行本最差。"（第493页）这是迄今为止《礼记》版本研究最权威、最可信的最终结论，既是对既往《礼记》

版本文献研究的总结，也对今后开展文献整理、版本研究等工作指明了方向，学术价值之重要不言而喻。

除了对根本性问题进行充分研究，是书也将版本研究的细致化特征推进到一个新的高度。《研究》对抚州本的圈点和批语、绍熙本的朱批与浮签、殿本的考证、八行本的浮签等问题，皆进行了详细探讨。尤其是各类影印本中一些不易察觉的问题，也被作者逐一揭示出来。如宋刊余仁仲本《礼记》，曾收入《中华再造善本》唐宋编，最近又被收入"国学基本典籍丛刊"，两种影印本卷二卷末皆未注明经注、《音义》字数，与各卷皆异，作者却发现在民国来青阁影印本卷二卷末栏外题"经伍阡贰伯壹拾玖字，注伍阡叁伯陆拾伍字，音义叁阡陆伯捌拾陆字"，并推论"疑经、注和《音义》字数刻在下一页，《中华再造善本》在影印时舍弃"（第101页）。若非作者细心发现，读者或以为卷二本无字数，影印古籍不可不慎。民国时张元济主持编印《四部丛刊》，正史单列为"百衲本二十四史"，多有描改，相关文字皆详细著录于各史《校勘记》，而《四部丛刊》所收各书是否亦有改动，因缺乏深入勘察，故而长期以来只能对此存疑。《研究》则专门针对宋刊《纂图互注礼记》与其影印本《四部丛刊·礼记》进行了深入比较，专辟一节，详细罗列二者文字差异之处，其中底本错误，《丛刊》本直接改正者，有二十处；底本不误，《丛刊》本讹误者，亦有二十处；此外，底本前二十五页为刘履补抄，已发生严重讹误，《丛刊》本不仅沿袭了底本错误，而且又发生了更为严重的错误，正如作者所言，长期以来一直无人指出（第141—142页）。经过此番研究，《四部丛刊》对底本是否有改动，已无须讨论，显然易见了。《研究》不仅对影印本有深入考察，对影刻本同样予以关注，如国图所藏宋刊八行本《礼记正义》，民国时为潘宗周宝礼堂所藏，先后影印、影刻，前者为珂罗版影印，存世极少，《影印南宋越刊八行本礼记正义》上栏据日本足利学校藏本之胶卷胶片扫描影印，下栏即据潘氏珂罗版影印本拍照影印，而潘氏影刻本，则有20世纪中国书店重印本。那么潘氏影刻本究竟是否忠实于底本呢？笔者过去在校读《礼记》时，曾发现二者文字确有不同之处，如《中庸》"至诚之道"条，八行本孔《疏》云："时二川皆震，为周之恶瑞"，潘氏影刻本"二川"作"三川"，《研究》则经过全面核查，发现二者差异很大，故而认为"将潘本与八行本视为同一版本，是绝对不可以的"（第364页），这一判断可谓定论。《研究》撰述之严谨，更体现在很多细节方面，如全书有大量附图，或为重要跋语，或为典型印面，在很大程度上增加了可信度，因为对于一般读者而言，往往难以获取相关版本的原书图片，若遇疑问，无从查核，作者如此安排，大大便利了读者，为版本文献类研究专著起到了很好的表率作用，值得大力推广。因为版本研究的特殊性，原书难以亲勘目验，故而往往是基于一些纸质影印本、电子扫描版加以讨论，因此，作者不仅在正文中不厌其烦地强调这一点，而且在《后记》当中再次强调，足见作者对版本问题理解之深，严谨若此，令人钦佩。

《研究》虽然以《礼记》版本作为主要研究对象，但对他经亦有关注，如"李元阳《仪礼注疏》来源考"一节，就专门讨论了闽本《十三经注疏》之《仪礼注疏》的版本问题。据目前所知，未见宋元刊《仪礼注疏》，最早合刻者为明代陈凤梧，其后有汪文盛、应槚等人，那么究竟孰为李本《仪礼注疏》之底本，不得而知，作者通过细致考察版本特征、比对各本文字差异、参考人物年历，多管齐下，最终推论，"很有可能是依据汪文盛在福州刊刻的《仪礼注疏》十七卷翻刻"（第461页），这一看法，确实最合情理，最有说服力。

《研究》体大思精、包罗万象，上文仅就个人阅读体会稍作概括，是书真知灼见之处比比皆是，还需读者细读发现。在阅读的过程中，笔者也有一些不同理解，如《研究》第429页，作者在比较元刊明修十行本《毛诗注疏》与李元阳闽本《毛诗注疏》之后，认为李元阳在依据翻刻时对部分文字做过补充，所举例子是十行本卷八第三页，此页为正德十二年补板，有大量墨钉，而李本已无墨钉，全部补齐所缺文字。而笔者在汇校《毛诗注疏》时曾利用江西省乐平市图书馆藏元刊十行本《毛诗注疏》残卷，检此本卷八之一第三页为元刊印面，并无墨钉，文字俱在，则李元阳闽本所据翻刻本亦有可能是类似之元刊十行本，其底本即无墨钉，也就似乎不存在补足之事了。又《研究》第338页，国图藏八行本卷二十八第八页为抄补之页，作者认为依据文义当补足所缺二十一字，而潘宗周《校勘记》以为疑窦甚多，故作者云"此等差异详情，不得而知，待考"，足利学校藏八行本此页不缺，对照可知，似无须待考。又《研究》在书末"《礼记》版本述略"一章中，提出《礼记注疏》版本中"和本"最好，此处"和本"似指和珅翻刻十行本《礼记注疏》，作者认为此本最好，但《研究》对"和本"并未专辟一章探讨，若能有专门文字加以阐述，或可解读者之疑惑。又此章末附"《礼记》版本关系图"，其中足利本、八行本为一格，共同成为潘宗周本、《中华再造善本》诸影印本之祖，似非事实，足利本唯一影印本为《影印南宋越刊八行本礼记正义》。

作者在全书最后提到，《礼记注》定本的整理我们已基本完成，《礼记注疏》定本的整理正在进行中。加上前文提及的《礼记郑注汇校》，都是令人极为期待的研究成果，希望能早日出版，相信这必将与《礼记版本研究》一道构成里程碑式的重大突破，成为版本文献研究的经典之作。

2018年12月20日

（作者单位：扬州大学社会发展学院）

《苍颉篇》与楚简互证二则①

岳晓峰

内容提要：《苍颉篇》"趣遽"及清华简《越公其事》"遽趣"为同一短语语序互换，属"疾速"义，同义连言。《苍颉篇》"读饰"、清华简《芮良夫毖》的"道读"，两处词语也均为同义连言，"宣扬"义。同时，结合新出安大简《诗经》异文可知，《鄘风·墙有茨》中的"读""道"可理解为"謏"的同义词，也以训为"宣扬"义为妥。

关键词：《苍颉篇》 趣遽 读饰 清华简 安大简

一

北大本《苍颉篇》简7云："趣遽观望，行步驾服。""趣遽"，整理者注云："趣，《说文》：'疾也。从走，取声。'《玉篇》：'趣，趋也，遽也。'遽，《说文》：'传也。一曰窘也。'《玉篇》：'遽，急也，疾也，卒也。'"②依整理者之意，"趣""遽"均为疾速义。胡平生等在分析阜阳汉简本《苍颉篇》"趣遽"语义时，即以《广雅·释诂》"趣，遽也"训之③，可见胡氏等也是将"趣遽"看作"疾速"义的

---

① 本文为2018年度教育部人文社会科学研究青年基金项目"清华简词语汇释与研究（18YJC740135）"、浙江省哲学社会科学冷门绝学重点资助课题一般项目"清华简语类文献综合研究（20LMJX08YB）"、杭州市哲学社会科学规划课题"《苍颉篇》字词考释及文本复原（Z17JC037）"成果。

② 北京大学出土文献研究所编：《北京大学藏西汉竹书》（壹），上海古籍出版社2015年版，第76页。（以下所引仅注明书名、页码。）

③ 胡平生、韩自强：《〈苍颉篇〉的初步研究》，《文物》1983年第2期。

同义词连用。此说可从，并可据此解决楚简中的相关字词训释问题。

清华简（柒）《越公其事》简17、18载，吴王夫差对前来请降求成的越国大夫文种云"孤疾痛之，以民生之不长而自不终其命，用事徒遽趣听命于［君］。"①"遽趣"，整理者注："遽、趣同义连用，犹遽卒。遽，疾速。《庄子·天地》：'厉之人夜半生其子，遽取火而视之，汲汲然唯恐其似己也。'成玄英疏：'遽，速也。'……'趣'字，《说文》：'疾也。'"②整理者认为"遽趣"为表"疾速"义的同义词连用。而胡敕瑞则认为："简文中的'遽'并非与其后的'趣'同义连用，而是与其前的'徒'构成近义连用。'徒''遽'指往来的使者，无车马而使谓之'徒'，有车马而使谓之'遽'。"胡文还列举了《国语》"徒遽"之例为证。《国语·吴语》云："吴王亲对之曰：'天子有命，周室卑约，贡献莫入，上帝鬼神而不可以告。无姬姓之振也，徒遽来告。孤日夜相继，匍匐就君。'"韦昭注："徒，步也。遽，传车也。"而《吴越春秋·夫差内传》也有一段类似的内容为："吴王亲对曰：'天子有命，周室卑弱，约诸侯贡献，莫入王府，上帝鬼神而不可以告。无姬姓之所振，惧，遣使来告。'"③据此，胡先生进一步认为："《国语》的'徒遽来告'相当于《吴越春秋》的'遣使来告'，'徒遽'相当于'使'。简文中的'徒遽'用同《国语·吴语》，也是指徒步的使者与乘坐车马的使者。简文'用事（使）徒遽趣聖（听）命于……'一句意谓'因此派遣徒步的使者、坐车的使者赶紧听命于……'"陈剑④、萧旭⑤、石小力⑥等诸位先生均持"徒遽"连读、训为使者之说。

胡先生所云《国语》"徒遽"之例很有说服力，不过我们认为《越公其事》"遽

① 为行文方便，本文一律使用宽式释文。简18简首残缺，整理认为第一字当补"君"。陈剑认为简17当与简19相连，其文为"用事徒遽趣听命。于今三年，无克有定"。详见陈剑《〈越公其事〉残简18的位置及相关的简序调整问题》，复旦大学出土文献与古文字研究中心网站，2017年5月14日。然《越公其事》简21有"余听命于门"之语，与"听命于［君］"相类，故本文暂从整理者之说。

② 李学勤主编：《清华大学藏战国竹简》（柒），中西书局2017年版，第124页。（以下所引仅注明书名、页码。）

③ 胡先生所云均见《〈清华大学藏战国竹简（柒）·越公其事〉札记》，见李学勤主编：《出土文献》（第十二辑），中西书局2018年版，第165页。

④ 陈剑：《〈越公其事〉残简18的位置及相关的简序调整问题》，复旦大学出土文献与古文字研究中心网站，2017年5月14日。

⑤ 萧旭：《清华简（七）校补（二）》，复旦大学出土文献与古文字研究中心网站，2017年6月5日。

⑥ 石小力：《清华简第七册字词释读札记》，见李学勤主编：《出土文献》（第十一辑），中西书局2017年版，第243页。

趣"的训释，仍当从整理者所云为同义词连用的观点。"徒""遽"连用之说虽文意可通，然尚可商榷。《越公其事》为"徒遽趣"三字相连，"遽"恰好有属前和属后两种可能："遽"若表"传车"，可与"徒"连用；若表"疾速"义，又可与"趣"连用。因此语义结构尚有待分析，不能径直断定即如《吴语》为"徒遽"连言。"遽"的核心义为"疾速"①，"趣"也有"疾速"义，而《苍颉篇》"趣遽"一语，若按"遽"为使者之说便文义难通。因此，《越公其事》"遽趣"与《苍颉篇》"趣遽"实则均为同义词连用，只是语序互倒而已。《越公其事》简文中也有用"趣"单独表"疾速"义者②，而检楚简文献，则"趣"的确可与其他表"疾速"义同义词连用，如上博简（八）《志书乃言》简2、3云："（彭徒）纵不获罪，或犹走趣事王，邦人其谓之何？"③"走趣"，为同义连言，即整理者所注"快步走"④，《志书乃言》"走趣事王"与《越公其事》"遽趣听命于〔君〕"语义正相近，"走趣""遽趣"都是同义连用⑤。

《越公其事》"用事"一语，整理者云："用，因此。事，读为'使'。"⑥其说可商。"事"无烦破读为"使"。"用事"一词典籍常见，如《战国策·赵四》"赵太后新用事，秦急攻之"，《史记·赵世家》"赵王新立，太后用事，秦急攻之"。马王堆汉墓帛书《战国纵横家书》186云"赵太后规（亲—新）用事，秦急攻之"⑦，"用事"可训为执政。"徒"可训作"但""只"义，如《孟子·公孙丑下》："王如用予，则岂徒齐民安，天下之民举安。"简文"民生之不长而自不终其命"，整理者理解为人的寿命不长，自己不得令终其命⑧。马楠认为简文"似出《高宗肜日》：'降年有永有不永，非天夭民，民中绝命'"⑨。实则"不终其命"，应为不能以寿终的意思。

---

① 王云路、王诚：《汉语词汇核心义研究》，北京大学出版社2014年版，第269页。

② 如简44云："王乃趣使人察省城市边县小大远迩之勾、落。""趣"，整理者注："《说文》：'疾也。'《国语·晋语三》：'三军之士皆在，有人坐待刑，而不能面夷，趣行事乎！'"见《清华大学藏战国竹简》（柒），第137页。"趣"即为"疾速"义。

③ 简文主语"彭徒"据学者将《王居》与《志书乃言》两篇重新编连后补充。具体编连情况，详见俞绍宏：《上海博物馆藏楚简校注》，中国社会科学出版社2016年版，第651—652页。

④ 马承源主编：《上海博物馆藏战国楚竹书》（八），上海古籍出版社2011年版，第219页。

⑤ 《越公其事》不说"趣听命"，而云"遽趣听命"，或有四字为句的韵律考虑。

⑥ 《清华大学藏战国竹简》（柒），第124页。

⑦ 裘锡圭主编：《长沙马王堆汉墓简帛集成》，中华书局2014年版，第240页。

⑧ 《清华大学藏战国竹简》（柒），第124页。

⑨ 清华大学出土文献读书会撰，马楠整理：《清华七整理报告补正》，清华大学出土文献研究与保护中心网站，2017年4月23日。

"民生"即"人生"，《越公其事》简73："殹民生不仍，王其毋死。民生地上，寓也，其与几何？"中的"民"，也均当读为"人"。

综上，《越公其事》"孤疾痛之，以民生之不长而自不终其命，用事徒遽趣听命于［君］"是承接上文所云吴越边人交斗，生灵涂炭而言。因此，简文可训为"我疾痛这些事，因为人生不长久，很难以寿终其命，执政行事但速听命于越君"，听越君之命以用事，是一种谦逊示弱的外交辞令。可见吴王疾痛的是人生多舛，百姓难以自己决定能否寿终，所以为了避免吴越两国冲突以致百姓死于非命，吴王执政要唯越公之命是听以祈望和平。

二

北大本《苍颉篇》简39云："密晋谏敦，读饰㮠玺。""读饰"，整理者注："读，《说文》：'诵书也。从言，卖声。'《论语·子路》'诵《诗》三百'，皇侃疏：'不用文，背文而念曰诵。''诵'通'颂'，歌颂、赞美。饰，《说文》：'㕑也。'段玉裁注：'饰，即今之拭字，拂拭之，即发光彩，故引伸为文饰。'亦即引申为装饰、粉饰。《荀子·礼论》'所以为至痛饰也'，杨倞注引郑云：'饰，谓章表也。''章表'即彰显，此其引申义，与'读'训为'诵'而假借作'颂'之义相近。"① 我们认为"读"可径直训为"宣扬"义，不必如整理者所云先训为"诵"，"诵"再读为"颂"，最后训为"歌颂"义。"读"由其本义诵读，引申可为"说出""讲"，再引申，则有"宣扬"之义②。

《诗经·鄘风·墙有茨》云："墙有茨，不可埽也。中冓之言，不可道也。所可道也，言之丑也。墙有茨，不可襄也。中冓之言，不可详也。所可详也，言之长也。墙有茨，不可束也。中冓之言，不可读也。所可读也，言之辱也。"其中"读"之训释，毛传云："读，抽也。"郑玄笺："抽，犹出也。"③ 马瑞辰进一步阐发为："抽之言紬，谓紬绎其义，故笺又训抽为出也。"④ 高亨注则云："读，宣扬。"⑤ 新出安徽大

① 《北京大学藏西汉竹书》（壹），第106页。
② 此处承蒙浙江大学方一新教授指点，谨致谢忱。
③ ［清］阮元校刻：《十三经注疏·毛诗正义》，清嘉庆刊本，中华书局2009年版，第660页。
④ ［清］马瑞辰撰，陈金生点校：《毛诗传笺通释》，中华书局1989年版，第169页。
⑤ 高亨：《诗经今注》，上海古籍出版社1980年版，第66页。

学藏战国竹简《诗经》简85—87也有《墙有茨》篇，其文为："墙有茨藜，不可束也。中薵①之言，不可读也。[所可]读也，言之辱也。墙有茨藜，不可襄也。中薵之言，不可謁也。所可謁也，言之长也。墙有茨藜，不可埽也。中薵之言，不可道也。所可道也，言之丑。"安大简《墙有茨》章节顺序刚好与《毛诗》互倒。《毛诗》"详"，简文对应为"謁"，整理者注已指出："《玉篇》：'謁，欢也'；'謁，欢嚣之声'。毛传：'详，审也。'《释文》：'《韩诗》作扬。扬，犹道也。'简本作'謁'，表'欢嚣''张扬'之义，'详''扬'当为借字。"②周翔进一步指出："王念孙《广雅疏证》：'《广雅》扬、读、道并训为说，义本《韩诗》也。'只不过安大简本用从言之传扬义专字，《韩诗》用从手之通行字，其实一也。结合本诗上下文相同位置的动词分别为'道''读'，皆言说义。此处安大简本之'謁'及《韩诗》之'扬'显然优于《毛诗》之'详'，意即淫僻之言不可传扬。"③关于"读"之释义，整理者以"讽""诵"训之。"道"，整理者未注。而由上引周翔之文可知，他认为"道""读"均为言说义。此说恐欠妥。"道"有"说道""讲述"之义，"不可道"即不可与外人称说。由此可见，简文"謁"既为"张扬"义，再结合《苍颉篇》中"读""饰"语义相同，《墙有茨》中的"读""道"均可理解为"謁"的同义词，也以训为"宣扬"义为妥。

又，清华简（叁）《芮良夫毖》简17云："凡惟君子，尚鉴于先旧，道读善败，卑（俾）匿以戒（诫）。"整理者云："《孟子·万章下》：'颂其诗，读其书，不知其人，可乎？'杨伯峻注：'"读"字涵义，既有诵读之义，亦可有抽绎之义，故译文用"研究"两字。'道读指引导研究。"④子居（网名）指出"道读，即宣说"，并引《墙有茨》中"道""读"为例，以高亨所云"读，宣扬"为证。⑤海天游踪（网

---

① 《毛诗》"中薵"，简文为"中彔"。整理者注参考甲骨文"中彔"表"夜半"之说，指出简文的"中彔"即"中夜"。"彔"为本字，而"薵"为借字。见黄德宽、徐在国主编：《安徽大学藏战国竹简》（一），中西书局2019年版，第128—129页。

② 关于"读""謁"的解释，见《安徽大学藏战国竹简》（一），中西书局2019年版，第129页。

③ 周翔：《谈谈楚文字中"謁"字及相关字词问题》，见安徽大学汉字发展与应用研究中心编：《安大简〈诗经〉研究》，2019年，第263—264页。该书为安徽大学汉字发展与应用研究中心自印论文集，周文收录在该书所云"未刊稿"部分。

④ 李学勤主编：《清华大学藏战国竹简》（叁），中西书局2012年版，第153页。

⑤ 子居之说转引自方媛《清华叁〈芮良夫毖〉集释》，安徽大学2016年硕士学位论文，第93—94页。该学位论文第94页，方媛自作之按语认为清华简整理将"导读"理解为引导研究是合理可信的；而"读"字，若从子居之说训为宣扬的话，宣扬成功可以理解，但宣扬失败就解释不通了。

名）认为："'道读'似当读为'导谕'，即导谕成功和失败的道理。"① 黄杰则认为："'道'则应读为'抽'或'紬'……'抽''紬'意为抽绎，与'读'义近……'道（抽/紬）读善败'即抽绎、理析（历史上的）成败。"② 曹建国云："（整理者）读'道'为'导'，可从，然解为'引导'则可商。《周礼·大司乐》：'以乐语教国子，兴、道、讽、诵、言、语。'郑玄注：'道读曰导。导者，言古以剀今也。'孙诒让疏曰：'言古以剀今，亦谓道引远古之言语，以摩切今所行之事。'这样的内涵正与上文君子鉴于先旧相协。'读'，整理者训为抽绎，可从，惟引证稍嫌迂曲。"③ 黄甜甜对于"道"，也认为当同郑玄注所谓"以古剀今"之义，而"读"，则当读如字，并云"简文即'诵读'之'读'。郑玄所谓'道读'，亦即诵读善败之事，以古剀今。简文用法也是如此"④。

以上诸说各有其合理之处，然今据北大本《苍颉篇》及安大简《墙有茨》，则当以子居训"道读"为"宣扬"之说为是。《芮良夫毖》"道读"正与《墙有茨》中的"道""读"对应，均为"称说""宣扬"义，二者为同义连用。因此，《芮良夫毖》所谓"道读善败，俾匡以诚"即宣扬成败的经验教训，用以告诫匡正后人。

（作者单位：浙江大学艺术与考古学院）

① 参见海天游踪 2013 年 2 月 4 日在简帛网"简帛论坛"研读主题"《清华简三〈芮良夫毖〉》"后面的跟帖。

② 黄杰：《清华简〈芮良夫毖〉补释》，见杨振红、邬文玲主编：《简帛研究二〇一五》（秋冬卷），广西师范大学出版社 2015 年版，第 13—14 页。

③ 曹建国：《清华简〈芮良夫毖〉试论》，《复旦学报》（社会科学版）2016 年第 1 期。

④ 黄甜甜：《清华简〈芮良夫毖〉补释四则》，见《中国文字》（新四十二期），艺文印书馆股份有限公司 2016 年版，第 170 页。

《说文》"连篆读"补论

谭良田　刘　洋

摘　要：钱大昕首次明确提出《说文解字》有"连篆读"这一体例，对此仁智互见，莫衷一是。爬梳《段注》相关论述及《说文解字》大小徐本，我们发现：1.二徐校订许书过程中实则默认"连篆读"这一体例；2.《段注》根据他书所引《说文》字例改定今本《说文》"连篆读"值得商榷；3.张涌泉"脱略省代符号说"颇可商榷。又从经学的角度加以类比，我们发现《周易》中有"连卦名读"的体例，而作为"五经无双"的许叔重，承用《周易》体例正在情理之中。本此，我们认为"连篆读"应当是《说文》本有体例。

关键词：《说文解字》　连篆读　《周易》　连卦名读

一、"连篆读"研究述略

大小徐《说文解字》："玉：石之美有五德：润泽以温，仁之方也；腮理自外，可以知中，义之方也；其声舒扬，专以远闻，智之方也；不挠而折，勇之方也，锐廉而不技，絜之方也。"段注于"德"后添"者"字；桂馥《说文解字义证》校正："'石之美'当云'石之美者'。"与段氏大同小异。又："参：商星也。"段氏校勘："商当为晋，许氏记忆之误也。"

上举《说文》"玉""参"二字的训释，有人认为是《说文》传抄有误，当予校正；也有学者指出，并不是《说文》有讹，而是原书本有的体例，若连小篆字头读下来，就文通字顺了，即"玉石之美有五德……；参商，星也"。这种体例一般被称为"连篆读"。

通常认为，《说文解字》一书中"连篆读"现象，是由钱大昕首先提出，而其缘起则在顾炎武。

顾炎武《日知录》卷二十一论及《说文》，举许书释例凡二十余条，认为许书训释疏漏舛误很多，如训参为商星，以为属于"天文之不合者也"①。对此钱大昕不以为然，驳斥顾说，认为这是《说文解字》中本有的体例，叫"连篆读"。钱大昕的论述见《十驾斋养新录》卷四"说文连上篆字为句"，而在更早的著作《潜研堂答问》中，也有相同的论述。②

钱氏此说，嗣响者颇多。孙星衍《与段若膺书》称述钱氏之发明，同时指出"《说文》此例甚多"③。胡朴安《中国文字学史》说："钱氏大昕'《说文》连上篆字为句'之发明，学者称之。"刘叶秋《中国字典史略》论及许书说："其中有不少字的解说，必须承上篆文来连读，才能领会它的意义。……后人管这叫'连篆为句'。"张舜徽认为："钱氏此说，可算是在读通《说文》方面的一个重要发现，给我们的启发很大。"④汤可敬认为"连篆读"是许书原有之体例，但局部可予商榷。⑤詹鄞鑫认为钱氏所举字例虽仁智互见，"但他揭示了这种规律，为后人阅读和校勘《说文》提供了一把钥匙，是很有意义的"⑥。孙雍长则说："钱氏这一见解对于我们研究《说文》的体例很有参考价值，应当充分重视。"⑦

但也有学者质疑钱说。质疑略分两端，一是认为钱说难以成立，一则以为此说非钱氏首唱。

认为"连篆读"非钱氏首唱，所见有许征所论。许征举证杨钟羲（1865—1940）《雪桥诗话》卷七：

> 乡人仁和吴西林颖芳……其谓今本说文，取一字为篆书，而细书其说为注。

---

① ［清］顾炎武著，［清］黄汝成集释，栾保群、吕宗力校点：《日知录集释》，上海古籍出版社2006年版，第1204页。

② ［清］钱大昕：《潜研堂答问》，《嘉定钱大昕全集》第九册，江苏古籍出版社1997年版，第173—174页。

③ 丁福保：《说文解字诂林》第一册，中华书局1988年版，第687页。

④ 张舜徽：《说文解字导读》，巴蜀书社1990年版，第31页。

⑤ 汤可敬：《〈说文解字〉说解的特点》，《益阳师专学报》1997年第3期。

⑥ 詹鄞鑫：《〈说文〉连篆读研究》，《辞书研究》1986年第1期。

⑦ 孙雍长：《"训诂"不等于"故训"》，《湖南师范大学社会科学学报》1990年第1期。

其实许氏原文上下相连，皆当作大书。如鹂黄为仓庚之名，后人不知，乃误读为黄仓庚。后来段、王诸家，固当推为先导。

许氏说"吴西林颖芳"年长钱氏綦多，以《十驾斋养心录》出版年岁论，钱说自当晚于吴氏，故许氏断言："吴颖芳有见于前，则是事实。"[1]

唐师生周先生《〈说文解字〉研究讲义》未刊稿认为许说可商榷者略分两端：一则"连篆读"亦见于《潜研堂答问》，而"潜研堂"为钱氏早岁斋名，且钱氏自称"中岁而读《说文》"，可见"连篆读"之提出非在晚年；二则钱氏治学严谨，掠美之行，未敢稍存，《十驾斋养心录·苏东坡诗》说："生平考辨，往往有暗合前人者，皆已削稿，恐贻雷同之诮。"

认为钱说难以成立，清人段玉裁、王筠是其中重要代表。段注《说文》，于字当"连篆读"者，都为之校定，认为这属于"浅人误删"。如"离"下注："各本无离，浅人误删。"注"嶲"："各本'周'上无'嶲'字，此浅人不得其句读，删复举之字也。"注"苋"："菜上苋字，乃复写隶字删之仅存者也。"注"参"："或云，此以篆文'参'连'商'句绝，释为'星也'。夫苟泛释为'星'，安用'商'字。'参商'之云，起于汉时辞章，联缀不伦，许君何取？"其例甚多。唐生周先生《〈说文解字〉研究讲义》述其意说："观段氏之意，以为许书本无连篆读例，今所谓连篆读者，大抵浅人误删而敚文，不得已而连篆读之，要当一一补之。"段玉裁的一般做法正是将他所认为的"误删"字补上。

王筠则将之归于"陋儒之删"，其《说文释例》卷十二云："陋儒之删《说文》也，每删连语之上一字而连篆文读之。"[2]

张涌泉《〈说文〉"连篆读"发覆》则综合钱、段、王三说，认为"连篆读"是传抄过程中脱略重写符造成的，他说："笔者以为钱说和段、王说都有一定的道理。但传本《说文》当'连篆读'的既非许氏原书如此，亦非如段、王所言为浅人妄删说解字，而可能是古抄本字头在注解中重出时用省代符号，传抄者抄脱或省略了省代符号。"[3]

---

① 许征：《〈说文〉连篆读述评》，《新疆师范大学学报》（哲学社会科学版）1996年第2期。

② ［清］王筠：《说文释例》，中华书局1998年版，第294页。

③ 张涌泉：《著名中年语言学家自选集·张涌泉卷》，上海教育出版社2011年版，第3—4页。（以下所引仅注明书名、页码。）

二、段、王及张涌泉先生等各家观点讨论

1.段、王之说自相矛盾

段注"嶲"："各本'周'上无'嶲'字，此浅人不得其句读，删复举之字也。"循段说来看，既然是浅人，自然以未删者之句读为通俗浅显，而被删复举字后须"连篆读"者难于得其句读才是。所以，周云青《补说文古本攷纂例》认为某些不合古本"连篆读"字例"乃浅人妄增"。（见《说文诂林》）然而段氏所说浅人竟然无法得未删本浅显句读，以至于要改动它，可见段说是自相矛盾的；而王筠"陋儒之删"实则祖述段说，故其自相矛盾亦然。

复次，黄侃《说文纲领》有论："王氏《释例》颇精，而多有改窜，又喜凭胸肊。"而王氏恰有自鉴，其说"连篆读"见《说文释例·卷十二·脱文》，特于标目之下自注云"以下皆肊说"。而"陋儒之删"说，正在其所自鉴"肊说"之中。

2.段注据他书引《说文》补"连篆读"上字之考察

《段注》在"连篆读"这一体例上主"浅人说"，所以每每据他书引文补"浅人误删"之字，例如：

> 離，各本无離，浅人误删。如嶲周删"嶲"之比，依《尔雅音义》《广韵》补。
> 烽，各本无烽字，今依《文选》注补。
> 頯，各本夺頯字，今依《玉篇》《广韵》补。
> 胅，李善注《上林赋》《甘泉赋》皆引"胅䀓，布也"，今据正。

《段注》中像以上这样的补字之例，颇可商榷。因为"连篆读"作为许书原有之体例，若他书引作论据，非明其体例而破读之，引文不能成辞。如《说文》："緜，联微也。"《文选》李善注《非有先生论》"绵绵连连，殆世之不绝也"引《说文》曰"绵联，微也"，此即其例证。

当然，或许亦如段注所言，李善所见《说文》确有所谓"三字句"。然而，若是注《说文》者引《文选》或他书用例以证篆字，则此注者必能注意到《说文》释文与典籍用例的差别，此时，如果他不认可"连篆读"的存在，则必然会像段玉裁

那样，一例"校补"，下文将论及小徐引《文选》用例证《说文》"胀"等篆字，而不改《说文》释文。小徐定能注意《说文》释文与《文选》等书用例的差异，可他没有特别加以说明，那么，我们可以肯定小徐当如是想：凡引"连篆读"必当据体例破读，方可成辞。

这样来看，则李善所见《说文》版本当不存在所谓"三字句"。

3.他书若不明体例，不知破读，则误引《说文》

《段注》"河"下言：

> 各本水上无"河"字，由尽删篆下复举隶字，因并不可删者而删之也。许君原本当作"河水也"三字。河者，篆文也；河水也者，其义也。此以义释形之例。《毛传》云："洽，水也。渭，水也。"此释经之例。

《段注》以为水部字皆遭浅人删复举之字，故可据他书所引补正。然考他书引《说文》，也有不复举之字例，钱大昕认为这是不明体例所致。《十驾斋养新录》说："《广韵·东部》'涑'字下引《说文》'水出发鸠山，入于河'，《鱼部》'滤'字下引《说文》'水出北地直路西，东入洛'，是陆法言诸人已不审许氏读法矣。"[1]

也就是说，《说文》后的字书如《广韵》等，通常是要在读破"连篆读"这一体例的前提下来引据《说文》，如果不明体例，则可能无法读破，那就照直误引如陆法言诸人。

所以，不可以因为他书所引字例不连篆读，就认定《说文》本无"连篆读"之体例，更不可轻易根据此类引文改动今本《说文》。恰恰相反，他书所引不连篆读的字例，正可以说明"连篆读"是《说文》本有之体例。

4.张涌泉先生"脱略省代符号说"颇可商榷

如第一部分所引，张涌泉先生《〈说文〉"连篆读"发覆》一文所倡"脱略省代符号说"，我们认为颇可商榷。

首先，张说实则端倪《段注》，其说不过作进一步申述而已。

---

① ［清］钱大昕：《十驾斋养新录》卷四，长沙龙氏家塾重刊嘉庆十一年版。

《段注》"茢"下论："篆文者其形，说解者其义；以义释形，故《说文》为小学家言形之书也。浅人不知，则尽以为赘而删之，不知'葵菜也''蘦草也''河水也''江水也'，皆三字句，首字不逗，今虽未复其旧，为举其例于此。"

又"蒿"下论："各本'周'上无'蒿'，此浅人不得其句读，删复举之字也。"

又"屼"下论："三字句。各本无屼字，浅人所删，乃使文理不完。许书之例，以说解释文字，若屼篆为文字，'屼山也'为说解，浅人往往泛谓复字而删之。"

《段注》以为今本"说文"遭浅人删"复举"之字而"文理不完"，而张涌泉先生所倡论只不过替《段注》进一步说明这一"复举"之字通过何种途径而被删除。

复次，张涌泉先生在《发覆》一文的附按中提到，其后又参考莫友芝《唐写本说文解字木部笺异》，从而认为："莫氏怀疑传本《说文》'蒿周'、'离黄'失'蒿'失'离'之类与首字同篆者用省代符号有关，可谓先得我心。"[1]

案汉字文献中凡遇复举之字，于手写往往代以重写符，此可早见于西周钟鼎铭文。对比《〈说文〉唐写本残卷》和宋刻本，我们发现唐写本中有重写符处，宋刻本未见脱失。说解首字在唐写本中重写者如械、桴、桠、椢、檚等字，以涵芬楼影宋本《说文》对校，宋本没有一例删除说解首字。

又"椌"字，宋本《说文》释文为："柷乐也，从木，空声。"根据《段注》"椌"之说解，我们知道段玉裁是以"柷乐也"绝句；又"柷"下云"乐上当有柷字。椌，各本作空，误；《周颂》毛传曰'柷，木椌也……'许所本也，今更正。"则是段意以"柷乐，木椌也"绝句。但是，唐写本残卷"椌"篆下说解为"柷乐器也"，那么应当要连篆读为"椌椌，乐器也"；同卷"柷"篆下"乐木椌也工用柷止音为节"，则亦当连篆读为"柷乐，木椌也；工用柷止音为节"[2]。而宋本"椌、柷"篆下文字与唐写本虽有小异，都要连篆读却是一样的。

我们运用与张涌泉先生相同的材料，由于视角不同，结论便不一样。对勘《说文》唐写本残卷及宋本，可以看出张涌泉先生所倡"脱略省代符号说"是颇可商榷的，因为唐写本中的重文符号在宋本中没有一例被删。不仅如此，唐写本木部残卷中还有"椌、柷"二字要"连篆读"。

---

① 《著名中年语言学家自选集·张涌泉卷》，第7页。

② ［清］莫友芝：《唐写本说文解字木部笺异》，《丛书集成初编》本，商务印书馆1936年版，第12页。

三、李善、二徐、陈彭年、丘雍等默认"连篆读"
这一体例并自觉加以运用

上文所举李善引"《说文》：縣，联微也"为"縣联，微也"，诸如此例，皆可证李善默认"连篆读"这一体例并能于实践中自觉运用。

徐锴《说文解字系传·通释第十三》"参"篆下："商星也，从晶，从㐱声。臣锴曰：其说上晶，明与星同义也。"明，是说明的意思；同义，即同意。

《潜研堂文集·答问八》："读古人书，先须寻其义例，乃能辨其句读，非可妄议。如此文本云'参商，星也'，参商二字连文，以证参之从晶，本为星名，非以商训参，故注不重出。《说文》十四篇中似此者极多。"①

也就是说，徐锴的上述注解实际上是在揭示"连篆读"的可行性，即列聚相关的事物，则彼此能够相互阐明。今按，一般认为《说文》以说本义为面向，但是汉时，"参"常用作"参军、参与"字，故许君用"连篆读"来比类发明"参"字从晶的用意，"晶"意明则"参"的本义也就不言而喻了。段玉裁其实也明白这个道理，所以他在"槭"篆的说解文字"槭窬，褻器也"之下，注解："槭窬二物，许类举之。"

《系传·通释第五》"肸"篆下："响布也，从十，㪔声。臣锴按：扬雄《甘泉赋》曰：肸响丰融，懿懿芬芬；又《吴都赋》曰：肸响布写。十者，散于四方也；八者，分也。"大徐本《说文》"肸"篆下："响布也。从十，㪔声。"又《系传·通释第八》"腬"篆下："嘉善肉也，从肉，柔声。臣锴按：《国语》舅犯曰：毋亦柔嘉。是食犯肉胜腬之也，安可食？"大徐本《说文》"腬"篆下："嘉善肉也，从肉，柔声。"

今按，小徐既然引《甘泉赋》及《吴都赋》"肸响"连文，又引《国语》"柔嘉"连文，那么他当然知道释文"响""嘉"字当连"肸""腬"篆文绝句。大徐据小徐《系传》敕校《说文》，读到小徐的引证，不会不明白这一体例，若他不认可这一体例，自然会与段玉裁一样一并改易之。

复次，《系传·通释第七》"雟"篆引《尔雅》"雟周"、《系传·通释第七》"離"

---

① ［清］钱大昕：《十驾斋养新录》卷一一，长沙龙氏家塾重刊嘉庆十一年版。

篆下引《尔雅》注"即楚雀，一名商庚"、《系传·通释第五》"诂"篆按语"《尔雅》谓言有古今也。会意"、《系传·通释第十七》"頯"篆按语"痴之状见于头面也"等等，皆可证二徐默认此体例。

又，《说文》"滂，沛也"下，徐铉有按语"臣铉等曰，今俗别作霶霈，非是"。此例可以看出，纵然徐铉不认可分化的新字形"霶霈"，但对此释文当连篆读为"滂沛"却没有异议。

又大徐本《说文》："程，品也；权，枝也。"此当连篆读。而小徐本分别作："程，程品也；权，权枝也。"大徐在小徐后校订许书，为何删其释文首字？合理的推测是：大徐对连篆读这一体例有自觉的认识。

还有另外一个重要的证据可以证明二徐心知肚明"连篆读"这一体例。小徐作《系传·部叙》540部，绝大多数必须连部首的篆文往下读，否则不可成辞。如果小徐不明白"连篆读"这一体例，他又怎么能够自觉地运用呢？大徐参考小徐本校订《说文》，又怎么会不明白这一点呢？

至于陈彭年、丘雍增订《切韵》成《广韵》一书，引《说文》"连篆读"字例皆破读之，如上引《广韵·东部》"涑"字不破读，则绝乎仅有。这或许是《切韵》本误而《广韵》为之校订，而有所遗漏；或则陆法言亦明"连篆读"，引《说文》本知当破读，而偶有疏忽。

四、经学视阈下之"连篆读"考察

再根据《周易》来看，"连篆读"应该是许书原有的体例。这一类比成立的基础是：《说文》一书和《五经》有着千丝万缕的或直接或间接的关系，《说文》的作者本身就以"五经无双"享誉当时，许慎之所以能著《说文》一书，"五经无双"是他坚实的学术基础。那么，《说文》的体例，取法《五经》包括《五经》之首的《周易》自在情理之中，而《易》有"连卦名读"的体例，且今传《周易》未经窜乱，其中的"连卦名读"这一体例是可靠的。是故我们认为，今本《说文》的"连篆读"应该是原书本有的一种体例。

1.《说文》释字取法《五经》载籍

许慎《说文》释字取法《五经》载籍，黄侃《说文略说·论〈说文〉所依据》

一文论述较详，颇可参观。今据以申说如次。①

《易》的解释形式"乾，健也；坤，顺也；震，动也；巽，入也""姤，遇也；鼎，象也"等等，是《说文》释义"某，某也"的依据。

《尚书·洪范》"水曰润下"、《左传》"于文止戈为武""皿虫为蛊""反正为乏"、《韩非子》"自环者谓之厶，背厶为公"等对文字的解析，则是许子分文析字的依据。

复次，典籍注本中的诂训例被《说文》直接采纳的也是不少的，这样的例子很多；另外，《说文》引经证形音义，亦不在少数。皆不赘举。

2. "书易相通"

罗泌《路史发挥·论太极》说："始予默然探于是，以谓可与《易》埒者，惟有字学。"参读《说文》与《五经》，细细体味，我们发现《说文》与五经中《周易》关系最为密切，《说文·叙》开篇便引用或化用《周易·系辞传》及《夬卦》的文句来进行论述，不是没有原因的。

又《说文·叙》约举《周易·系辞传》的大意来界定文字，说"文字者，经艺之本，王政之始，前人所以垂后，后人所以识古。故曰'本立而道生'，'知天下之至赜不可乱也'"，也是有原因的。《说文·叙》所据《周易·系辞传》原文如下：

> 圣人有以见天下之赜，而拟诸其形容，象其物宜，是故谓之象；圣人有以见天下之动，而观其会通，以行其典礼，系辞焉以断其吉凶，是故谓之爻。言天下之至赜而不可恶也；言天下之至动而不可乱也。

引文之大意是"立象见赜"，这和《说文·叙》中所说的"依类象形"也即"书者，如也"是相通的。

另外，从《系辞传》《说文》以及其他相关著作中对"易""书"的论述与诠释中，我们也发现两者确实相通。

《周易·系辞传》说："易者，象也，象也者，像也。"《说文·叙》："书者，如也。"《广雅·释言》："易，如也。"据此，则有："易者，书也。"当然，这样

---

① 参刘梦溪主编：《中国现代学术经典·黄侃刘师培卷》，河北教育出版社1996年版，第242—244页。

来看似乎还不能完全证明"易者，书也"能够成立。因为也许有人会反对说，《广雅·释言》是立足于文字而进行说解的，可是另外两种著作中的说解是基于哲学层面的说解，两者似乎不在同一个层面。

郑玄《六艺论》："易者，阴阳之象。"[①]这是根据《易传》的论述来进行义理的申说；但是《玉篇》也有"易，象也"的训释，这就是根据《易传》的论述来释字了。可见，哲学层面的训释和文字层面的训释在某些时候其实是互通的。[②]

再如《诗·郑风·羔裘》毛传："如，似也。"《说文》："似，象也。"段玉裁云："凡相似曰如。"《庄子·秋水》成玄英注："似，像也。"这些都足以证明"易者，书也"是可以成立的。

既然"书易相通"，那么《说文》取法《周易》的体例也就顺理成章了。小徐有见于此，所以效法《易大传》的做法，作《〈说文解字〉系传》。细细比对，我们发现，其中《部序》两篇是仿照《序卦传》而作，《通论》三篇则是仿《系辞》，《类聚》一篇仿《杂卦传》，《错综》一篇仿《说卦传》，等等。

3.今本《周易》有"连卦名读"之体例

《易》否卦说："否之匪人不利君子贞大往小来。"朱熹《周易本义》认为："或疑'之匪人'三字衍文，由'比·六三'而误也。"按《易·比》有"六三，比之匪人"，朱子所言大概指此。据朱子意，那么他读"否之匪人不利君子贞大往小来"应该是这样的："否：之匪人，不利君子贞，大往小来。"这样来看，则"之匪人"很不成话，所以朱子怀疑是衍文。

《周易正义》疏说："正义曰：'否之匪人'者，言否闭之世，非是人道交通之

---

① 顾廷龙：《续修四库全书·经部·群经总义类·六艺论疏证》，上海古籍出版社2002年版，第272页。

② 宋陈淳《北溪字义》通过解释字义来阐释经典的义理，戴震《孟子字义疏证》一书之思维方式亦是以阐释单字的微言大义来揭示《孟子》义理；又刘师培《理学字义通释》承戴震之法，皆先引《说文》，后旁征群籍以为申说；龚鹏程先生《文化符号学》揭示了中国文化有"以文字为中心的文化表现"，在这种表现下，"中国文化有非常强韧的'主文'的传统，文字—文学—文化，构成一个非常紧密的关系"，在这种一体关系下，"中国哲学之主要方法与基本型态"是"说文解字—深察名号"，也即专论字义的"正名之学"。基此，我们引据以证"书易相通"之理。书即字，代表文字层面；易则代表哲学层面。附记，此文写成后始得拜读孟琢先生《论〈说文〉文字学思想与〈周易〉的历史渊源》一文，亦大抵认为二者有相通之处。

时，故云'匪人'。"①这样来看，孔颖达是以"否之匪人"断句的，句法关系是："否"为时间状语，"匪人"为谓语，"之"为连词，连接状语和谓语。

又《易》同人卦说"同人于野亨利涉大川利君子贞"，孔颖达疏云："……故云'同人于野，亨'。"那么孔颖达在同人卦上的断句也是连卦名读。又同人象辞："彖曰：'同人，柔得位得中而应乎乾'，曰同人；同人曰：'同人于野，亨，利涉大川'，乾行也。"孔颖达疏曰："正义曰：故特曰'同人曰'者，谓卦之象辞发首即叠卦名以释其义。"②据孔颖达《正义》，同人象辞的句读如上举应该无误，而朱熹《周易本义》认为"同人曰"属于衍文，实在是没有认真考察。

黄侃《尔雅略说》："《易·十翼》，孔子手著也。"如其言，则孔子定知"连卦名读"这一体例，所以于同人象辞，孔子特为标举"同人曰"三字来提示读者，只是没有明说。到孔颖达作《正义》明白拈出这一体例，可是朱熹对此并不措意，所以不能正确理解《周易》的体例。许书亦有引他书明连篆读的情况，如《说文》第八下："舳，舻也；从舟，由声；《汉律》名船方长为舳舻。"此例引文"舳舻"连读与《易》"象"特为标举"同人曰"以示当连卦名"同人"读，可以互参。

又《易》履卦："履虎尾，不咥人，亨。"象辞："彖曰：履，柔履刚也；说而应乎乾，是以'履虎尾，不咥人，亨'。"可见孔子对本卦也将其理解为连卦名读。清胡方《周易本义注》卷二履卦注："上六字当卦名亨字。"③意为"履虎尾，不咥人"是"亨"所指之事，那么"履虎尾"当然应该连在一块，也就是要"连卦名读"了。沈括《补笔谈》卷一辩证："'履虎尾不咥人'，当为句。"而孔颖达《周易正义》也以"履虎尾"断句。④

上举《周易》三卦，都要"连卦名读"才能文通字顺，这三卦是六十四卦中"连卦名读"最典型的例子。再如"艮、坎、丰、鼎、萃、姤"等卦其实也要"连卦名读"的。《周易》六十四卦，卦名与卦辞不仅仅是解释与被解释的关系，所以不可一律用冒号隔断，因为有时候两者在文辞和义理方面往往是浑然一体的。

---

① ［唐］孔颖达：《周易正义》，《十三经注疏》合影本，上海古籍出版社1997年版，第29页上。（以下所引仅注明书名、页码。）

② 《周易正义》，《十三经注疏》合影本，第29页上。

③ ［清］胡方：《周易本义注》，《丛书集成初编》本，商务印书馆1936年版，第91页。

④ 《周易正义》，《十三经注疏》合影本，第27页下。

4.今本《周易》"连卦名读"是原书本有的体例

通常认为《易》有三家，曰《连山易》《归藏易》《周易》。祖龙焚典，《易》为卜筮故，三家全保不焚，故今传《周易》未经秦火窜乱无可否认。

马王堆出土帛书有《周易》，其否、履、同人三卦卦名分别作"妇、礼、同人"，卦辞如下：

> 妇之非人，不利君子贞，大往小来。
>
> 礼虎尾，不真人，亨。
>
> 同人于野，亨，利涉大川，利君子贞。

今本《周易》否、履、同人三卦卦辞如次：

> 否之匪人，不利君子贞，大往小来。
>
> 履虎尾，不咥人，亨。
>
> 同人于野，亨，利涉大川，利君子贞。

两相校对，大同小异。小异处证以古音等，都可通。[①]这就证明今传《周易》从西汉以来流传有绪，信实可徵。再则，如果《周易》遭窜乱，那么《连山》《归藏》自然取而代之，可是三家易于今《周易》独存，难道没有缘由吗？既然今本《周易》未遭窜乱，那么《周易》的"连卦名读"是原书本有体例也就属于事实了。

五、结语

综合以上四方面论述，我们认为，《说文》中的"连篆读"应当属于《说文》本有体例；钱大昕的观点是对的；清人段玉裁、王筠以及今人张涌泉先生等立论颇可商榷。当然，今本《说文》中的"连篆读"字例本身是否全部可靠，那是两说，因为在近两千年的传抄流通过程中难免错讹。复次，今人之思维每每求整齐划一，美

---

① 刘大钧：《今、帛、竹书〈周易〉综考》，上海古籍出版社2005年版，第19、27页。

其名曰"科学规范",但是"物之不齐,物之情也",体例之设,其旨在"义",故曰"义例",就如同我们不能用所谓的"科学规范"来苛求《春秋》之书法义例一样,我们同样不能苛求"连篆读"整齐划一。张穆序刘宝楠《汉石例》有论:"文生于义,不生于例也,义洽而例自立焉;故不独《春秋》有例,若《易》若《诗》若《书》无不有例,其例即定于圣人精义之心,非有所比拟景傅也。"(见《丛书集成初编》册2627)即此观之,整齐划一抑或"科学规范",在义不在例。

总之,"连篆读"作为许书本有的体例,是可以成立的。

（作者单位：吉首大学师范学院）

《说文解字》读若同字研究

罗慧连

摘　要：读若同字是一种特殊的注音方式，它脱胎于同字为训，兼有训诂作用。与读若它字的《说文》"读若"相比，《说文解字》中13例读若同字用例主要通过"读若"征引经传文献和方言俗语进行注释，具有辨析多音多义字的音义、解释词义以及说明被释字的通假字和异体字等作用。与经传读用同字相比，《说文》读若同字主要注释冷僻字和难以比况之词。

关键词：《说文解字》　读若同字　注音

读若同字是指用与被释字形体相同的字对被释字以"读若"体例注音的方式。据统计，《说文解字》（以下简称《说文》）一共有13例读若同字的用例，它们是：

1.麰。读若春麦为麰之麰。①
2.䠠。读若《春秋传》曰"辅䠠"。（第31页）
3.辵。读若《春秋公羊传》曰"辵阶而走"。（第33页）
4.该。读若心中满该。（第52页）
5.寂。读若《虞书》曰"寂三苗"之"寂"。（第148页）
6.䣧。读若江南谓酢母为䣧。（第183页）
7.𡽡。读若《尔雅》"小山𡽡大山岵"。（第199页）
8.黜。读若染缯中束緅黜。（第210页）
9.戠。读若《诗》"戠戠大猷"。（第213页）

---

① ［汉］许慎：《说文解字》，中华书局2013年版，第2页。以下所引《说文》皆同此。

10.挈。读若《诗》"赤舃掔掔"。（第254页）

11.扰。读若告言不正曰扰。（第257页）

12.孎。读若人不孙为孎。（第262页）

13.繻。读若《易》"繻有衣"。（第275页）

对于《说文》中读若同字的现象，诸多学者并不承认，他们或随意改字而释，或认为衍"读若"二字应为《说文》引经而非注音。将《说文》读若同字与《说文》读若它字和经传读用同字进行比较，可以对《说文》读若同字有更全面的认识。

一、历代同字注音研究

清代学者开始关注同字注音。首先是治《说文》的学者注意到了传注中读用同字的现象，他们对读用同字的认识较为复杂，对《说文》和传注中的读用同字持不同态度。段玉裁："注经必兼兹二者，故有读如，有读为。字书不言变化，故有读如，无读为，有言读如某、读为某，而某仍本字者。'如'，以别其音；'为'，以别其义。"[1]又："《说文》者，说字之书。凡云读若例不用本字。"[2]据此，段玉裁臆改多例《说文》读若同字，如改"春麦为麳"之"麳"为"麳"。[3]"麳""麳"形近相混尚有可能，而以为"寂"与"窜"、"戣"与"秩"、"駇"与"炭"等皆为讹误而混则未免过于牵强。另一批学者对《说文》读若同字持部分认同意见。王筠云："夫以俗语正读而不易本字者，所以晓同世之人也。人皆习熟此语，则以耳中之语，识目中之字，其音必不误矣。"[4]例如：认为方言"江南谓酢母为酨"之"酨"有音而无专字。[5]朱骏声、徐承庆、柳荣宗等持此说。但他们坚称《说文》读若引经中不存在读若同字。如《说文·大部》："戣，大也。读若《诗》'戣戣大猷'。"王筠《句

① ［清］段玉裁：《周礼汉读考序》，见［清］段玉裁撰，钟敬华校点：《经韵楼集》，上海古籍出版社2008年版，第24页。

② ［汉］许慎撰，［清］段玉裁注：《说文解字注》，上海古籍出版社1981年版，第342页。（以下所引仅注明书名、页码。）

③ 《说文解字注》，第6页。

④ ［清］王筠：《说文释例》，世界书局1983年版，第529页。

⑤ 丁福保编纂：《说文解字诂林》，中华书局1988年版，第8958页。（以下所引仅注明书名、页码。）

读》："同字不得言读若，当依今《诗》作'秩秩'。"①概言之，段玉裁等大部分治《说文》者认同传注中存在读用同字的现象，并意识到了读用同字辨析一字数音数义的功用；然而不少人坚持字书如《说文》读若不用同字注音。王筠等人认为方言俗语没有固定的正字，故而《说文》读若方言俗语时可用同字注音；但他们对《说文》读若同字中的读若引经例持否定态度。

陈寿祺最早对汉读中的读用同字进行了详细考察，将其分为两种情况：一为用同字辨多音多义，"盖字包数音，音包数义，字同而音异者别其音，字同而义异者别其义"；一为用同字注释音义难以比况的词，"复有字止一音一义难为比况之词，但就本义为本音者"。②他还明确指出了同字注音常以读若引经和读若方言俗语这两种方式出现，《说文》读若同字印证了此说。

张行孚在陈寿祺的基础上对《说文》读若同字的音义状况进行了细致梳理，得出《说文》读若同字的两种分类：一是"读若本字而音义俱同者"，二是"读若本字音同而义不同者"。③

严学宭的《释汉儒音读用本字例》钩沉了59例汉读读用同字的例子，分析它们一字数音数义的现象以考察变调构词情况。④

从以上历代学者的观点和研究可知：学界普遍接受传注中读用同字的用法，读用同字的使用主要立足于一字数音数义和被释字难以比况的考量。清代治《说文》的学者对《说文》读若同字的注音体例认同度普遍较低。

二、《说文》读若同字与读若它字比较

《说文》读若它字和读若同字的主要差别在于读若字的征引来源和读若的作用。

（一）读若的征引

根据读若字的征引来源，可将13例读若同字分为读若引经和读若引谚两类。其

---

① 《说文解字诂林》，第10099页。

② ［清］陈寿祺：《左海经辨》，《续修四库全书》第175册，上海古籍出版社1996年版，第478页。

③ ［清］张行孚：《说文发疑》，《续修四库全书》第227册，上海古籍出版社1996年版，第623页。

④ 严学宭：《释汉儒音读用本字例》，《国立中山大学文学院研究所集刊》1948年第1期。

中，引用经传的有趰、辵、寂、駆、戳、擘、繻7例，约占读若同字的53.8%；引用方言俗语的有纛、该、𩮾、黜、扰、𡡗6例，约占读若同字的46.2%。据笔者统计，除读若本字外，737个标注"读若"的被释字中，有41例读若引经，约占读若它字的5.6%；33例读若引谚，约占读若它字的4.5%。读若它字的征引占比明显比读若同字的征引占比小。

《说文》读若同字的征引比例远高于读若它字的征引比例，这是因为《说文》读若中，大部分使用直接用一字拟音和对读若字进行组词或解释这两种体例，前者如"珣，读若宣"，后者如"珨，读若畜牧之畜"，"瞿，读若章句之句"。读若同字的性质决定了它不能直接使用"A读若B"的体例，且读若同字的被读若字大多是较生僻的字，同音字较少或难认，难以组词。因此引用文献、方言俗语、人名地名的读若体例成为读若同字训释方式的首选。

（二）读若的作用

关于《说文》"读若"的性质作用，历来众说纷纭。以段玉裁为代表的拟音派主张"凡言读若者皆拟其音也"[①]，将"读若"看成单纯的注音法，未免欠缺考虑。以钱大昕为代表的假借派主张"许君'读若'之字，皆经典通用字"[②]，这显然与读若可用于标注被释字音读的事实不符。王筠、张行孚等人综合前两种意见，认为《说文》"读若""有第明其音者，有兼明假借者，不可一概论也"[③]。实际上，《说文》读若情况复杂，作用多元，但不可否认，《说文》中诸多读若注音例兼有训诂作用。

对照《说文》读若引经和引用文献的原文，发现7例读若同字引经中，《说文》所引读若字与今本经传原文都有异文。通过分析读若同字的注音中《说文》引经异文与原文的关系，结合读若引谚，可以推论出《说文》读若用同字注音的作用。

1.辨析音读

《说文》读若同字有六例读若引方言俗语进行解释。正如王筠等人所说，方言俗语多有音读而没有对应的字，只要通晓这一方言俗语，就能读出被释字的读音。因而，引方言俗语为证最主要的作用就是给被释字注音读。

① 《说文解字注》，第6页。
② ［清］钱大昕：《十驾斋养新录》卷四，商务印书馆1935年版，第68页。
③ ［清］王筠：《说文释例》，世界书局1983年版，第499页。

读若同字不只是单纯地注释被释字的音读，它的一个重要作用是辨析文本中多音字的读音。依据《广韵》反切注音，13个读若同字的被释字中，"趯""黚""擎""扰""孋""繻"这6个字都有不同音读。可以说，将近一半的《说文》读若同字例具有辨析音读的功用。例如，"扰"在《广韵》中有多个读音：以周切，训为"杼臼"；以主切，训为"刺也"；都感切，又音"由"，训为"刺也，击也"。①"读若告言不正曰扰"为何意现如今虽已不可考，但作为俗语在许慎所处的时代是可以辨析多音字音读的。

2.解释词义

《说文》读若同字的引经异文与今本引文原文之间存在复杂的关系。

《说文·大部》："戠，大也。读若《诗》'戠戠大猷'。"段注："此谓秩秩然之大也。"②该例读若所引诗在今本《诗经》中作"秩秩大猷"，《毛诗正义》注："秩秩，进知也。"孔疏："秩秩然者进智之大道。"③《说文》的"戠"与"戠戠（秩秩）大猷"的"戠（秩）"都有秩序井然盛大之意，两字音义皆同。《说文·宀部》："寁，塞也。读若《虞书》曰'寁三苗'之'寁'。"今本《尚书·舜典》："流共工于幽州，放驩兜于崇山，窜三苗于三危，殛鲧于羽山。"孔传："殛、窜、放、流，皆诛也。"④《说文通训定声》："边塞曰塞，窜人于边塞曰寁。"⑤"寁"和"窜"都含有放逐的意思，二字词义相通。《说文·手部》："擎，固也。读若《诗》'赤舄擎擎'。"今本《诗经·狼跋》："公孙硕肤，赤舄几几。"朱熹："几几，安重貌。"⑥安稳庄重与稳固意义有相近之处。以上三例中被读若字和读若字的异文之间字义相通，用读若字给被读若字注音同时也是对被读若字词义的进一步阐释。

读若同字还能反映多义字的不同义项。《说文·辵部》："辵，乍行乍止也。读若《春秋公羊传》曰'辵阶而走'。"今《公羊传·宣公六年》作"躇阶而走"。《仪

① ［隋］陆法言撰，［宋］陈彭年等重修：《覆宋本重修广韵1—5》，商务印书馆1936年版，第184—185、243、312页。（以下所引仅注明书名、页码。）

② 《说文解字注》，第493页。

③ ［汉］毛公传，［汉］郑玄笺，［唐］孔颖达等正义，黄侃经文句读：《毛诗正义》，上海古籍出版社1990年版，第423页。

④ ［汉］孔安国传，［唐］孔颖达正义，黄怀信整理：《尚书正义》，上海古籍出版社2007年版，第88—89页。

⑤ 《说文解字诂林》，第7490页。

⑥ ［宋］朱熹集注：《诗集传》，上海古籍出版社1980年版，第97页。

礼·公食大夫礼》："宾栗阶升，不拜。"郑玄注："不拾级而下曰乿。"①《集韵·药韵》："蹾跿，超遶也。"②"乿"和"蹾"都有超越的意思，表超越的"乿"与表"乍行乍止"的"乿"意义不同，用同字注音体现了"乿"的这两个义项。《说文·女部》："嬺，谨也。读若人不孙为嬺。""嬺"的谨慎义与"人不孙为嬺"的不逊义正好是相反的意义，读若同字阐明了"嬺"正反同辞的现象。

3.说明通假字和异体字

虽然读若同字的读若字和被读若字之间不存在通假字、异体字等用字关系，但通过分析读若同字的引经异文，可以知晓被读若字的通假字、异体字状况。

《说文·糸部》："繻，缯采色。读若《易》'繻有衣'。""繻有衣"，传世本《周易》作"繻有衣袽"，帛书本作"襦有衣茹"③，竹书本作"需又衣絮"④。《周礼》："罗氏，掌罗乌鸟，蜡则作罗襦。"郑玄注引郑司农云："襦，细密之罗。襦读为'繻有衣袽'之繻。"⑤《说文·糸部》："絮，絜缊也。一曰敝絮。《易》曰'需有衣絮'。"《周易》"繻有衣袽"，江藩述补："需、襦古字通。"⑥可知，"需""襦""繻"三字在文献中可通假互用。

《说文·马部》："駁，马行相及也。读若《尔雅》'小山駁大山岅'。""小山駁大山岅"之"駁"，今《尔雅》作"岌"。郭注："岌谓高过。"⑦而"駁"没有高过的意思，因此异文"駁"与"岌"是通假关系。

《说文·走部》："趚，动也。读若《春秋传》曰'辅趚'。"今本《左传》作"辅踥"。段注："《篇》《韵》皆云踥同。"⑧《玉篇》："踥，动也。"⑨二字音义相同，形符"走"和"足"意义相通，"趚"和"踥"可进行音近形符的替换，二字是异体

①　［汉］郑玄注，［唐］贾公彦疏：《仪礼注疏》，上海古籍出版社1990年版，第300页。

②　［宋］丁度：《集韵·下》，中国书店1983年版，第1485页。

③　廖名春：《帛书〈易经〉释文》，见廖名春《帛书〈周易〉论集》，上海古籍出版社2008年版，第362页。

④　马承源主编：《上海博物馆藏战国楚竹书》（三），上海古籍出版社2003年版，第212页。

⑤　［汉］郑玄注，［唐］贾公彦疏，黄侃经文句读：《周礼注疏》，上海古籍出版社1990年版，第464页。

⑥　宗福邦等主编：《故训汇纂》，商务印书馆2003年版，第2457页。

⑦　［晋］郭璞注，王世伟校点：《尔雅》，上海古籍出版社2015年版，第114页。

⑧　《说文解字注》，第66页。

⑨　［梁］顾野王：《大广益会玉篇》，中华书局1987年版，第34页。

字关系。

《说文》读若同字主要的作用是辨析多音多义字的音义和解释词义，说明读若字和被读若字用字关系的作用较弱。相对而言，读若它字的作用更丰富，冯玉涛将《说文》读若的作用概括为说明同源字、说明异体字、说明古今字、说明通假字、为被释字注音五种。①

三、《说文》读若同字与经传读用同字比较

张世禄在《中国音韵学史》中说："又有所谓'读若用本字'的例，以一字的此音此义注释彼音彼义，这又是因为一字数义的现象，依声训当中本字为训的例而产生出来的。"②他认为读用同字是一字数义的产物，并推断它与声训中的同字为训相关。同字为训是指用于注义的字与被释字的形体相同。先秦就已出现了同字为训的文献用例，如，《周易》："比者，比也。""剥者，剥也。"《毛诗》："风，风也。"一般情况下，训释字表示词的引申义，被释字表示词的本义或一般意义。同字为训的训诂方式表义具有模糊性，晦涩难懂；而脱胎于同字为训的读用同字在解释词义上显然更加确切。读用同字在用同字注音的过程中，不仅区别了被释字的读音，也对被释字的意义做了批注。同字为训和读用同字之所以会被使用，是因为字义字音增加而汉语缺少标音符号以及更加完善的注音方式。

汉代反切未行，汉儒注音多用直音法，常以同字注音济其穷。如《淮南子》高诱注共有275条注音，其中用同字注音的有63条。③例如，《淮南子·俶真训》："被施颇烈。"高诱注："被读'光被四表'之'被'也。""光被四表"的"被"作覆盖解。《广韵》"被"有两音：皮彼切，"寝衣也"；平义切，"被服也，覆也"。④高诱用同字注音，训释词义的同时也明确了"被"在文中的读音。又如，《淮南子·原道训》："施四海，一之解，际大地。"高注："解，达也。解，读解故之解也。"《淮南子·修务训》："以身解于阳盱之河。"高注："解，读解除之解。"高诱通过释义将

---

① 冯玉涛：《〈说文解字〉"读若"作用类考》，《宁夏大学学报》（社会科学版）1996年第3期。
② 张世禄：《中国音韵学史》上册，商务印书馆1938年版，第9页。
③ 吴先文：《〈淮南子〉高诱注之注音研究》，《合肥学院学报》（社会科学版）2005年第4期。
④ 《覆宋本重修广韵1—5》，第221、327页。

"解"的读音区分开，释音兼释义。汉魏传注中，读用同字所注释的字词多为常见字和常用字，被释字一般具有数音数义或者不同的词性，因此以读用同字的注音法阐明它在文本中的某一音读或某个义项。

字书中同字注音的使用与传注略有不同。《说文》13例读用同字大多是冷僻的字，像"纂""寱""戠"等字几乎没有文献用例，仅存于字书韵书。上文说到，13例中有将近一半的字有多音多义，读用同字的注音在这些例子中起到了辨析音读的作用。而剩下一半的字只有一个义项一个音读，并不需要以读用同字的方式区分读音，仍旧以读若同字作注，是利用所引经传的异文对这些字的词义作进一步解释，也是因为被释字难以比况，音同音近字较少或难认。

四、余论

前人研究中通常将读若同字称为"读若本字"。"本字"一词在文献中常常相对于分化字、假借字而言；而"读若本字"的"本字"相对应于"易字"，指原本的字。"读若本字"这一术语容易混淆，引起不必要的歧义。相较而言，"读若同字"避免了表义的多义性。

《说文》读若同字是一种特殊的"读若"注音方式，主要通过"读若"征引经传文献和方言俗语进行注释，它具有辨析多音多义字的音义和解释词义以及通过征引文献的异文说明被释字的通假字、异体字等作用，除用于注释多音字外，主要用在注释难以比况的字上。

读若同字的注音有其存在的时代必要性，也有不少问题。以读用同字的方式注释常见的多音多义字尚且有利于分辨被释字的音读义项，而《说文》以读若同字注释生僻字或一音一义字的一些用例根本无法起到注音的效果。用方言俗语注释具有很强的时代性和地域特点，其音义至今日大多已不可考，读若同字征引它们以注音是不够科学的。

（作者单位：湖南大学中国语言文学学院）

"文"与"影"的复杂对话

——《桃花源记》动漫影片①对陶渊明原作的改编刍论

杜加媛

　　摘　要：影片《桃花源记》在"忠实原作"的基础上将当代受众的审美趣味纳入视野，又以影视作品独特的视听艺术技巧重新"翻译"文学语言，实现了作者与受众之间、文学与影视之间的复杂对话。在具体实践中，影片继承了《桃花源记》中"世外桃源"的主题，运用直观的画面凸显桃源之美，以背景音乐控制叙事节奏。同时以蒙太奇手法改变了原文的叙述方式，增设意象为故事提供动机，并从当下语境出发重新阐释桃源的意义，为结尾加上了"光明的尾巴"。但是文学与影视毕竟有本质的不同，作者权威与受众审美之间也存在距离，这些因素使影视改编常常面临着"创造"与"误读"的两极评价，也使我们反思在图像化时代应该如何辩证地看待"文"与"影"的关系。

　　关键词：陶渊明　《桃花源记》　影视改编

　　影视改编是作者与受众之间交互作用的产物。影视改编的两种方式"忠于原作"与"创造"，所体现的正是作者本义与受众之间的两种基本交流形式。陶渊明《桃花源记》作为"世外桃源"的精神寄托，为影片《桃花源记》所接受。但影片

---

　　① 《桃花源记》是环球数码制作的动画短片，该片由陈明执导，于2006年上映。影片取材于陶渊明的同名散文，在3D技术基础上巧妙运用了水墨、剪纸、皮影等多种中国传统的艺术表现形式，曾获国际动漫影视作品"美猴奖"大赛最佳短片奖等。

《桃花源记》并不是对陶渊明《桃花源记》的机械复制，而是融入了当代因素的新创造。可以说，影片《桃花源记》中展现的桃花源并不是陶渊明笔下的桃花源，而是当代受众视野中的新桃源。同时，影片以独特的视听艺术技巧重新"翻译"文学语言，在尊重原作基本框架的基础上，通过改变叙述方式、增设意象、更改结局等手段，对渔人的心理活动、故事情节作了创造性的补充，填补了文本的空白，实现了作者与受众、文学与影视之间的双向交流。

一、转变叙述方式，填补文本空白

陶渊明《桃花源记》全文不到四百字，用笔俭省，采用外视角下的第三人称有限叙述，其重点在于对渔人经历的客观叙述。"故事外的第三人称叙述者像是剧院里的一位观众或像是一部摄像机，客观观察和记录人物的言行。"[1]陶渊明以旁观者的视角讲述故事，省略了人物的心理描写以及个人的主观情感，仅仅将故事原貌呈现给读者。这种有限的叙述方式造成了文本的省略与空白，从而导致了文本的未定性，使得《桃花源记》的主题充满了未知与悬念。

文本的省略增大了读者理解主题的难度，却正好为影视改编提供动力，使影视改编的阐释空间更加广阔。影片《桃花源记》将原作中有限的第三人称外视角变为全知全能的第一人称体验式视角，通过虚构渔人的心理活动将文本的"未定点"连接起来，同时改变了原作的叙事节奏，进一步增强了主题指向，从而创造了一个更利于理解的意义空间。

首先，第一人称叙述方式带有强烈的主观色彩，"在第一人称体验视角叙述中，由于我们通过人物正在经历事件时的眼光来观察体验，因此可以更自然地直接接触人物细致、复杂的内心活动"[2]。叙述方式的转换为受众提供了进入渔人内心世界的契机。影片《桃花源记》增设了大量的人物内心独白，"我为什么要回来呢""我真后悔啊"等带有强烈主观色彩的话语，让受众可以直接感受到渔人的心理变化。相比于原作中的第三人称客观性叙述，影片的第一人称叙述降低了理解难度，使受众通过"体验"的方式理解作品主题。受众由被观察者变为叙述者，受众

---

① 申丹、王丽亚：《西方叙事学：经典与后经典》，北京大学出版社2010年版，第95页。

② 邓颖玲：《叙事学研究：理论、阐释、跨媒介》，北京大学出版社2013年版，第104页。

也由旁观者变成了在场者，与渔人共经历、共体验。这种叙述方式的转变体现了影视作品将当代受众的审美心理纳入视野所作出的创造性解读。影视作品是大众文化，其目标受众是普通大众；而《桃花源记》属于精英文化，目标受众是文人士子。原作中的省略使主题模糊多义，而影片通过叙述方式的转变，将人物心理活动直接外化给受众，从而降低受众的理解难度，使人们可以更直接地感受渔人的心理变化，理解文章主旨。

其次，影片还改变了原作的叙述顺序，运用影视艺术独特的蒙太奇技巧，扩展了文章的叙事空间。文学以语言为媒介，文字本身的线性排列直接影响到了文学作品形象体系的构筑。原作采用历时性的线性时间，文本时间与故事时间一致，以渔人"遇桃源"①始，以刘子骥"寻病终"而终。影视作品的叙述不受文字符号的限制，可以不断切换镜头，营造叙事的空间感。影片《桃花源记》打破了原作的线性叙事，将倒叙、回忆以及顺叙相结合，把渔人"诣太守"的情节提到开头，通过渔人回忆的方式展开故事，在回忆最后又跳回现实生活，依然以"寻病终"结尾。这种叙事方式是电影艺术中的蒙太奇技巧，即"通过镜头、场面、段落的分切与组接，从而对素材进行选择、取舍、修改、加工，并且创造出独特的电影后时间和空间"②。影片《桃花源记》充分运用电影镜头的剪辑技巧，打乱了原作中线性的、平淡的叙述节奏，使读者感觉身处一系列不同事件发展的综合空间当中，忽略了对时间的感受而增强了空间体验，从而扩展了原作的叙事空间，使得叙事重点更加突出。

再次，影片《桃花源记》在转换叙述方式的同时，还运用背景音乐来辅助叙事，通过节奏快慢、音调高低控制故事情节的发展，渲染情绪。"通过背景音乐，影视作品中画面是以间断、跳跃的镜头来展示事件的……声音、音响从听觉的角度制约画面的结构。"③影片中的音乐始终与故事情节发展趋势紧密相连。在渔人初入桃花源时，背景音乐节奏轻快，镜头不断转换，叙事节奏较快，体现了渔人内心的欣喜；

---

① 陶渊明《桃花源记》，见王瑶编注：《陶渊明集》，北京人民文学出版社1983年版，第76—77页。本文所引《桃花源记》原文，均出于此。

② 蒙太奇（Montage）在法语中是"剪接"的意思，但到了俄语中，它被发展成一种电影中镜头组合的理论。当不同镜头拼接在一起时，往往又会产生各个镜头单独存在时所不具有的特定含义。采用这种方法写作的方式也称蒙太奇手法。参见彭吉象：《影视美学》，北京大学出版社2008年版，第21页。

③ 随着电影艺术的发展，背景音乐在电影叙事中起着越来越重要的作用，除了渲染气氛之外还可以控制叙述节奏。参见伍建阳：《影视声音创作艺术》，中国广播电视出版社2005年版，第267页。

在渔人寻桃花源而不得时，背景音乐节奏舒缓，伴随着一个长镜头，用较低的音符表达了淡淡的忧伤；而在结尾，桃源仙物之桃花树再次出现，背景音乐宛转悠扬，曲调由低转高，镜头也由近及远，视野逐渐开阔，似乎也在暗含着某种希望的情绪。与原作相比，影片中背景音乐的运用与故事发展高度契合，拓展了平面的图画空间，利用音乐特有的美感让情感表达、主题烘托、人物刻画各个方面更加生动且具有立体感。

在这些叙述方式中，最耐人寻味的是影片的倒叙手法。在原作中，"诣太守"这一情节是作品的尾声，在叙事中并没有特殊的意义。而影片则将这一情节提到开头，甫一开始便出现渔人被太守毒打的凄惨画面，并以哀婉的二胡配乐来渲染气氛，表现渔人的悲惨境遇。暗色调的画面配以低沉的背景音乐，影片的氛围变得哀婉、忧伤和沉重，使受众直接感受到太守对渔人的残酷压迫。倒叙的叙事手法凸显了渔人与太守之间的矛盾，使"零聚焦"的叙述有了聚焦的中心，反映了被压迫者与压迫者之间的尖锐对立。同时影片又借助第一人称叙述者的个人独白直接点明渔人所受的压迫是"苛捐杂税"，为受众了解作品主题提供了清晰的线索，进一步增强了主题的指向性。

二、增设意象，为故事提供动机

陶渊明《桃花源记》以渔人入桃源始，以桃源不可寻而终，并没有提及渔人可入桃源以及桃源之不可寻的原因。陶渊明的叙述是省略的，原作中的空白使文本充满了谜团，而富有意味的意象也为读者提供了可供阐释的空间。"文学作品中的意象意境不是封闭的，而是过渡的、开放的，是由作家向读者传递文学信息、即意象意境的语言载体。"①除了叙述方式的转变外，影片还立足于文学作品中意象的暗示性，通过增设意象对原作的情节进行改造与补充，为故事提供动机，并为文本的"悬念"提供答案。

最有意味的是影片增设了小红鱼的意象，通过小红鱼"报恩"为渔人进入桃源

---

① 朱立元基于英伽登、W.伊瑟尔的文学作品结构层次理论，提出文学作品的意象意境层，认为文学语言内含作家的审美意象意境的框架或提示，有待于读者重建与充填。参见朱立元：《接受美学》，上海人民出版社1989年版，第109页。

提供契机。在陶渊明《桃花源记》中，"武陵人捕鱼为业"，可知渔人以捕鱼为生，在这里有一个潜藏的意象便是"鱼"，但全文并未出现"鱼"这一形象。陶渊明用笔十分俭省，文章的重心在于渔人进入桃源后的情节，故一句简单的"缘溪行，忘路之远近"便将渔人进入桃源前的情节一笔带过。可见在原作中，渔人进入桃源前的情节是省略的，而从另一个角度看，渔人进入桃花源具有极大的巧合性与偶然性，缺乏一个令人信服的原因。较真的读者或许会问：为什么偏偏渔人这么幸运，可以发现桃花源呢？

以文本中隐藏的"鱼"为线索，影片《桃花源记》增设了"小红鱼"这一意象，为渔人进入桃花源指明原因。影片中的渔人衣衫褴褛，在数次空网之后，终于捕到了一条小红鱼。但瘦小的小红鱼让渔人动了恻隐之心，他不忍心将小红鱼吃掉，而是自言自语"罢了罢了，放你一条生路吧"，便将小红鱼放入河中。被放生的小红鱼却不肯离去，最终指引渔船来到桃花源。放生行为体现了渔人的善良，而小红鱼指引渔人到桃花源，颇有些"报恩"的意味，因此渔人能进入桃源便成了"善有善报"的体现。由此，渔人进入桃花源不再是偶然的巧合，而是渔人"善"的回报。这实际上体现了康德所说的"无目的的合目的性"。"这种'无目的的合目的性'的关键在于它不以概念（目的）表象为前提。于是它的合目的性的根据就转移到了主体自身的活动之中，这种合目的性属于主体性的'假定'，而并非通过客观目的（概念）的先验规定。"[1]渔人放生是出于一种无功利的善心，并没有要求回报，但正是这无心的善举使渔人得以进入桃源，得到道德的"赏赐"。

渔人进入桃源之后受到桃源人的热情招待，对此原作中写道："便要还家，设酒杀鸡作食"，"余人各复延至其家，皆出酒食"。影片以直观的画面呈现这一情节，并通过特写镜头突出了桃源人的"酒食"之盛，并且特别强调了"桃"这一意象。在影片中，老人以桃款待渔人，并称其是桃源的仙物，在这里，"桃"实际上成了世外桃源的象征。桃源的富足生活令渔人十分向往，但他始终没有摆脱世俗的观念，一心想着收拾好家中的东西后再回来。渔人在吃完桃后将桃核藏于手中，并将桃核带出桃源，返回人世。

桃本是世外桃源中的仙物，而渔人私藏桃核并将桃核带入人世的行为本身便带有世俗的功利目的。如果说渔人因为无功利的善行得以进入桃源，那么反过来看，

① 宫睿：《康德的想象力理论》，中国政法大学出版社2012年版，第126页。

当渔人的行为染上目的性强的功利色彩时，他与桃源之间便出现了不可弥合的裂缝。因此当渔人离开之前问"我还能再回来吗"时，并没有得到回应，这似乎也暗示着一旦渔人带着世俗目的找寻桃源，便再也回不到世外桃源。实际上，无论是渔人、太守还是隐士刘子骥，他们在找寻桃源时都有着自己的"目的"。桃源本身是无功利的，与世俗人间有着一定的界限，而当人们带着"目的"去找寻桃源时，只会离桃源越来越远，最终无法寻找到真正的世外桃源。

在原作中，陶渊明并没有说明桃源之"可寻"与"不可寻"的原因，这些省略造成了文本的悬念，有赖于读者自己通过想象寻找答案。W.伊瑟尔认为，由于文学作品存在许多不确定的因素与空白，读者在阅读时如不用想象将这些不确定因素确定化，将这些空白填满，他就无法进行阅读活动，无法完成对作品的审美欣赏与消费。影片《桃花源记》正是在尊重本文的基础上，通过增设"小红鱼"与"桃核"的意象，为桃源之谜提供了一种答案：渔人得以进入桃花源，是缘于放归小红鱼所体现的无功利的善行；渔人之所以无法寻到桃源，是因为私藏桃核背后的世俗功利之心。因此，是否有目的性与功利之心，是渔人能否进入桃花源的关键，也是桃源之"可寻"与"不可寻"的原因。

三、"桃源"之变与"光明的尾巴"

在故事结尾上，影片《桃花源记》也对陶渊明《桃花源记》进行了创造性解读。原作中的结尾是黯淡的，陶渊明掐灭了所有的希望，留下一个千古未解的桃源之谜。而影片则在刘子骥之死后又增设了渔人种桃以及桃花再开的情节，为黯淡的结局加上了"光明的尾巴"。

在《桃花源记》中，桃源的存在像是一个虚无的神话。不仅渔人处处"志"而"遂迷"，刘子骥寻找多年也不可得，没有任何证据可以证明桃源的存在，桃源似乎只是一个可望而不可即的梦。原作以刘子骥"寻病终"为结尾，故事戛然而止，使得桃源的存在变得更加神秘，桃源与世俗之间的障壁不容打破。而在刘子骥死后，桃源"遂无问津者"，不仅桃源的存在是存疑的，世上连追寻桃源的人也没有了，人们不再对桃源抱有希望，这才是最可悲的。影片保留了刘子骥死亡的结局，但不同的是，在刘子骥之后，桃源并不是"遂无问津者"，而是有一个执着的寻找者，那便是渔人。在影片中，渔人摇身一变成为一个"追梦者"，虽然刘子骥死了，渔人却依然没有放弃对桃源的追寻。在影片的结尾，渔人种下的桃核长成大树，花开美艳，这使得渔人欢欣雀跃，并坚信"我会再回到那个地方的"。

如果说原作中桃源的存在是不确定的，那么影片中的桃源则不再虚无，而成了一个可接近的现实的存在。影片中既有一个执着的经历者——渔人，又有桃源存在的"痕迹"——桃花，这些都暗示着桃源的故事保留着发生、发展的无限可能，一扫原作中黯淡的悲剧结局，使得桃源的存在充满了希望。同时影片结尾节奏轻快的背景音乐、色彩鲜艳的画面，也进一步渲染了欢快的氛围。这种充满希望的结局具有"大团圆"的意味，在影片结局延续一个美好愿望实现的可能性，既扩展了动漫的叙事空间，也符合大众的接受心理。

同时，桃花再开不仅暗示着桃源存在的可能性，还为世俗与桃源之间的障壁打开了一道"裂隙"。原作中的桃源与现实之间存在着不可逾越的界限，当渔人离开桃花源时，"处处志之"，最后却"遂迷"，世俗中一切与桃源有关的痕迹都消失了，桃源向人世永远闭上了大门。就像桃花源诗中说的那样，"奇踪隐五百，一朝敞神界。淳薄既异源，旋复还幽蔽"。而在影片中，渔人则可以将桃源的仙物"桃核"带到人世，"桃核"是世外桃源的象征，桃核之流入人间使得世俗与桃源之间的障壁出现了裂隙。更耐人寻味的是，"桃核"不仅没有像渔人所做的标记那样消失，还在人间长成了大树，花开美艳，仿佛使渔人再次回到了世外桃源。桃源之物流入人间，桃源之树长于人间，这暗示着世俗与桃源之间不再是隔绝的，而是相通的，不仅如此，桃源甚至可能会"再现"于世俗之中。

总的来看，原作中桃源的存在是存疑的，桃源与世俗是隔绝的，而影片中的桃源则保留着无限的可能性、可通性。不同的结局实际上体现了陶渊明与后世对"世外桃源"的不同理解。"文学创作的目的，就是为了实现某些在现实生活中不能实现的愿望。"[①]在陶渊明所处的时代，社会的主要矛盾是战争，而桃源人之所以会来到桃源，正是为了"避秦乱"。在《桃花源记》中，桃源是一个避乱之所，超越世俗纷争，是陶渊明内心的一个梦。但文学创作毕竟与白日梦有本质的不同，因为作家能够清楚地认识到理想与现实的差距。虽然陶渊明对桃源心向往之，但战乱纷飞

---

① 弗洛伊德在《作家与白日梦》中阐释了作家与白日梦的联系，认为创作与白日梦一样都是不能实现的欲望的满足，但不同之处在于作家在创作时能够分清现实与梦，而白日梦则近于迷狂。参见邱运华主编：《文学批评方法与案例》（第二版），北京大学出版社2006年版，第87—88页。

的时代也使他意识到世外桃源的不可寻。因此他使渔人"遂迷",使刘子骥"寻病终",令桃源的存在充满了谜团,后人的追寻也陷入一个"无"的境地。

在当下的语境下,战乱不再,社会稳定,但人与自然的矛盾越来越突出。社会的主要矛盾不再是战乱,而是人与自然之间的紧张对立。由此,桃花源的内涵也发生了变化。芳草鲜美的桃花源不仅仅是一个避乱之所,更是人与自然和谐共处的象征。自然是无功利的,人在自然面前并不是发号施令者,不应该以功利之心损害自然。渔人作为与自然相对的"人",当他以功利之心对待桃源时,便损害了人与自然之间的和谐关系,因此被拒绝在桃源之外。但是人与自然之间的关系并不是始终对立的,在农业社会时期人与自然之间便十分和谐。桃花源的存在不是一个可望而不可即的梦,而是一个充满希望与可能的存在,因此桃源的仙物桃核可以流入人间,而没有完全消失。渔人在找寻桃源的过程中不断反省自身的错误,为回归桃源付出努力,最终他的努力没有白费,桃核长出桃树,使他充满信心。桃花再开也说明人与自然之间的和谐关系是可恢复的,只要人不断反省自身,以自然的神性"度量"自身,听从大道的呼唤,人便可以回到自然的家园,在大地上"诗意地栖居"①。

四、从"文"到"影",误读还是创造?

影视改编是作者与受众之间、文学与影视之间一次跨时空、跨媒介的对话,而在对话的双方之间常常存在着距离与矛盾,这使得影视改编充满了争议性,常常面临着"误读"与"创造"的两极评价。

就受众与作者之间的关系而言,受众审美心理与作者的主观思想之间常常存在着距离与差异,究竟是"忠实原作"还是迎合受众审美心理,是影视改编需要面对的第一个问题。影片《桃花源记》通过增加人物内心独白、改编故事情节等方式使《桃花源记》模糊的主题变得清晰,更利于理解,而大团圆的结局也更符合大众的审美期待。但是这种"创造"也与原作主题有一定距离,影片也因此受到批评。有评

---

① 海德格尔认为"天地神人"四位一体,人以自然的神性度量自身,在苍天之下、大地之上,"诗意地栖居"。但是工具理性破坏了人与自然的关系,因此他主张听从大道的呼唤,重返家园。参见曾繁仁、[美]大卫·格里芬主编:《建设性后现代思想与生态美学(上)》,山东大学出版社2013年版,第322页。

论家从尊重原作的角度出发，认为"迷失于原作文本解读的改编者难言是成功的文学传播者"，影片简化了原作的主题，损害了原作的审美效果。①

但是在我看来，"忠实原作"不应该被视为影片的唯一评判标准，作者思想也不应该被视为作品的唯一权威。正如W.伊瑟尔所说，作家所创造的只是"本文"，而"作品"则要依靠读者审美欣赏才能产生，在这个过程中，读者的主体性与创造性也十分重要。"一千个人心中有一千个哈姆雷特"，一千部影视作品中也有一千个《桃花源记》。我们应该对影视改编的"创造性"抱有更宽容的态度，如果只以是否"忠实原作"来评判影视改编是否成功，那么影视改编永远只能是"炒冷饭"，在机械复制之中变得单调而乏味。

当然，强调影视改编的创造性并不意味着完全抛弃作品，一味迎合受众趣味，随意解读作品。文学作品中动态与静态相结合，所谓"静态"即作品中的稳定性因素，这些稳定性因素是阐释作品的基础，这也决定了文学阐释不能是天马行空，而是要立足于作品中的稳定性因素，对文本作出合理的解读。因此，影视改编应该注意文学作品中的动态与静态因素，在对原作进行创造性改编时也应该尊重原作主旨，实现受众与作者的良好交流。

另一方面，文学与影视毕竟是两种不同的艺术形式，它们之间有着基本的区别，在从文学到影视的转换过程中，影视改编往往会"失去"一些东西。文本的省略与空白为影视改编提供了阐释的自由，但影视改编所提供的仅仅是文学作品的一种阐释。文学作品诉诸语言，在充满隐喻性、多义性的文学语言下，是一个充满着无数种可能的阐释空间。影片《桃花源记》对主题作出了自己的独特解读，通过叙事聚焦等使主题变得更加确定，但这种解读只是文学作品多种阐释的一种，主题变得更加明确的同时，也使得影片的阐释走向难免固定化的缺陷。

诚然，影视改编无法完美地再现文学语言，但实际上，每一种"非文学"的方式，都无法完美地再现文学语言。因为不同艺术所使用的媒介不同，文学作品以语言为媒介，语言的自由度与开放度是其他艺术形式所无法比拟的，但我们不能因此便否定其他"非文学"艺术的独特性。影视改编虽然失去了阐释的多元性，但它可以发挥视听艺术的特色，通过直观的画面、富有渲染力的音乐以及镜头的转换等多

---

① 蒙金含：《从文本到影像：动漫〈桃花源记〉的审美转换与改编得失》，《四川戏剧》2017年第3期。

种方式为受众提供独特的审美体验。尤其是在当代语境下，传统文学走向式微，影视作品的接受群体、传播范围等比传统文学作品更加广阔，采用影视艺术等"非文学"的艺术形式重新"翻译"文学语言，能够进一步扩大传统文学的影响力。像话剧《暗恋桃花源》[①]、歌曲《桃花源》[②]等等，都是运用"非文学"的方式来重新阐释《桃花源记》，使得《桃花源记》进一步为当代受众所接受。

总的来说，影视改编是一次复杂的对话，需要在作者与受众之间、文学与影视之间寻求动态平衡，在这个过程中有得也有失，但用影视的方式重新阐释文学语言，本身便具有创造性。因此，我们应该以更包容的心态去看待影视改编，促使文学作品在当代焕发新的生机。

（作者单位：山东大学文学院）

---

① 《暗恋桃花源》为赖声川的作品，故事分为"暗恋"和"桃花源"两部分。其中"桃花源"部分改编自《桃花源记》，主题与原作完全不同，对"渔人"形象、故事情节做了大胆改编，反映了当时台湾民众潜意识的感望。

② 近年来有很多改编自《桃花源记》的歌曲，大多是在歌词上借鉴《桃花源记》中的意象，但这些歌曲在风格上、旋律上等有很大不同，质量也良莠不齐。

陶弘景《真诰》注释研究

王　蕾　刘祖国

　　摘　要：南朝齐梁间陶弘景整理注释的《真诰》，被后世奉为上清派经典。从训诂学角度来看，陶弘景对《真诰》的注释有着较高的训诂学研究价值。本文力图通过详细分析《真诰》注释背景、注释元素分类、注释特点，为道教文献训诂研究提供参考。文中将陶弘景对《真诰》的注释，根据注释内容分为语言学元素、道教学元素和校勘学元素三大类，每一大类之下再作具体细分，在此基础上，把陶弘景《真诰》注释之特点概括为五个方面：注释广泛，旁征博引；精于校勘，功力深厚；尊重原迹，态度严谨；形式自由，体例灵活；多有议论，个性化强。道经训诂是训诂学研究的空白点，然道经注疏种类繁多，是中国训诂学史的重要组成部分，应当纳入训诂学研究的视野。

　　关键词：《真诰》　注释　元素　特点

　　《真诰》是由南朝齐梁陶弘景（456—536）整理编撰而成的一部道教典籍，被奉为上清派经典。学界对《真诰》语言的研究主要集中在音韵、词语考释方面①，多为零散的个体研究，对《真诰》中陶弘景注释的系统研究尚付阙如②。本文通过穷尽性

---

　　① 例如，夏先忠：《〈真诰〉中的韵文》，《汉语史研究集刊》2012年第15辑；夏先忠、俞理明：《〈真诰〉用韵年代研究》，《湖北民族学院学报》（哲学社会科学版）2012年第3期；冯利华：《〈真诰〉词语辑释》，《古汉语研究》2002年第4期；王磊：《〈真诰〉词语拾零》，《汉语史研究集刊》2003年第6辑；雷汉卿、周作明：《〈真诰〉词语补释》，《宗教学研究》2010年第3期等。

　　② 对《真诰》一书中陶弘景注释的研究，仅有冯利华、徐望驾《陶弘景〈真诰〉的语料价值》（《中国典籍与文化》2003年第3期）一文论及个别条目。

数据统计、分类研究等方法，力图全面展示《真诰》注释的总体面貌，揭示其独特的训诂学价值。

一、《真诰》注释背景简介

《真诰》的源头是东晋杨羲、许谧等人记录的仙真降诰，包括由杨羲主写的通灵记录、述评、与仙真的书信往来和一些修行杂记。这些资料在杨、许死后流播江东，在数代许谧后人手中辗转，多有散失，后来经顾欢（420—483）汇总规整成《真迹》（具体时间不详，为顾欢晚年整理），陶弘景以《真迹》为蓝本，参考自己收访所得的上清经诀及相关见闻，加以增删改写，校勘注释，终成《真诰》一书。

《真诰》成书时为七卷，唐时由七卷分为十卷，明代《正统道藏》刊刻完成时，官方版本为二十卷本，民间仍有十卷本流传。现今传世的《真诰》有残卷本和通行本两种，残卷本十卷，通行本二十卷。据冯利华考证①二十卷本有《正统道藏》本、俞安期本、《四库全书》本、《学津讨原》本、《道藏辑要》本、《金陵丛书》本等多个刻本，另有钱谦益家抄本，还有部分影印本残卷。目前学界最常用的是1988年文物出版社、上海书店、天津古籍出版社三家联合影印之明本《道藏》本。

二十卷本《真诰》卷一至卷十八是晋时上清派先师所撰，陶弘景为之作注，卷十九及二十为陶弘景所述。卷一至卷四《运象篇》以诗歌问答的形式记述杨羲与紫清上宫九华真妃之间的人神恋；卷五至卷八《甄命授》以众仙真交流传授的形式，记述许谧与右英王夫人之间以存思为主的双修关系；卷九至卷十《协昌期》主要记述仙人修炼条例和经诀禁忌，涉及咽液、导引、叩齿、祷祝、服药、存二景、守一等内容；卷十一至卷十四《稽神枢》描绘了庞大而精致的洞天仙宫、地下鬼域，构建了较为完善的鬼官形制；卷十五至卷十六《阐幽微》将历史人物纳入道家谱系，各司官职，叙述其死后成仙或为鬼之事；卷十七至卷十八《握真辅》收录了杨羲和许氏父子修道期间的书信往来和通神记录，包括真人记梦；卷十九至卷二十《翼真检》为陶弘景自述，追溯上清经起源，记载《真诰》成书经过，并记录了许氏谱系，为上清派先师杨羲等人作传。

---

① 冯利华：《〈真诰〉版本考述》，《古籍整理研究学刊》2006年第4期。

《真诰》的正文和注释在写作时间上有一定间隔，在词汇语法上略有差异。《真诰叙录》记载上清经在东晋哀帝兴宁二年（364）问世，《华阳隐居先生本起录》①记载陶弘景于齐武帝永明三年（484）左右开始收集杨、许手记。据王家葵先生考证，《真诰》成书年代是"在齐建武三年至永元元年（496—499）之间，完成以后未加修订"②。从《真诰》部分的写作到陶弘景作注整理，有一百多年的时间跨度。

魏晋南北朝是训诂学发展史上的一个重要阶段，这一时期不仅出现了大量经、史、子、集的训诂专著，而且产生了一些新的训诂方法，对后世影响深远。形成这种局面的一个关键原因，在于佛教的传入和发展。随着大量古印度佛经的传入和释译，儒释道思想碰撞交融，给训诂学发展带来新的契机。一方面，训诂学逐渐摆脱经学附庸的地位，思想上的解放使得学者关注的文本范围大大拓展，开始大量注释子部、史部、集部典籍。另一方面，佛经注译给传统训诂学带来新的启发，产生了诸如音义、义疏、集解等训诂体例。何晏《论语集解》、王弼《周易注》、郭璞《尔雅注》、皇侃《论语义疏》、杜预注《左传》都是这一时期的经典之作。

在遍注群典的学术风气下，借着玄学盛行之势，研究《老》《庄》，注释道书，遂成为一时之尚。据《隋书·经籍志》卷三记载，魏晋时期老庄注疏有"七十八部，合五百二十五卷"，多数今已亡佚。甚至梁武帝御注《老子讲疏》，还有王弼《老子道德经注》、郭象《庄子注》、道士顾欢撰《老子义疏》等，对后世影响深远。陶弘景编撰《真诰》，就是这样的时代大背景下的产物。

二、《真诰》注释元素研究③

关于陶弘景《真诰》注释的分类，从文献学与神学角度出发，程乐松先生将释

---

① ［宋］张君房编，李永晟点校：《云笈七签》卷一〇七《华阳隐居先生本起录》，中华书局2003年版，第2321页。

② 王家葵：《陶弘景丛考》，齐鲁书社2003年版，第214页。

③ "注释元素"一语参考了杨永发、侯桂秀两位先生的新著《古代诗歌注释元素——基于四家注杜的研究》（中国社会科学出版社2016年版）。此书创新性地提出了用语言学、文献学、文章学、文艺学四大板块来归纳诗歌注释内容和诗歌注释功能的理论模式，这是以前的训诂学研究未曾尝试过的，此模式的创立，使得训诂学对注释实践的关照力和概括力大为加强。我们仿照杨著，并联系《真诰》之实际，对分类略作调整。

文分为八类：总叙降哕、析编注体例、贯降事首尾、考史迹本末、释字词隐语、解经义名相、辨真哕伪作及叙品目阶次①。本文侧重于训诂学有关内容，将陶弘景对《真诰》的注释，根据注释内容分为语言学元素、道教学元素和校勘学元素三大类，细述如下。

1.语言学元素

可细分为三类，分别是释字形、释字音、释隐语。陶注之语言学元素注释，较其他两类而言，数量最少。

1.1 释字形

全书共5例。陶注释字用"谓应作某"纠正原文误字；用"此某字"来标注异体字、古今字或原文书写字形之误；并特别说明道经中"盛"字为"净"字之代替字，试看以下诸例。

①萧条斧子，和心凝静。道烝虽妙，乘之亦整。澄形丹空，擢摽霄领。其神以晖，其光将颖。实侍辰（谓应作晨字）②之高举，谷子之罗罪（此古鼎字），可谓秀落众望，萦淳之仙才。（20/514b）③

②许长史（黄氏黵掾作字）将欲理之耶？若翻然奉张讳道者，我当与其一符，使服之，如此，必愈而斛（此豁字也）矣。（20/534c）

③人卧室宇，当令洁盛。盛则受灵气，不盛则受故气。故气之乱人室宇者，所为不成，所作不立，一身亦尔。当数洗沐澡洁，不尔无冀。（盛字是净义。中国本无净字，故作盛也，诸经中通如此。）（20/547c）

④大茅山有玄帝时铜罪（古鼎字），鼎可容四五斛许。（20/558a-b）

⑤鹿迹山中有绝洞，绝洞者，才有一二亩空地，无所通达，故为绝洞。洞室四面皆有青白石，亦以自然光明如纟（旧作伞字如此），张形，下正平，自有石床、石塌、曲夹长短，障隔分别，有如刻成，亦整盛也。（20/572c）

---

① 程乐松：《即神即心——真人之诰与陶弘景的信仰世界》，中国人民大学出版社2010年版，第158—160页。

② 括号内为陶氏注释语，以示区别。

③ 本文引例所采用的《道藏》为1988年文物出版社、上海书店、天津古籍出版社联合影印明本《道藏》，标点不当或文字释读有误的地方，予以改正并出脚注说明。若引文在《道藏》第20册第829页第1栏，本文用"20/829a"表示，"a、b、c"分别表示"1、2、3"栏。

1.2　释字音

全书共8例。释音有直音法和反切法，常用"某某反""此作某某音"作为注音标记。陶注释音时，对有歧义的被释字不仅释音，还标注其义；对诗歌中为协韵而临时变化的字音，特意做了标记，充分考虑到了诵读之便；对于方言音亦有专门标记。

①口言吉凶之会，身扉（凡作扉字者，皆是排音，非扉扇之扉也）得失之门。众忧若是，万虑若此，虽有真心，固为不笃。（20/503b）

②何事生横涂，令尔感不专。阴（乌禁反）瘂（乌贺反，此应作喑哑，言其速也）夫去机[①]，不觉年岁分。（20/507b）

③椿期会足衰，劫往岂足辽。真真乃相目，莫令心徂瘀（侧交反）。（20/512a）

④有心许斧子，言当采五芝。芝草不必得，汝亦不能来。汝来当可得，芝草与汝食。（此两"得"及"来"并戏作吴音。）（20/512b）

⑤范零子少好仙道，如此积年，后遇司马季主。季主将入常山中，积七年，入石室，东北角有石黼（此作之叶反音，即是大瓮也，或可是石牖。）（20/521a）

⑥求心俗老，忽发哀音之兮汙[②]。（此作奚胡音，犹今小儿啼不止，谓为咳呱也。）（20/526c）

⑦末书云："厕闻要旨，当修五灵，自谓西造阆圃，东游玄洲，不为邈绝，求矜而诱之，引而致之。"是为言贯于心，良可启矣。恭佼（音效）五灵，亦复至耳。（20/560b）

⑧吾坐北面南向，许长史伏坐上，因引笔作书，乃沈吟思惟。良久书毕，即见示曰："此书可通否耶？"书曰："日月之道，虔晟再拜。今奉佳画酒杯盘一具于南方。来年六月，可以入郭。遣送之事，好而又好。水火之期，求我于大木之日矣。"（晟犹是成音，汉时亦有人名此。）（20/591c）

1.3　释隐语

全书共5例。借助诗歌或骈文形式，用文字离合的方式，隐人名字姓氏于章句中，这是《真诰》的一大特色，陶注将离析的谜面组合在一起，标注出谜底，便于

---

① "夫去机"，《道藏》34/627b作"失玄机"。

② 冯利华指出，"兮汙"是表示感情哀伤的叹词。参见冯利华：《中古道书语言研究》，巴蜀书社2010年版，第62页。（以下所引仅注明书名、页码。）

后人辨别。冯利华先生对"道书中的文字型隐语"有深入研究，可以参考。①

①萧遴真才，内镜外和。曾参出田，丹心同丹，素糸三迁，来庇方头。（此四句是离合作"思玄"字，即长史之字也。）（20/498a）

②七月十五日夜，清灵真人授诗："企望人飞，若感若成。威不内接，骄女远屏。三四纵横，以入帝庭。历纪建号，得为太龄。亦必秀映，四司元卿。翻然纵羽，遂登上清。"（此离合掾大名，名"翙"字也。）（20/501a）

③凤巢高木，素衣衫然。（此八字是作长史小名"穆"字也。）（20/501a）

④履顺思真，凝心虚玄。（仍取此"思"字、"玄"字，即成长史字也。）（20/501a）

⑤偃息盛木，玩执周书。（此八字即是作"杨"字也。）太极植简，金名西华。学服可否，自应灵符。理异契同，神洞相求。定录、中候告。（道药事是定录言也，此并离合譬喻四人姓名，各诠所宜修行服御事。寻辞意皆相贯次，不知云何得两人共说。）（20/501b）

2.道教学元素

《真诰》注释涉及道教文化的诸多方面，可细分为六类，分别是释人、释名物、释地理、释道教制度、释降诰背景、释道教教义。

2.1 释人

《真诰》借助仙真降诰的形式，构建了一个庞大的神仙系统，正文多记神仙事迹和凡人修真之事，但《真诰》的底本多是高道手书，作为秘籍相传，属于道教内部文献，颇有民间家传秘方的意味，且因文本问答体式的局限，阅读门槛高，没有一定的道教基础知识是很难看懂的，因此陶注几乎对正文所提到的所有人物都进行了注释。

陶注所释之人分两类，一类是传说中的仙界神和地下主，另一类是历史人物和修真凡人。对神仙的注释多引其他道经，如《神仙传》《宝神经》等；对历史人物的注释多引史书，如《史记》《后汉书》等。这种引注是间接的，只提取注者认为关键的内容，并不寻求与引文在文本上的完全一致。

对人物的注释一般注明该人物名姓字号、籍贯时代、身份职位、亲属关系、来

---

① 《中古道书语言研究》，第188—189页。

历生平、修仙故事，亦多有品评。

①此女已九百岁矣。（寻此应是降羊权。权字道舆，忱之少子。后为晋简文黄门郎，即羊欣祖，故欣亦修道服食也。此乃为杨君所书者，当以其同姓，亦可杨、权相问，因答其事而疏说之耳。按升平三年是已未岁，在乙丑前六年，众真并未降事。）（20/491b）

②蓬莱右仙公贾宝安。（郑人，自此后皆是称诸真人之字，非其人名也。）（20/491b）

③清虚小有天王王子登。（案青童高尊，乃可不敢称讳字，此青虚是南岳之师，尚称字，独不显茅司命字，亦为难详也。）（20/491b）

④一人是孟君入室弟子郑雄正者，孟君所属用。（孟君京兆人，或呼为孟先生，不知何名位。）（20/569b）

⑤其一人是西山唐房。（此则《神仙传》所载，是蜀人，奉事李八百者也。）（20/569b）

2.2　释名物

《真诰》释名物例不多，多为道教传说中的药物、药方。陶注往往描述其色形、用途、产地、相关典故，并联系存世之物，作一些对比推测。

①神女及侍者颜容莹朗，鲜彻如玉，五香馥芬如烧香婴气者也。（香婴者，婴香也，出外国。）（20/494c）

②宜服五饮丸，去水注之气，可急合，不但治疾而已，亦以住白而有气色也。六月二十三日夜，南岳夫人告。（长史素患淡饮，比来疾动，故有此告，五饮丸即是世中者耳。）（20/529a）

③所问疾患者（右从礼年来凡十九条并有掾书），遵勤心香火。有情向药，故有言消磨之愈疾，谓其将闻斯而请命耶。（仙真并呼药为消摩，故称消摩经也，诵之亦能消疾也。）（20/533a）

④石脑故如石，但小斑色而软耳，所在有之。服此，时时使人发热，又使人不渴。李整昔未入山时，得风痹疾，久久乃愈耳。此人先多房内事，殆不同今者疾之轻薄也。（石脑，今大茅东亦有，形状圆小如曾青，而质色似钟乳。床下乃皎白，时有黑斑而虚软，服之乃热，为治亦似钟乳也。）（20/567c）

2.3　释地理

《真诰》正文提到大量仙山洞府，有的纯属虚构，有的有在世原型，有的是世间实貌。仙迹地名，总处在历史的变化中，陶弘景或查阅资料，或实地考察，一一为之作注。陶注释地理，所注地名精确到县，命名缘起都有记述；注地貌，山势水源，异景风物皆有描述。

①华阳雷平山有田公泉水，饮之除腹中三虫，与隐泉水同味，云是玉砂之流津也。用以浣衣，不用灰，以此为异矣。（此水今从地涌出，状如沸水，味异美。取浣垢衣，便自得净，即所呼为柳谷汧者，在长史宅东南一里许也。）（20/567c）

②秦时有道士周太宾，及巴陵侯姜叔茂者，来住句曲山下，又种五果并五辛菜。叔茂以秦孝王时封侯，今名此地为姜巴者是矣，以其因叔茂而名地焉。（地号今亦存，有大路从小茅后通延陵，即呼为姜巴路也。但泰孝公时，未并楚置郡。巴陵县始晋初，不知那有巴陵之封，恐是巴蜀之巴故也。）（20/568a）

③许长史今所营屋宅，对东面有小山，名雷平山。周时有雷氏养龙，来在此山，后有姜叔茂，田翁亦居焉。其山北有柳汧水，或名曰田公泉，以其人曾居此山，取此水故也。（雷平山在小茅北，基址相连，田公泉今具存。左右甚多水柳树，故名柳汧。此泉即前所云浣衣不用灰者，长史宅自湮毁之后，无人的知处。至宋初，长沙景王檀太妃，供养道士姓陈，为立道士廨于雷平西北，即是今北廨也。后又有句容山，其王文清后为此廨主，见传记知许昔于此立宅，因博访耆宿。至大明七年，有术虚老公徐偶云，其先祖伏事许长史，相传识此宅，只在今廨前乌柏树处应是，似犹有斋堂前井存。于时草莱芜没，王即芟除寻觅，果得砖井，上已欲满。仍掘治，更加甃累。今有好水，水色小白，或是所云似凤门外水味也。于是审知是故宅，从来空废，无敢居者。既云金乡至室，便为伏龙之膏腴矣。其西北即有长冈连亘，呼为长隐者也。）（20/570b-c）

2.4 释道教制度

《真诰》多言神仙事，仿照人间职官规制构建了天宫和地下职官制度。陶注对涉及的道教制度、职官位次、修炼方法往往都有注解。

①善心既发，信道德长生者难也。既信道德长生，值太平壬辰之运为难也。可不勖哉？（三恶道者，生不得作人，得作鸟兽虫畜之三恶。）（20/523c）

②邪气入体，鬼填胸次，其将回惑于邪正，必不能奉正一于平气耶，如此吾治疾之方，殆不可得。（正一平气，即天师祭洒之化也。）（20/534c）

③其中宿运，先世有阴德惠救者，乃时有径补仙官，或入南宫受化，不拘职位也。在世之罪福多少，乃为称量处分耳。大都行阴德，多恤穷厄，例皆速诣南宫为仙。（在世行阴功密德，好道信仙者，既有浅深轻重，故其受报亦不得皆同。有即身

地仙不死者；有托形尸解去者；有既终得入洞宫受学者；有先诣朱火宫炼形者；有先为地下主者，乃进品者；有先经鬼官，乃迁化者；有身不得去，功及子孙，令学道，乃拔度者。诸如此例，高下数十品，不可以一概求之。)（20/583c）

④夫至忠至孝之人，既终，皆受书为地下主者，一百四十年，乃得受下仙之教，授以大道，从此渐进，得补仙官。一百四十年，听一试，进也。（此地下主者，亦即是洞中所记李更等者，非别鬼官复为主者也。一百四十年一进，便入第二等，给仙人使，乃得稍受道教耳。)（20/586c）

2.5 释降诰背景

《真诰》底本文本格式多为问答体，历经辗转流传，顺序散乱，难成体系。陶弘景整理手稿，按照降诰的时间顺序，对内容进行规整。陶注释降诰背景，将只言片语的凌乱问答串联起来，述前因后果，使之可读。其处理方式一般是，标注提问者、记录者、问题背景、参考信息等有关内容。

①兴宁三年岁在乙丑，六月二十三日夜喻书此，其夕先共道诸人多有耳目不聪明者，欲启乞此法。即夜有降者，即乃见喻也。（此杨君自记也。长史年出六十，耳目欲衰，故有咨请。杨不欲指斥，托云诸人。)（20/492c）

②八月八日书云。谨操身诣大茅之端，乞特见采录。使目接温颜，耳聆玉音，此语为求道之甚急也。得近书，具至心，可勤道奖志也。司命君自在东宫，又书不应总合，德有轻重之故也。（司命常住大霍之赤城，此间唯有府曹耳，具位有高卑，故不宜共作辞启，二君虽同居华阳，而官府各异，不得同纸。凡书奏不如口启，于此可具鉴其仪格耳。)（20/558c）

③良常山西南垂有可住处，是司命往时别宅处也，亦可合丹。（司命初过江，立宅于此，以自荡涤，质对神鬼。今按垂之为言，如是边际，此正应在长史宅后大横之西。今父老相传言，如是边际，此正应在长史宅后大横之西。今父老相传，乃言大茅之西北平地，棠梨树间，名下薄处，言是司命君故宅，耕垦至肥良。多见砖瓦故物，似经住止处，亦验烈不可移犯。君此审是，则宜言中茅之西，不应远举良常，大都真人语自不正的，遇所引处便言耳。昔时山下远近诸处，长林榛芳，遮天蔽日，无处不可隐密，即今斫伐耕稼，四通九达，山中亦皆显露。时移事异，不复可准，乃言未久，如此正复五六十年来渐剧耳。)（20/557c）

2.6 释道教教义

陶弘景本为高道，注《真诰》意为传教，《真诰》成书之后也确实被奉为上清系经典，甚至在唐代"三洞四辅"的道教授箓制度中，被作为保密级极高的典籍传授①。然又因文本本身凌乱不成体系，内容艰深晦涩，独立性差，几乎每一轮问答都需要注者再补充内容，进行阐释，因而陶注多有对教义的注解，夹杂在各种注释里。此处只举一个典型例子。

①性与道之体，体好至道，道使之然也。（此说人体自然与道冥合，所以天命谓性，率性谓道，修道谓教。今以道教使性成真，则同于道矣。）（20/516a）

3.校勘学元素

校勘学元素在《真诰》三类注释中所占比例最大，种类也最多，可细分为标记衍文脱文、校字、梳理时间、标记文序、标记作者、标示疑问、标记异同七种类型。

3.1 标记衍文脱文

陶弘景整理《真诰》注重保留手稿原迹，初以三色墨作注，陶注标记《真诰》中衍文1处，脱文31处，有些是脱字，有些疑似脱章句事迹。陶弘景通过对字迹的分析和事迹的推理，对部分脱文之处进行了补充。

①寥笼灵谷虚，琼林蔚萧森。□（此一字被墨浓点，不复可识。正中抽一脚出下，似是羊字，其人名权。）生标美秀，弱冠流清音。（20/491a）

②以升平三年十一月十日夜降□□。（剪缺此两字，即应是羊权字。）（20/491a）

③其眉寿是观香之同生兄，亦得道。（此似别有眉寿事，今不存，而掾书中有梦见人云："我是王眉寿之小妹。"疑此或当是相答也。）（20/504c）

④受隐书之后，此计都冥也。（此下有两字被黬，又齐行剪去，后似复更有语。此论贤者之举，似仍是前书上纸，而复酬十一月二十九日告。此告今不存。前十一月二十九日告，语不同，又云正月龟山客来事。如此复酬后定录告，亦可是右英书中兼有此语耳。记不具存，难用显证。）（20/510c）

⑤玄运既会，奉觐有期。〔想〕（疑长此一字）良为□□，（缺失二字，别本作延仰。）生染迷俗，沈溺尘昧，不达上真，谓道尽此。（20/528a）

3.2 校字

陶注校字共66例，常用"应作""谓应作""此应作"为校字标记，其中仅2例有校字分析，其余只校不析。

---

① 参见李静：《〈真诰〉对唐诗发生影响之时间再议》，《中华文史论丛》2017年第3期。

①南真哀衿，去春使经师授以《方诸》《洞房》《步网》之道，八素九真，以渐修行，不敢（怊）（谓应作"怠"字）懈。（20/504a）

②写我金庭馆，解驾三秀畿。夜芝披华（锋）（谓应作"峰"字），咀嚼充长饥。（20/505a）

③密告由来，宿命之始，想有（已）（应作"以"字）悟也。（20/508c）

④正月中必有龟山客来东山，至时（渠）（此应作"讵"字）可不一力乎？（20/510c）

⑤灵草荫玄方，仰感旋曜精，（洗洗）（似草竹言边，应"诜诜"字，即《毛诗》"螽斯羽诜诜兮"，宜尔子孙之义也）繁茂萌，重德必克昌。（20/535b）

⑥云发鬃（此应是"鬒"字。鬒，黑发貌也。）鬓，整顿绝伦。（20/494c）

3.3 疏理时间

前面已经说过，《真诰》原稿散乱，多书信、问答体式，陶注多有根据前后文标记时间，梳理文意之校语。

①右一条先此一夕所授。（此一条即二十二日夜，与紫阳所喻同夕，当复大应有事，后云声气下，亦是此夕。杨后又追忆此一事，更疏在二十二日例中，故云先此一夕也。）（20/493a）

②此南岳夫人言。（此即前二十四日所道，明日当诣王屋山事也。）（20/497c）

③唯少鉴之，君惶恐言。（此长史答右英前七月二十八日喻诗"世珍芬馥交"者，并酬前书论薛旅事，犹恐是十二月中。）（20/509c）

3.4 标记文序

为了阅读的连贯性，陶弘景厘正篇次事迹，对手稿文序作了调整，多有标注。

①清灵真人说宝神经云云。（抄此修行事，出在第三卷中，不复两载。）（20/492c）

②紫微夫人喻书如左云云。（事亦在第三卷。）（20/492c）

③又告云道士有耳重者云云。（事亦在第三卷。）（20/492c）

④真人告云："栉头理发，欲得过多。"（事亦在第三卷）（20/492c）

⑤服雾法：常以平旦，于寝静之中，坐卧任己，先闭目内视，仿佛如见五脏。毕，因口呼出气二十四过，临目为之，使目见五色之气，相绕缠在面上郁然，因又口内此五色气五十过。毕，咽唾六十过。毕，乃微咒曰："太霞发晖，灵雾四迁，结气宛屈，五色洞天。神烟合启，金石华真。蔼郁紫空，炼形保全，出景藏幽，五灵化分。合明扇虚，时乘六云。和摄我身，上升九天。"毕，又叩齿七通，咽液七过，

乃开目事讫。此道神妙，又神州玄都多有得此术者，尔可行此法邪？久行之，常乘云雾而游。（此服雾法已别抄用，事在第三篇中，今犹疑存，此与本文相随也。）（20/566c）

3.5　标记作者

《真诰》底稿有多人手书，来往书信等，非一人所作，陶注对作者加以标记。

①亦令示许长史。（此二条又有长史写。）（20/500c）

②古人有言："非知之难，其行之难。"夫人垂恩所赐，自可徐徐，须（此须字长史自儳）移东山，然后亲授。（20/504a）

③右说道许长史所得限分。（尔时护军长史，此六字亦荣弟所注。）（20/514b）

④三见易迁，再云可待。要乃起东山屋舍，且可离护之耳。问其故，未见答。问众灵云："我或尔耶？"未详此意，欲识之。（此一条杨君自记，是论长史事。）（20/524c）

3.6　标示疑问

陶弘景整理《真诰》，手稿本无完整体系，又辗转多人，历时久远，不少内容已不可考，疑问甚多，存疑之处陶注多有标记。陶弘景对文中不通或矛盾之处，提出了自己的推断和考证。

①六月二十七日，紫阳所喻。（此二十七日众真复降，其事亦应甚多，并不出。）（20/498b）

②许玄惶恐再拜。（长史大名谧，字思玄。今此直云玄，其意未允。）（20/501b）

③十二月一日夜，定录告许侯。（寻此语，复似酬到京不得来事，事相关涉不可领。）（20/511a）

④正月十四日保命告。（案此告极似前所疑事，所以翻覆难解也。从此正月起至后，并是入丙寅年中事。）（20/511a）

⑤十二月十七日夜，太元真人司命君告玉斧。（祖司徒府辟掾不赴，隐在本县茅山五年。此十六字荣弟后所注，其公府辟似妄也。）（20/514b）

3.7　标记异同

陶注对《真诰》中可考的典故名言、神仙事迹、修炼方术都标注了出处，并作异同比较。

①君曰："昔有黄观子者，亦少好道。家奉佛道，朝朝朝拜，叩头求乞长生。如此积四十九年后遂服食入焦山，太极真人百四十事试之，皆过，遂服金丹，而咏大

洞真经，今补仙官为太极左仙卿。有至志者也，非佛所能致，是其中寸定矣。"（此说与傅含真奉佛事亦同。）（20/518a）

②君曰："昔高丘子殷人也，亦好道入六景山，积五百二十余岁，但读黄素道经，服饵术，后合鸿丹，以得陆仙。游行五岳二百余年，后得金液，以升太清也，今为中岳真人。（此说与剑经序亦略同。）（20/518c）

③众藻集而龙章成，群声会而云韶谐，辛酸备则嘉味和耳。（中候夫人答。此二辞乃出《抱朴子外篇·博喻》中，后复有此例，当是众真借取以譬而用之，犹如所称《周易》《毛诗》中语耳。）（20/527a）

三、《真诰》注释之特点

《真诰》一书凝聚了陶弘景晚年心血，《真诰》的整理和注释成就了陶弘景上清派先师的超凡地位。然而《真诰》不仅是一部重要的道教经典，从注释学与训诂学角度来看，《真诰》注释体例谨严，内容丰富，其训诂学价值也不容小觑。《真诰》注释自成一家，具有自身鲜明的特点，主要表现在以下几个方面：

1.注释广泛，旁征博引

陶氏注释内容广泛，从上文分析可见一斑，上到天文形制，下到地理风物，实有历史事迹，虚有神仙传说，但凡必要，都有注释。陶注广泛征引各类史书、地理志、神仙传说、佛经典籍，非学识渊博者难成其事。

2.精于校勘，功力深厚

从纷乱复杂的问答体式、书信杂记中整理出明晰的时间线索，补充背景信息，使其具有可读性，这是一个极为复杂的系统工程。要求注家具有细致的观察力、缜密的逻辑思维，这是《真诰》注释不同于一般典籍注释的突出特点，也正是陶注的价值所在。

陶弘景精于校勘，能够准确使用他校和理校。理校法要求注者根据自己的学识进行分析、推理，对原稿是非作出判断。《真诰》一书的手稿性质，加上内容多为虚实难断的道教传说，决定了其可参照的准确文本信息极其有限，在种种限制之下，能做到今天我们所看到的样子，可见注者功力之深。

3.尊重原迹，态度严谨

陶弘景为了对《真诰》进行整理，走访名道，遍寻手稿，准备工作历经数年，收集到手稿之后，用三色笔进行整理标注，力求最大限度地保留真迹，不修改原稿，脱文校字均是在注中标明，存疑之处点注未详，不轻判，不妄改，态度严谨，实事求是，学风朴实。

4.形式自由，体例灵活

《真诰》内容艰深晦涩，几乎每一轮问答或者书信之后，陶弘景都作注阐发要义。陶注形式自由，训释方法灵活而不拘泥，例如对一些历史人物事迹的介绍，援引史书但不照搬，但求俭省合用，阐明旨意。

5.多有议论，个性化强

陶弘景注《真诰》，不仅注解字词含义，更串讲句意，阐发章旨，还有不少对人物事迹的品评、对修真方法的议论，个性化色彩浓厚。

《真诰》陶弘景注是道经诠释史上的一部重要文献，值得深入挖掘。道经训诂是训诂学研究的空白点，道经注疏种类繁多，是中国训诂学史的重要组成部分，应当纳入训诂学研究的视野。

本文为国家社科基金项目"道经故训材料的发掘与研究"（18BYY156）阶段性成果。

（作者单位：山东大学文学院）

《全金元词》全真词校札

倪博洋

摘　要：金元全真词是当代词学研究的一个重要部分，《全金元词》是全真词研究的一个重要工作底本，但其仍存在需要解决的校勘问题。文章从文字、词律、和词、文理、词体等五个部分作了一些补苴工作。

关键词：《全金元词》　全真词　古籍整理　校勘

全真词是金元词的重要组成，在金元词尤其是金词中，全真词既反映出宗教词面目，又集中体现了民间词的特点。[①]其具有的丰富资料价值，甚至可以说远大于文学价值。而由于充斥着宗教术语、民间辞令、特殊词体，全真词一向号为难治。《全金元词》是当代开展全真词研究最重要的文献来源，但限于唐圭璋先生个人身体及社会环境原因，其书难免白璧微瑕，需要匡补。学界专文董理全真词者尚不多见。最近笔者对王重阳词作了补苴工作，并讨论了藏头拆字的几个特殊词体，但其文限于专人，取径尚窄，仍有补充之必要。这里以校勘方式为纲，下系专人，聊呈数条，以供斧正。各类校勘方法的特点及在全真词中的应用见拙文[②]，这里不再赘述。

---

① 《全金元词》中金词部分的宗教词人除全真教外仅收僧人山主一人，可能反映民间词面貌的"无名氏"下收词八首，但有五首是应制的《导引》词，其他三首也都与文人有若干联系。而元词部分中的"无名氏"过半篇幅也都来自道士总集《鸣鹤余音》。易言之，全真词在金元词的宗教与民间两大内容上都占了绝大比例。

② 倪博洋：《〈全金元词〉王重阳词整理指瑕——兼释全真的"藏头拆字"词体》，《南阳师范学院学报》（社会科学版）2015年第10期。

一、检文字①

由于全真词人除少数高道如王重阳、丘处机外，在历史上一直未引起论者注意，故其词籍版本系统并不繁杂，甚至有只存于《道藏》者。唐先生在汇辑《全金元词》时，其全真词部分也多数以《道藏》为底本。在编纂过程中，唐先生作了一些校勘工作，如发现王重阳词多有重出之处。凡唐氏加以考辨之处，皆有按语说明，这一方面体现了前辈学者审慎的治学态度；另一方面也提醒我们，凡无注释而《全金元词》与《道藏》文字不同之处，均可能存在校勘问题，应引起我们的注意。

马钰词：

二九二页《无梦令·师傅说开》"清净身有丹灶"句《道藏》"有"作"为"，"有"字失律，当据《道藏》改。

二九二页《满庭芳·感重阳》"感重阳"句《道藏》作"感真人"，当改。

二九二页《满庭芳·谢王公》"令身脱"句《道藏》作"今身脱"，"令"乃形讹，当据正。

二九三页《报师恩·弟兄龃龉解》"不习儒风不义手，便遵道教便擎拳"句"义手"未晓何义。据《道藏》"义"当为"叉"，则意明句顺，且与后句构成工对。按，"义"简体字形古为"叉"之俗字，故讹。

二九四页《踏云行·次重阳韵》"恳告前言"句《道藏》"前"作"玄"，虽二词均通，但作"前"无据，当改。

三八五页《桃源忆故人·寻神救苦》首句"寻神救苦酬予愿""神"《道藏》作"声"。细绎文义，此马钰自明其志之作，言凡受苦者自己皆当寻声而至以救助之，后句"救拔亡灵经念"可证。若作"寻神"，一者无其他版本证据，二者未免有违马钰弘道度人之心，故当据《道藏》改。

侯善渊词：

五〇七页《减字木兰花·嗟恨这形》"奚失俗崖"，按，"俗"字《道藏》左从千作"䅏"，芊也，《说文·谷部》："䅏，望山谷千千青也。""䅏崖"犹言"青

---

① 我们以中华书局2000年版《全金元词》为底本，主要以其书所引之涵芬楼影印本《道藏》对校，词牌后仅引首句前四字。

山"，当改。

五〇七页《踏莎行·混沌之中》过片"绰约冰肌"句《道藏》作"婥"，当据改。

五三六页《声声慢·公临烟水》"意莫忡悦"句，"忡悦"不辞，兼且失韵。《道藏》"悦"作"忡"，是。

长筌子词：

五八四页《绿头鸭·雨初晴》"更叠翠山屏如悄"，"悄"为"削"形讹，当据《道藏》改。言山如"削"乃诗中熟语。

五八七页《玩瑶台·本名耍三台》，两"台"字《道藏》均作"臺"，当据改。

五八九页《天香·若论修真》"恍惚中间显现象"句，于律多一字，《道藏》本《洞渊集》无"现"字，当删。

姬翼词：

一一九七页《木兰花慢》词牌《道藏》本《云山集》作《木栏花慢》，全真词常有改调名行为，这里"栏"字似不宜遽改。

一二一九页《万年春·其六》"红染积染"句不文，兼且失律。《双照楼》本、《道藏》本《云山集》上"染"字皆作"尘"，是。

一二一九页《万年春·其九》"壶夫阆苑"句无义，《双照楼》《道藏》本《云山集》皆作"壶天"，当据改。"壶天"典出《后汉书·费长房传》。

李道纯词：

一二二九页《满江红·授觉庵》"过去事，须忘郤"句，"郤"为"却"讹，底本《彊村丛书》本《清庵先生中和集》不误。

牧常晁词：

一二五四页《梧桐树·贡即心》"铝即气"句，"铝"《道藏》本作"铅"，是。

无名氏词①：

一二七六页《满庭芳·道儒释门》"儒家教"句，《道藏》本《鸣鹤余音》"家"作"门"。

一二八〇页《沁园春·昨夜南京》"醉后高眽"句不词，兼且落韵。《道藏》本"眽"作"眠"，是。

---

① 《全金元词》无名氏词多作全真道家语，又多出自道教文学选本《鸣鹤余音》，故可从题材，来源上一并视为全真词。

二、核词律

全真词不仅创造了一批特殊词体，又颇有与常词格律参差者，如多有衬字、平仄通谐、别创词调等。① 故即使文字无误，断句仍或有失常之处。《全金元词》疏失者如下。

马钰词：

二七一页《满庭芳·赠徐道渊》"自然理算，从今至古"句，考《满庭芳》格律皆作上三下五句法，故应重断为"自然理，算从今至古"。"理"此处为名词"道理"之谓，而非与"算"构成复合动词。

二七八页《满庭芳·黄金满屋》结句"便管教云步蓬庄"依《满庭芳》律当从"教"字断为前三后四句式。同页《满庭芳·休夸美妙》"做清闲仙子最好"句同。

二九六页《青莲池上客·将来一支》"青莲池上客，来开锁"当据《青玉案》律断为"青莲池上，客来开锁"。

三〇二页《玉堂春·玉悟金通》"见玉溪中，产玉芽""唱玉堂春，赏玉花"依律皆为七字句，当删掉逗号。

三五八页《斗修行·本名斗百花犯正宫》词意扞格难通，今检《斗百花》格律斟酌重断如下：

"同流宜斗修行，斗把刚强摧挫。斗降心，忘酒色财气人我。斗不还乡，时时斗悟清贫，逍遥放慵闲过。　斗要成功果。斗没纤尘，斗进长生真火。斗炼七返九还，灿烂丹颗。斗起慈悲，常常似斗无争，斗早得携云朵。"

唯《斗百花》他词开头连用四个六字句，钰词少两字，其他大略相同。

三七六页《平等会·本名相思会》检《相思会》词律知"还童返老"一句非韵脚，当改逗号。

四〇一页《神光璨·长真稽首》"战战兢兢日日上常恐生愆"句，依格律"兢兢下"当加逗号。

谭处端词：

四一三页《南柯子·频剔灵明》"水底霞光超"句，唐注云："超应仄疑有误"，言此处宜用仄声，是。但《集韵》收有"超"的异读"丑小""他吊"二切，义同。全

---

① 全真词特殊词体情况详见拙文：《金元全真词的几种特殊词体》，《民族艺林》2018年第3期。

真词存在字有平仄两读而取与今音不同的现象，如王重阳《爇心香·若要修行》以"谜"谐"细""闭"，取的就是"莫计切"的仄读。再如谭处端《黄莺儿令》以"离"谐"利""弃"等，"离"在《集韵》中有仄读"力智切"。故这里"超"或无误。

王处一词：

四三七页《满庭芳·久宦东牟》"昌阳留异迹"，"阳"字当入韵，加句号。此体常见。

长筌子词：

五九六页《成功了·悟浮世》"玩山游水"句作逗号，按，长筌子另首《成功了·瞥然晓》同位置之"自歌自笑"作句号，此亦当改为句号，与"弃""李""己"等谐韵。

姬翼词：

一二〇二页《玉蝴蝶·扰扰梦中》"火坑尘网"句依律非韵，当作逗号。

一二一二《鹊桥仙·阎间听诳》过片"无多利养。做些模样，"依律"样"下逗号当为句号。

李道纯词：

一二二七页《沁园春·真鼎真炉》首句前四字下脱逗号。

一二三〇页《满江红·好睡家风》"目虽睡内不闭""睡"下当加逗号。

无名氏词：

一二六九页《瑶台月》"处箄、瓢活计"句当删顿号。

一二七四页《满庭芳·道教初兴》过片"三千年一遇全真，大教甲子天年"，当依律断为"三千年一遇，全真大教，甲子天年"。

一二七五页《沁园春·遇此荒年》断句多疏。原其致误之由，在于此词比起常调偶少一字，又平仄通押，体现出全真词的自由通俗特质，今当重断如下：

"遇此荒年，天下门徒，受魔受难。过此番才显，真诚道友，刹那慷慨，应过天仙。广化天尊，忠昭烈士，甲子句中要五千。加刚志，九天仙阙，无数金莲。

逢魔一志当先。心上休教邪共偏。举刀时一性，如山不动，三清上圣，到处随现。不在功全，不须行满，一志无疑上圣劝。诸门弟，肯忘形忘体，随我升天。"

一二八一页《沁园春·自古贤愚》"又争如省悟尘劳，爱趣贫闲。居素保炼丹田"，当依律重断为"又争如省悟，尘劳爱趣，贫闲居素，保炼丹田"。

一二八二页《苏幕遮·叹人身》"叹人身，如傀儡"，依律"儡"下当为句号，当改，且正与下一韵脚"昧"谐韵。

一二八三页《喜迁莺·死生都怕》煞拍数句"甚是玲珑脱洒了。真法告，师父慈悲，提携点化"，韵字"了""化"不谐，当依律重断为"甚是玲珑脱洒。了真法，告师父慈悲，提携点化"。同理下首《喜迁莺·死生不怕》同位置数句也当如此改断。

一三一二页《鹊桥仙》两首第二句皆应改为句号。

三、考和词

王重阳与马钰有大量唱和词传世，这批作品集中见于《重阳教化集》《分梨十化集》中，两相对勘，可以有效发现韵脚是否有误。王重阳词的问题已见拙文，马钰词中的问题如下：

二九一页《黄鹤洞中仙·拯救扶风》"拯救扶风活"句，王重阳原词韵脚为"话"，考《道藏》此句"活"正作"话"，当据改。

二九二页《无梦令·入道休愁》"回首不过寒况"句，二五六页王词作"直待九冬冼冼"，检《道藏》马词亦作"寒冼"，《全金元词》误。

二九二页《满庭芳·感重阳》"而无死寿，珠能语，句句难忘"句，二五六页王词作"殃。取象，滋羊味，酒醴俱忘"。按，"殃"为韵脚，马词"而"或当为"殃"，则此句依藏头体格应断为"（亡）殃。（央）无死，寿珠能语，句句难忘"。

二九三页《香山会·次重阳韵》"心通意晓。"句，二五七页王词作"香山会聚"，知此句非韵，句号当改逗号。

二九七页《黄鹤洞中仙·一个本来》"妙手应难尽"句，"尽"字与全词"也""卦"等韵脚不谐。考二六〇页王词作"精彩浑如画"，韵义俱符，当据改，"尽""画"显为形讹。

二九七页《黄鹤洞中仙·日风仙活》开头两句"日风仙活。我惺惺灑"，"活"二六一页王词作"话"，"灑"王词作"洒"，由于此为藏头词，故二字皆当改从王词才能拆出下句首字，即"（卜）日风仙话。（言）我惺惺洒。（西）去关西阐妙玄，（幺）幺马"。括号内即为藏头之字。

二九九页《玉花洞·得其真遇》"本师说破"句，二六三页王词作"净中寂阒"，尾字不同，知此句句号当改逗号。

二九九页《黄鹤洞中仙·不敢心狂》过片"不作东牟叟"句，二六三页王词作

"开取四时花"，知此句亦非韵脚，句号当改逗号。

三〇〇页《忆王孙·风仙师傅》结句"阴里阳生万劫行"，"行"字二六四页王词作"存"。"万劫存"不唯意通，且与"论""门""吞""魂"等韵字音谐，故当改。

除了王、马词，他人之词尚有少许可从和韵、追韵等情况校订者，如一二三八页苗善时《望江南》词后，唐先生注云："以上二首苗善时和吕洞宾词。"按，苗词"凝神真乐吸琼笙"句，吕洞宾词作"青衣玉女啸鸾弦"（《望江南·瑶池上》）[①]，韵脚不合，且"笙"不入韵，疑有误。

四、判文理

所谓"判文理"者类似理校，对于词这种文体来说，这里的"理"不仅包括字句文意之文理，还包括格律韵脚之"词理"。有些文字虽然没有底本可以参考，但可以根据其他证据献疑。

马钰词：

二七五页《满庭芳·和公师叔》小序"忽一日梦见师叔说，以药饵治疗之法"，细绎文意，当将"说"字属下，"说以药饵治疗之法"即"告以药饵治疗之法"。

二九五页《报师恩·云言语已》词后注云"拆起雲字"，按，此调乃藏头体，当由全词尾字"雲"拆出全词首字，所谓"拆起某字"，就是点明首字为何字，如二九二页《满庭芳·谢王公》注云"拆起方字"，即是将尾字"芳"拆出首字"方"。按，《报师恩》此调首句云"云言语已曾闻"，拆"雲"作首字无义，当改为"拆起云字"，则"云云言语已曾闻"文通字顺。

二九九页《爇心香·此个扶风》每句韵脚均为"风"字，其第二句作"不会祥风"，词义不畅，且与后文"阐出祥风"犯复。今疑"祥"为"佯"讹，"不会佯风"即"真风"，符合王马师徒自称"害风""马风"之习惯。

三三五页《苏幕遮·闹角儿》过片云："张打油，李鲍老。""鲍老"意难解。而我们熟知的是杂剧中有滑稽角色"鲍老"，恰与作打油诗的"张打油"相对应，"鲍"涉形近而讹。

三五四页《爇心香·赠间知宫》过片云："净意情心，耕种丹田。""情心"不

① 曾昭岷、曹济平、王兆鹏、刘尊明编撰：《全唐五代词》，中华书局1999年版，第1344页。

辞，疑为"清心"之讹，"净意""清心"恰成工对。

三九七页《炼丹砂》词云："行道要心坚。密护丹田。调和真息永绵绵。十二时中常若见。休要尘牵。　　诀要避喧哗，静处安然。须通语、默默言传。神秀丹成行满。得去朝元。"

所谓《炼丹砂》即《临江仙》的异名，其过片首句依律本应入韵，然"哗"与"田""绵"等显然不谐。按，"喧哗"或当为"哗喧"。马钰有改变词序之例，如《满庭芳·舍家学道》易"婆娑"为"娑婆"，《满庭芳·昨宵梦见》更"端的"为"的端"等，此亦同理。另外"神秀丹成行满"一句依律当为七字句，似脱一字。

王处一词：

四四四页《蓦山溪·赠卑一翁》"听取些儿活"，"活"字《道藏》本同，然文意扞格，且与韵脚"化""洒""卦""也"不谐。若作"话"则音义两兼。

侯善渊词：

五一一页《西江月·小隐不容》"玉婴神变跨鸾凤"句依《西江月》律当押平声韵，且"凤"与"方""疆"等不谐，宜为"凰"。

尹志平词：

一一八九页《点绛唇·昨日春游》"任地迎送"句，"地"字依律当为平声。按，尹氏他词同位置之"生""遥""容""时""风"皆为平声字，此处"地"或为"他"讹。

姬翼词：

一二二〇页《柳梢青·人静月明》"心宇灰寒"句不文，《道藏》本同。考"宇"当为"字"讹，"心字香"是诗词常见物象，不赘。

一二二三页《巫山一段云》首二句"寂照，山月衔虚心出岫云"，《道藏》本首句作"寂照山衔月"，两种版本文字皆未安。按，姬翼其他《巫山一段云》词首句如"法雨神山秀，零风瑞草香""暖候飞灰律，阳和入烧痕"皆为一五字句，且与第二句对仗，故姬词宜作"寂照衔山月，虚心出岫云"。衔字误乙。"衔山月"对"出岫云"极工。

李真人词：

一二四九页《菩萨蛮·还丹根蒂》"金火得长生"句依律当与下句"方成夫与妻"押韵，然"生""妻"相差甚远，疑讹，后句或当为"夫妻方与成"。

王玠词：

一二六〇页《沁园春·道隐无名》小序"赠混真子只诀"，"只诀"义不明，疑为"口诀"，"口"字涉下而讹。同页他首《沁园春》小序正作"赠龚全美口诀"。

五、辨词体

拙文讨论过全真词藏头体、联珠体、喝马体、攒三字体的含义，并指出了王重阳词的一些文字疏漏。这些特殊词体含义简述如下：

"藏头体"是以上句尾字拆出下字首字，如王喆《满庭芳·论饥寒》"（方）论饥寒，（二）公来问，（口）中怎奈爷娘"，第一句藏头之字（引词之"方"）位于全词之末（该词尾字为"芳"），所藏之字可以仅取形似，如"寒"字下为两点，并非"二"字。

"联珠体"较易理解，即后句首字与前句末字相同，故省去后句首字。

"喝马体"指入韵之句皆有马字。

"攒三字体"则略似藏头体，其体制是省去词律中一句的前两字，复原方法是将攒字句的第一字（即词律第三字）拆出前两字。如马钰《桃源忆故人·赠蔡先生翁母攒三字》："（二人）夫妇听裁断。（子女）好生舍拼。（力田）男儿休管。（人我）俄然断。"所拆之字依次是"夫""好""男""俄"。

遇到这些文字游戏，整理者即更应当心发生校勘问题。《全金元词》疏失之处如：

马钰词：

二九二页《金莲堂·俗惜黄花藏头》为藏头体，其"往与今来人，谁肯慕。子明通玄路"句，当依《惜黄花》律断为"（古）往与今来，人谁肯慕。（小）子明，（日）通玄路"[①]。

二九八页《黄鹤洞中仙·里悟传灯》为藏头兼喝马体，全词当重断为："（京）里悟传灯，（火）炼真如镜。（竟）把光辉满载驱，（马）风省。（目）视风轮莹。（玉）内显琼釭，（金）面灵童静。（争）肯婪尘复载驰。（马）风惺。（星）月仙家景。"

三二五页《无调名·赠王公叠字调》注云"原误作玩丹砂"，并断作："运三车入宝瓶。花灿烂，玉堂明。光照耀，鬼神惊。　散阴魔，精自秘，藏丹颗，性灵灵。明出现，绝多能。"

全词竟似三字诗，不禁使人怀疑"运三车入宝瓶"也当断成两三字句。实际上

---

① 括号内为藏头体所藏之字，下同。

解开此调之谜的关键即是被唐先生怀疑的原题《玩丹砂》与标题中的"叠字调"。按,《玩丹砂》即熟调《浣溪沙》,此调全为七字句,恰好与每句比两个三字句多出一字,而马词所谓"叠字调",实则为每句均少一字的"联珠体",则此词当断作:"(能)运三车入宝瓶。(瓶)花灿烂玉堂明。(明)光照耀鬼神惊。(惊)散阴魔精自秘,(秘)藏丹颗性灵灵。(灵)明出现绝多能。"

三七二页《清心镜·公清》为藏头体,首数句标点作"公清,火戏虚。寂寂虎随龙憩",句意扞格。当依藏头词例作"(韦)公清,(水)火戏。(虚)①虚寂寂,虎随龙憩"。

谭处端词:

四一〇页《青玉案·喝马》其体与王词不同,词云:"师真引入修行路。默默无言句。慢慢持修归真素。般般返照尽成空,马儿悟。证内外无尘虑。　真清真净投真处。细细搜寻妙玄趣。勘破浮华清虚做。降魔剑断孽缘休,马儿度。步步入长生户。"

虽然两个马字句为韵脚,但前词"般般返照尽成空"与常调不合。或当标点为"般般返照,尽成空(马儿)悟""降魔剑断,孽缘休(马儿)度","马儿"只是插入四字句的衬字,与王词在常律之外独立成一个三字短句者不同。

刘处玄词:

四二五页《满庭芳·攒三拆字》全词点断多误,当由不明其例所致。按,"攒三拆字"即"攒三字体",今斟酌重断如下(不确定者以"？"标识):

"(二马)冯疃,(山人)仙住,(金刀)铅汞成形。(四非)罪尽,神气自然灵。(大一)天明万象,地渊涌,(白水)泉平。(争青)静,恍惚无缺,(口令)命须停。(言成)诚了了,(艹逢)蓬隐,胜似华荣。(？)若出户,眼界宽青。(木木)林间松桧,(同水)洞,深处看经。(虚见)觑,(八刀)分正,尘断碧霄行。"

以上我们为《全金元词》作了一些补苴工作,以冀书成完璧。但由于道教文学本为专门之学,道教文献的整理尚需通人为之,如何进一步整理好全真词甚至全真教的其他文献,仍然是一个值得讨论且与宗教、文化、文献息息相关的重要问题。

（作者单位：南开大学文学院）

---

① "戏(戲)"拆"虚"字亦仅取形似。

汉语动物名札记三则

李　凡

摘　要：本文主要就历来对"蠼螋""八哥""鹡鹩"的释义进行考辨。"蠼螋"是由西域方音译语声转而来。"八哥"亦作"唰哥"，是由"叭叭"得名，语源是借阿拉伯语"鹦鹉"之名转译。"鹡鹩"为棕背伯劳或红尾伯劳之别名，而非指反舌。

关键词：动物名　蠼螋　八哥　鹡鹩　订证

一、蠼螋

"蠼螋"今指有翅亚纲革翅目昆虫。《现代汉语词典》谓："身体扁平狭长，黑褐色，前翅短而硬，后翅大，折在前翅下，有些种类无翅，尾端有角质的尾铗，多生活在潮湿的地方。"[1]但是古汉语中并非如今人所指。李海霞先生认为古今"蠼螋"所指不同，"古指多足纲的蚰蜒……今俗指叩头虫，为昆虫纲甲虫。……戴侗《六书故·动物四》'蠼螋'的蠼字作两切，一音蠼，一音蛷，这是相混的印记"[2]。李氏指出二者之区别，甚是。但是"蠼"字读音有二，名义对应而言，并非指两种昆虫。《康熙字典》："《集韵》厥缚切，音矍。《类篇》：'兽名，母猴也。'司马相如《上林赋》：'蛭蜩蠼猱。'又司马相如《大人赋》：'蠼以连卷。'韦昭曰：'蠼，龙之形

---

①　中国社会科学院语言研究所词典编辑室编：《现代汉语词典》（第6版），商务印书馆2012年版，第1072—1073页。

②　李海霞：《虫部字释义修正四则》，《中国语文》1999年第6期。

貌.'又《篇海》音瞿。与蠷通,详蠷字注。"①又:"蠷,蠷螋,虫。"②音矍指"母猴",音瞿指"蠷螋"。故相混之说不可从。李海霞先生解说"蠷螋",谓"蠷有多分枝之意,螋有修长之意",又提及"蠷螋之名出现于唐代;而毛毯叫氍毹,早见于三国。可能氍毹在语言中先出现。二者的联系或许在于氍毹边缘有毿毿的流苏,与蠷螋的15对长腿相似"③。如此训释,虽已触及本源,但尚有深入细致讨论的必要。

考此名,应自"瞿叟"得声。又有写作"氍毹"者,声旁相同。据马雍先生说:"佉卢文kośava一词当源自梵文的kośa……'氍毹'古音当读作küśou与küśau。就音读言,ko转为kü是没有问题的;śava按梵语'特弱变化'的音变规则也可能转化为śau,所以kośava可以转化为küśau而被译作'氍毹'。"④《北堂书钞》卷一三四"氍毹"引郭义恭《广志》:"氍毹,白叠毛织也,近出南海。"⑤白叠即木绵,可知氍毹以丝绒织成。慧琳《一切经音义》卷六二"氍毹"条:"本胡语也。织毛为布如麻,以敷床褥,出罽宾国。《声类》云:'毛席也'。"⑥《太平御览·服用部》引《通俗文》:"氍毹,细者谓之毹毹。"又引《南州异物志》:"氍毹,以羊毛杂群兽之毳,为之鸟兽人物,草木云气,作鹦鹉,远望轩若飞也。"⑦又据马雍先生考证,"氍毹"译名的写法,最早见于东汉,又写作"㲲毹",其字声旁从"渠叟"为古国或古部落名。"渠叟"见于先秦文献,如《尚书·禹贡》:"织皮:昆仑、析支、渠搜、西戎,即叙。"⑧《逸周书·王会篇》:"渠叟以𤢖犬,𤢖犬者,露犬也,能飞,食虎豹。"⑨而《史记·五帝本纪》作"渠廋"⑩,《穆天子传》作"巨蒐"⑪。《列子·周穆

①　[清]张玉书等:《康熙字典》,社会科学文献出版社2015年版,第1079页。(以下所引仅注明书名、页码。)

②　《康熙字典》,第1079页。

③　李海霞:《汉语动物命名考释》,巴蜀书社2005年版,第627页。(以下所引仅注明书名、页码。)

④　马雍:《西域史地文物丛考》,文物出版社1990年版,第112页。(以下所引仅注明书名、页码。)

⑤　[唐]虞世南:《北堂书钞》,中国书店出版社1989年版,第543页。

⑥　[唐]慧琳:《一切经音义》,《续修四库全书》第197册,上海古籍出版社2002年版,第310页。

⑦　[宋]李昉:《太平御览》卷六〇九,《四部丛刊三编》第100册,中华书局1983年版,第6b页。

⑧　[唐]孔颖达:《尚书正义》,《十三经注疏》,中华书局1980年版,第150—151页。

⑨　黄怀信、张懋镕、田旭东撰,李学勤审定:《逸周书汇校集注》,上海古籍出版社1995年版,第909页。

⑩　[汉]司马迁撰,[宋]裴骃集解,[唐]司马贞索隐,[唐]张守节正义:《史记》,中华书局1959年版,第43页。

⑪　王天海译注:《穆天子传全译》,贵州人民出版社1997年版,第87页。

王》：“驰驱千里，至于巨蒐氏之国。巨蒐氏乃献白鹄之血以饮王，具牛马之湩以洗王之足，及二乘之人。”汪中解释曰：“巨蒐即《禹贡》之渠搜也。《释文》：‘巨蒐音渠搜，西戎国名。’”①这些名称来自音译，“氍毹可以写作渠毹，去掉‘毛’旁，即为渠叟，正与这个部落同名。很可能最初是因为这个部落擅长织‘渠叟’，故也被称为‘渠叟’。后来为了将两者加以区别，才在毛织物的名称上加以‘毛’旁，成为氍毹。既然这个名称来自音译，写法也不固定，从而产生氍、毹之类的新字，于是，这种毛织物的名称与部落名称的关系便被人们遗忘了。……渠搜之名可能来自 kośava，这只说明该词汇的译名在先秦时已出现，但决不意味着我国新疆地区在先秦时代即已使用佉卢文字，这是两个完全不同的问题”②。据此更可明知“氍毹”之名始于西域方音。有关渠搜古国之讨论，非本文所专涉，故不赘述。杜朝晖谓：“白叠毛织者与兽毛织者是同一语源，只因传入地区不同而所指不同”③，甚是。“氍毹”所指，南北略有不同，或毛或绒。《汉语大字典》：“氍毹，毛毯之类。纯毛或毛与其他材料混织而成。《说文新附·毛部》：‘氍，氍毹、毾㲪，皆毛缛之属，盖方言也。’《广韵·虞韵》：‘氍，《风俗通》云：织毛褥谓之氍毹。’《三国志·魏志·乌丸鲜卑东夷传评》裴松之注引《魏略·西戎传》：‘（大秦国）有织成细布，言用水羊毳，名曰海西布。此国六畜皆出水，或云非独用羊毛也，亦用木皮或野茧丝作，织成氍毹、毾㲪、罽帐之属皆好，其色又鲜于海东诸国所作也。’”④此可补《本草纲目》之说焉。又朝鲜辞书《广才物谱》收录“渠搜”条：“西戎露犬子，能食虎豹，一云狂胡犬。”亦可与前说相表里。

“蠼螋”之名，源自“氍毹”“氍毹”，其意与毛织物有关。早期文献作“蚑蟟”“蚑螋”。《周礼·秋官·赤犮氏》：“凡隙屋，除其狸虫。”郑玄注：“狸虫，蠦蜰蚑之属。”⑤“狸”即“霾”之本字，此处谓“以其虫豸自埋藏，人所不见，故不指

---

①　杨伯峻：《列子集释》，《新编诸子集成》，中华书局1979年版，第97页。

②　《西域史地文物丛考》，第114—115页。

③　杜朝晖：《敦煌文献名物研究》，浙江大学2006年博士学位论文，第150页。

④　汉语大字典编辑委员会编纂：《汉语大字典》，四川辞书出版社、崇文书局2010年版，第2154页。（以下所引仅注明书名、页码。）

⑤　[唐]孔颖达：《周礼注疏》，《十三经注疏》，中华书局1980年版，第889页。

虫而以墙屋所藏之处而已"①。《宋本广韵》："蚨，蚨蝼虫。"②《龙龛手镜》："蝼，俗蛟，正音搜蚨。"③《集韵》："蚨，肌蚨，虫名。或省。"④刘熙《释名》："裘搜，犹娄数，毛相杂之言也。"王先谦补："毕沅曰：'《一切经音义》裘搜作氍毹，乃《说文》新附字'。成蓉镜曰：'即氍毹之声转'。苏舆曰：'成说是'。《御览》七百八引《通俗文》云：'织毛褥谓之氍毹'。声类氍毹，毛席也。"⑤刘熙以方言释义，有失偏颇。王氏补正之字，正与前文所述不差。《广雅疏证》："蚨，一作蠤。《说文》：'蠤，多足虫也。'《众经音义》卷九引通俗文云：'务求'，谓之蚑蚨，关西呼蠤蝼为蚑蚨。务求与蟒蚨同。……《释文》求本或作蚨，疑即蚑蚨也。蚑与肌，声之转耳。《博物志》云：'蠼蝼虫溺人影，随所著处生疮。'《本草拾遗》云：'蠼蝼虫，能溺人影，令发疮如热沸而大，绕腰。虫如小蜈蚣，色青黑，长足。'蠼蝼、蚨蝼，亦声之转耳。今扬州人谓之蘘衣虫，顺天人谓之钱龙，长可盈寸，行于壁上，往来甚捷。"⑥《说文·蚰部》："蠤，多足虫也。蠤，蠤或从虫。"⑦又："裘，皮衣也，从衣，象形。凡裘之属皆从裘。求，古文裘。"段玉裁注："此本古文裘字，后加衣为裘，而求专为干请之用。亦犹加艹为蕁，而衰为等差之用也。求之加衣，盖不待小篆矣。"⑧又因为所指为裘服，其上有曲状之毛，故引申有"曲长"之意。蚨、献、捄、虬，于上古音均是群母幽部。"蚨"字声旁从"求"，即"裘"之本字，因声求义，正如李海霞先生所见，可解作该虫多足且长如"氍毹边缘有毹毹的流苏"形貌。故"蠼蝼"本是"蚰蜓"古名。

另外，"蠼蝼"何以于今日不为"蚰蜓"之名？则是《本草拾遗》始将之与"搜夹子"相混，《本草纲目》沿之。《拾遗》所述，王念孙已引。李时珍谓："蚰蜓，处处有之，墙屋烂草中尤多。状如小蜈蚣，而身圆不扁，尾后秃而无歧，多足，大者

———————————

① ［汉］郑玄注，［唐］贾公彦疏：《周礼注疏》，北京大学出版社1999年版，第987页。

② ［宋］陈彭年等著，余迺永整理：《新校互注宋本广韵》，上海辞书出版社2000版，第210页。（以下所引仅注明书名、页码。）

③ ［辽］释行均：《龙龛手镜》卷二，《中华再造善本》一编，国家图书馆出版社2000年版，第86页。（以下所引仅注明书名、页码。）

④ ［宋］丁度：《集韵》，上海古籍出版社1985年版，第75页。

⑤ ［清］王先谦：《释名疏证补》卷六，光绪二十一年王氏家刻本，第2a页。

⑥ ［清］王念孙：《广雅疏证》，中华书局1983年版，第363页。（以下所引仅注明书名、页码。）

⑦ ［汉］许慎：《说文解字》，《丛书集成初编》第1076册，中华书局1985年版，第448页。

⑧ ［清］段玉裁：《说文解字注》，上海古籍出版社1981年版，第398页。

长寸余，死亦蜷屈如环，故陶弘景误以为马陆也。……《淮南子》云'菖蒲去蚤虱而来蛉蚅'，即此虫也。扬雄《方言》云：'一名入耳，一名蚨蚅。'"①核之《方言》第十一："蚰蜒，自关而东谓之蝾蚳……赵魏之间或谓之蚨蚅。"②但李时珍以"蚰蜒""蠼螋""马陆"附山蛩条下，意即同属而别种，称："蠼螋喜伏氍毹之下，故得此名。或作蛷螋。……其虫隐居墙壁及器物下，长不及寸，状如小蜈蚣，青黑色，二须六足，足在腹前，尾有叉歧，能夹人物，俗名搜夹子。其溺射人影，令人生疮。"③李氏所指"蠼螋"，即与今同。很有可能是自此以后，"蠼螋"名实指称改变。

由此可见，"蠼螋"之名，往古有之。据王念孙《广雅疏证》所见，《周礼》有"肌蚗"与"蚑蚗"，与"蟩蚗""蚑蚗""蛷螋""蠼螋"等词皆是一声之转。且又谓关西人呼蠷螋为蚑蚗，则该词与"渠搜"为同一语源，皆是自当西北方音声转而来。"蠼"意分枝，"螋"意袖长，"蚗"意曲长，"蚑"意虫行之貌。罗常培先生说："有些借字虽然是译音，但所选用的字往往和那种物件的意义有些关系。"④正是此种情况。先秦时，地有"渠搜"，则读音声转为"氉氊""氍氊""蠼螋""渠搜"。一词转语，与程瑶田论"蜾蠃转语"之理同。可见"蠼螋"之名，本是西土方言词汇，久之流播中原，是为西域语言词汇加之于中原文化之影响。

二、八哥

"八哥"是"鸲鹆"的俗称。《辞海》称："翼羽有白斑，飞时显露，呈'八'字形，故称'八哥'。"⑤以飞时翼羽白斑形如八字之说，始见《尔雅翼》，《本草纲目》继之，似无异议。罗常培先生说："八哥是鸲鹆的别名。《负暄杂录》说：'南唐李后主讳煜，改鸲鹆为八哥。'《尔雅翼》也说：'鸲鹆飞辄成群，字书谓之唰唰（原注：卜滑切）鸟。'唰唰就是阿拉伯语 babghā' 或 bābbāghā' 的对音。阿拉伯人管鹦

---

① ［明］李时珍：《本草纲目》，人民卫生出版社1975年版，第2352页。（以下所引仅注明书名、页码。）

② ［清］钱绎撰集、李发舜、黄建中点校：《方言笺疏》，中华书局1991年版，第392页。

③ 《本草纲目》，第2352—2353页。

④ 罗常培：《中国人与中国文 语言与文化》，新星出版社2015年版，第115页。（以下所引仅注明书名、页码。）

⑤ 夏征农：《辞海》缩印本（音序），上海辞书出版社2000年版，第329页。

鹅叫作 babghā'，鹦鸪与鹦鹉都是鸣禽里能效人言的，所以可以互相假借。"①李海霞则谓："《广韵·黠韵》：'唰唰，鸟声。'《侯韵》：'鸲，鸲鹆鸟。'未说鸲鹆就是唰唰鸟。笔者2000年4月份在南京花鸟市场听两只八哥鸣叫了半小时，未闻似唰之声。八哥不得名于叫声。唰与八或许是偶合。今查《中国鸟类野外手册》彩图，八哥的两块白斑在展开的双翼上确似八字形，此说可通。另，罗常培……其释似牵强，姑录之备一说。"②李氏因袭旧说，虽参合鸟类手册，又曾经亲自在花鸟市场亲自听音，可谓耳食目验相结合，但这样考证不免陷入呆板境地，不能得其具体情况。

"八"亦作"唰"，如"八"亦写作"捌"同。清林昌彝《射鹰楼诗话》卷四："字书，鹦鸪谓之唰唰鸟。戴侗说鹦鸪云：'南人以白者为鹦鸪，绿者为鹦哥。'然则八哥者，唰哥也。"③屈大均《广东新语》卷二十："秦吉了如丈夫。嫩则口黄，老则口白，口白其声更壮。又以眼为别，眼黄者金了，白者银了，黑者铁了。铁了品最下，一名了哥，亦曰唰哥，亦曰唰唰。"④秦吉了即鹦哥，与八哥形貌皆同，唯口爪俱黄，脑后有黄色垂耳。《本草纲目》，"八哥"又写作"唰哥"，如解释反舌之别名："今俗呼牛屎唰哥，为其形似鸲鹆而气臭也。"⑤"唰"字谓鸟声，不见于《说文》。不特《广韵》，《玉篇》亦谓："唰，鸣也。"⑥《类篇》："唰，布拔切，鸟声。"⑦《正字通》："唰，音八，鸟鸣声。"⑧《字汇》："布拔切，鸣也。"⑨皆未专指鹦鸪鸣声，而言是鸟鸣声。则据历来文献材料可见，鹦鸪名"唰哥"与鸣声相关。"唰唰"乃是拟声词，又作"叭叭"。南宋画家牧溪所作《唰唰鸟图》，今存日本国立博物馆，曾经藏于小岛弥七郎处，著录于江户末期《竹堂画谱·续编》，题作"叭マ鸟"⑩。《新

① 《中国人与中国文　语言与文化》，第113页。

② 《汉语动物命名考释》，第275—276页。

③ ［清］林昌彝：《射鹰楼诗话》，《续修四库全书》第1706册，上海古籍出版社2002年版，第339页。

④ ［清］屈大均：《广东新语》，中华书局1985年版，第514—515页。

⑤ 《本草纲目》，第2657页。

⑥ ［梁］顾野王：《宋本玉篇》，中华书局1983年版，第107页。（以下所引仅注明书名、页码。）

⑦ ［宋］司马光：《类篇》，中华书局1984年版，第53页。（以下所引仅注明书名、页码。）

⑧ ［明］张自烈：《正字通》，《续修四库全书》第234册，上海古籍出版社2002年版，第159页。（以下所引仅注明书名、页码。）

⑨ ［明］梅膺祚：《字汇》丑集，木刻本，万历四十三年（1615）贵文堂刻本，第14a页。（以下所引仅注明书名、页码。）

⑩ ［日］岸竹堂：《竹堂画谱·续编》，日本东京山田芸艸堂1903年版，第3页。

古画粹（第七编）·宋画》："牧溪《雨中叭マ鸟》井上侯爵家藏。"①即南宋牧溪所作《八哥图》。"叭"字见《类篇》："叭，声也。"②《字汇》："普活切，音鏺，口开貌。"③《正字通》："叭为俗书。"④《汉语大字典》引《玉篇·口部》："叭，声也。"⑤但成"叭叭"之词，则出现较晚，多见宋元以后文献。明朱有燉《义勇辞金》第四折："'打这厮舌刺刺狂言作戏，口叭叭无道理。'周贻白注：'口叭叭，信口胡说。'"⑥可见"唰"与"叭"义类可通，"唰唰"与"叭叭"皆有出声之意。"叭叭"意指发声不绝，漫无目的。八哥安静时喜欢自鸣，其声音时缓时疾，时柔时厉，以李氏所用之方法，结合目验情况，与"叭"字训义相合。当然，尚有另外一种可能，窃疑"八哥"之名为民人据其物性而呼唤成名。鸲鹆既以能言而被豢养，且经驯养后，颇能以灵巧讨人欢喜。明清时，多见人名称呼有"哥"字者。如"巧哥""郓哥""兴哥""小二哥"等，"唰哥"之名是否于此相似，时人将其视作灵巧讨喜之小厮而以此呼之。李海霞释"鹩哥"时言："鹩、鹨：拟其鸣声；哥，拟人语素。"⑦"鹩"又作"了""寮"，与"嘹"同，因声得名，而"哥"则是拟人称呼，正与"八哥"情况相同。

　　"鹦鹉"与"鸲鹆"别名互混者，亦不是鲜见。如"寒皋"之于"乾皋"，又如"陇客"之名，皆是如此。美国波士顿艺术博物馆藏宋徽宗《五色鹦鹉图》题诗："五色鹦鹉，来自岭表，养之禁籞，驯服可爱。飞鸣自适，往来于苑囿间。方中春繁杏遍开，翔翥其上，雅诧容与，自有一种态度。纵目观之，胜图画。因赋是诗焉。天产乾皋此异禽，遐陬来贡九重深。体全五色非凡质，惠吐多言更好音。"⑧"寒"与"乾"字，当是一声之转。"寒"字，《玉篇》："何丹切。"⑨《宋本广韵》："胡安切。"⑩"乾"字，《康熙字典》："《唐韵》《集韵》《韵会》《正韵》并渠焉切。……又《唐韵》古寒

① ［日］斋藤隆三：《新古画粹》第七编，日本东京新古画粹社1919年版，第1页。

② 《类篇》，第53页。

③ 《字汇》丑集，第2a页。

④ 《正字通》，《续修四库全书》第234册，第159页。

⑤ 《汉语大字典》，第617页。

⑥ 罗竹风：《汉语大词典》，汉语大词典出版社1993年版，第617页。（以下所引仅注明书名、页码。）

⑦ 《汉语动物命名考释》，第276页。

⑧ ［宋］赵佶：《五色鹦鹉图》，文物出版社2018年版，第1页。

⑨ 《宋本玉篇》，第210页。

⑩ 《新校互注宋本广韵》，第120页。

切，《集韵》《韵会》《正韵》居寒切。"① 二字声部相似，韵类相同，故可通转。

又 "陇客"是鹦鹉别称，古人认为此鸟陇右有产，故名。《山海经·西山经》："又西百八十里，曰黄山，无草木，多竹箭。盼水出焉，西流注于赤水，其中多玉。……有鸟焉，其状如鸮，青羽赤喙，人舌能言，名曰鹦鹉。"② 郑玄注《礼记》云："鹦鹉，鸟之慧者。陇、蜀、岭南皆有之。"③ 唐白居易《双鹦鹉诗》："始觉琵琶弦莽卤，方知吉了舌参差。"④《本草纲目》："绿鹦鹉出陇蜀，而滇南、交广近海诸地尤多，大如乌鹊，数百群飞……红鹦鹉紫赤色，大亦如之；白鹦鹉出西洋、南番，大如母鸡；五色鹦鹉出海外诸国，大于绿而小于白者，性尤慧利。俱丹咮钩吻，长尾赤足，金睛深目，上下目睑皆能眨动，舌如婴儿。其趾前后各二，异于众鸟。其性畏寒。"⑤《汉语大词典》："陇客，鹦鹉，多产陇西，故称。……《本草纲目·禽三·鹦鹉》引熊太右曰：'师旷谓之乾皋，李昉呼为陇客。'"⑥ 鹦鹉输入中原有两条路径，一是自南方而来，一则是来自陇右，实非当地所产，应是沿丝绸之路由原产地中亚、非洲等地输来。古人亦有将 "鹦鹉"与 "鹩哥"混同的情况。《正字通》："鹦鹉，能言鸟，有绿色、紫赤色、白色、五色数种……又一种大于鹦鹉，出岭南，名秦吉了。身黑嘴赤，首戴黄冠，善效人笑语声。其大于吉了而尾长者曰青鸡。蔡绦《铁围山丛谈》曰：'鹦鹉，初丹喙，中黑，后丹。初名木僸。'又一种名乌凤。范成大《虞衡志》云：'出桂海，绀碧色，头上有冠，尾垂二弱骨，长一尺数寸，至杪始有毛，形略似凤，音声清越似笙箫，能度小曲合宫商，能为百鸟之音。'"⑦ 秦吉了即鹩哥，鹳鸲与鹩哥极似，唯脑后无黄耳垂。可见白乐天诗以吉了即鹦鹉，而张氏以 "秦吉了""乌凤"是鹦鹉之别种。况且以 "秦吉了"言，秦陇地近，"吉了"为南方语称，应是二物混同的痕迹。绿色鹦鹉非产自陇右，而是自中亚、非洲原产地输来，且古人亦有将鹩哥当作鹦鹉别种的情况，而八哥又与鹩哥极似。

综上亦可知罗常培先生谓鹦鹉、鹳鸲之名互相假借，是可从的。"八哥"之名，则

① 《康熙字典》，第9页。

② 袁珂校注：《山海经校注》，上海古籍出版社1980年版，第31页。

③ ［唐］孔颖达：《礼记正义》，《十三经注疏》，中华书局1980年版，第1231页。

④ ［唐］白居易著，顾学颉校点：《白居易集》，中华书局1979年版，第585页。

⑤ 《本草纲目》，第2666页。

⑥ 《汉语大词典》，第16495页。

⑦ 《正字通》，《续修四库全书》第235册，第792页。

当以"唧哥"俗写而来，因为有鸣声"唧唧"的特点，而名源于阿拉伯语名"鹦鹉"者。

三、鹖鴠

"鹖鴠"为百舌之别名，似乎是不刊之论。《王力古汉语字典》："鹖，鸟名。反舌鸟，又名百舌。《宋书·谢灵运传·山居赋》：'鸡鹊绣质，鹖鴠绥章。'鹖鴠，迭韵联绵字。"[1]《汉语大字典》又引谢灵运自注："此四鸟并美采质。"[2]《本草纲目·禽部》百舌条："反舌，鹖鴠。时珍曰：'按《易通卦验》云"能反复其舌如百鸟之音"，故名。'鹖鴠，亦象声。今俗呼为牛屎唧哥，为其形似鸲鹆而气臭也。"[3]最近名物训诂之书亦因循之[4]，然此说难免先入为主。《易通卦验》之书，未知始作于何时，传为郑玄注《易纬》之作。李氏《本草》所引之文，亦未明言是反舌，而引者自"反复其舌如百鸟之音"，即断为"百舌"，殊误。《广韵·辖部》："鹖，鹖鴠，鸟名，似伯劳而小。"[5]《玉篇》："鹖，胡达切，鹖鴠．伯劳。鴠，午达切，鹖鴠。"[6]《类篇》第四："鴠，居曷切。鹖鴠，鸟名，似伯劳。"[7]《篆隶万象名义》[8]同。《正字通》："鹖，许八切，音辖。鹖鴠状似鸲鹆而小，灰黑色微有斑点，喙尖黑，行则头俯，好啖蚯蚓。《通雅》曰：'鹖鴠，反舌也。'《月令》：仲夏小暑至，反舌无声。先为百舌，芒种后五日则无声，五月后毛尽脱，十月后则藏蛰。《本草纲目》引《易通》云能反复为百鸟之声，故名鹖鸟，俗呼牛矢唧哥。先无声者反舌也，后无声者伯劳也。又蔡邕以反舌为虾蟆，服虔以为白脰乌，陈藏器以为黄莺，并非。"[9]《康熙字典》："《广韵》胡瞎切《集韵》下瞎切，丛音辖。鹖鴠，鸟名。《字林》鹖鴠似伯劳而小。又鹖鴠即反舌鸟也。"[10]则《康熙字典》兼存两家意见。可见《本草

① 王力：《王力古汉语字典》，中华书局2000年版，第1743页。

② 《汉语大词典》，第1142页。

③ 《本草纲目》，第2656—2657页。

④ 胡淼：《唐诗的博物学解读》，上海书店出版社2016年版，第53页。

⑤ 《新校互注宋本广韵》，第501页。

⑥ 《宋本玉篇》，第449页。

⑦ 《类篇》，第138页。

⑧ ［日］释空海编：《篆隶万象名义》，中华书局1995年版，第1239页。

⑨ 《正字通》，《续修四库全书》第235册，第803页。

⑩ 《康熙字典》，第1495页。

纲目》之前，无将"鹖鹖"释为百舌之例，只是说其"似伯劳而小"。伯劳与百舌，中国境内绝大多数地域皆有之，且二者皆能鸣啼婉转，模仿其他鸟类声音。故以"能反复其舌如百鸟之音"这一特性，容易讹误。据《广韵》释文可见，"鹖鹖"似伯劳而小，则伯劳灰色黄肩，绝无如反舌之黑色者。虽皆擅长模仿其他鸟类声音，但二者形色相距甚远。视王力先生引谢灵运赋之句，则若如此释义，则通体黑色之鸟，如何有"绶章"？据谢灵运自注可知，鹖鹖、鹳鸡有"绶章"，雉鸡、练鹊有"采质"。所谓"绶章"，即身被花纹如绶带之形。以羽毛论之，鹳鸡即长尾雉，背羽为黑白花纹，腹羽多棕褐色。伯劳则背色青灰，腹色棕黄。反舌黑色，如何与之并列而称其"绶章"？即便如郭璞批注，亦未明说"鹖鹖"就是百舌，《玉篇》言是伯劳。将此与伯劳物性进行参考，更相符合。

"鹖"字从"害"，应读作"曷"。《龙龛手镜》："鹖，胡瞎反，鹖也。鹖，轧葛二音，鹖也。"[1] 则"鹖鹖"同指。清朱骏声《说文通训定声·泰部》："害，假借为曷。"[2]《孟子·梁惠王上》："《汤誓》曰：时日害丧，予及汝偕亡！"焦循正义曰："《尔雅·释诂》云：'曷，盍也。'赵氏读害为曷。"[3] 即"何"之意。《小尔雅·广言》《广雅·释诂三》皆谓："害，何也。"[4] 按照李时珍解释之思路，则"鹖鹖"之得名，源于其善鸣。则"曷"有"喝"之意，假借为"何"。喝为"嘶哑"之意，即与"歇"字义通，实为反训。《龙龛手镜》："嗑，古；喝，正，厄芥反。喝，嘶声也。又呼葛反，喝，吐也。"[5]《玉篇》："喝，乙芥切，嘶声也。嗑，同上，嗑，噎也。"[6] "盖""曷"同义，亦见于文献。《诗·魏风·园有桃》："其谁知之，盖亦勿思。"陈奂传疏："盖与盍同。盍，何也。"[7]《正字通》："呼葛切，汉入声，诃叱声，又恐吓。"[8] 又"鹖"字，《龙龛手镜》："鹖，胡瞎反，鹖也。"[9]《康熙字典》：

① 《龙龛手镜》卷二，第436页。

② ［清］朱骏声：《说文通训定声》，武汉市古籍书店1983年影印，第660页。

③ ［清］焦循撰，沈文倬点校：《孟子正义》，《十三经清人注疏》，中华书局1987年版，第49—50页。

④ 《广雅疏证》，第84页。

⑤ 《龙龛手镜》，第346页。

⑥ 《宋本玉篇》，第100页。

⑦ ［清］陈奂：《诗毛氏传疏》，《续修四库全书》第70册，上海古籍出版社2002年版，第130页。

⑧ 《正字通》，《续修四库全书》第234册，第186页。

⑨ 《龙龛手镜》卷二，第436页。

"鹊，《五音类聚》胡瞎切。鸟名，见《搜真玉镜》。"①"鹊"即"鶷"。《汉语大字典》则目为讹字②。"鶷""鸋"既同，或为异体撰写，亦可写作"鹖鶷"，为迭声词。伯劳鸣叫，多在晨昏，立于树枝顶端模拟其他鸟类声音，声音婉转，不亚于百舌，但在开始之前或结束之后，即出恶声如声嘶力竭状，听之则近乎沙哑。此可以目验于日常生活，亦可以与其名字字源相符合。《易卦通验》之中虽提及"鹖鶷"能反复其舌如百鸟之音，却没有明确指明是反舌，而南朝及宋代字书，皆谓之"似伯劳而小"。从伯劳、反舌特性来看，似皆能符合。然考"鹖鶷"字源，以及历来各家训释对"鹖鶷"之描述，从其羽毛材质，有恶声亦能翻叫其他鸟类声音等物性来看，则伯劳更有契合之处。反舌则无口出恶声之物性。反观于各家训释，皆可从而不悖。若以此释反舌，则似无所据。

另一个可资为证的就是"鹖鶷"为白头乌之别名。《汉语大字典》："《初学记》卷三十引服虔《通俗文》：'白头乌谓之鹖鶷。'《本草纲目·禽部·慈乌》：'似鸦乌而大。白项者，燕乌也。……燕乌一名白脰，一名鬼雀，一名鹖鶷。'"③清厉荃《事物异名录》引《格物总论》："鸦之种类亦繁，有大喙及白颈而不能反哺者，南人谓之鬼雀，鸣则凶咎。"④燕乌为乌乌之一种，鸣叫自然是恶声，为人不喜。而伯劳亦声音嘶哑。白头乌与伯劳皆有能出恶声这一特性，白头乌又与反舌皆被黑羽，反舌则又与伯劳皆能仿效其他鸟类声音。很有可能这种物性相似的情况，使名实讹混。

自然界中伯劳有灰伯劳、棕背伯劳、红尾伯劳、虎纹伯劳等亚种。其中灰伯劳体型较大，羽色较单一，而红尾伯劳、棕背伯劳体型小，羽毛有灰、黄红棕等色。因此，"鹖鶷"所指或为伯劳亚种中的"红尾伯劳"或"棕背伯劳"，辩证者应遵循较早文献所载，而非依据近古说法。

（作者单位：湖北师范大学文学院）

① 《康熙字典》，第1495页。

② 《汉语大字典》，第4954页。

③ 《汉语大字典》，第4961页。

④ ［清］厉荃原辑，［清］关槐增纂，吴潇恒、张春龙点校：《事物异名录》，岳麓书社1991年版，第496页。

"相和歌"与"清商三调"关系再检讨

郭泓志

摘　要：在相和歌与清商三调关系问题的百年讨论中，诸家或多或少皆论及清商三调乐曲和乐词的关系。就乐曲言，西晋及之后的战乱给清商三调（早期清商乐）带来实质性改变，清商乐在南北朝时期对吴声西曲的融合使郭茂倩时的清商乐已非汉魏时的清商三调。就乐词言，西晋荀勖使清商乐（清商三调）的乐曲与相和歌的乐词配合，因而郭茂倩所收清商三调词并非全为正宗的清商曲辞，故可在一定程度上对郭茂倩将"清商三调"归入相和歌辞的分类作依因原貌的存古理解。

关键词：相和歌　清商三调　清商乐　乐府　《乐府诗集》

相和歌与清商三调的关系问题是关于《乐府诗集》所收乐府诗的分类问题。今见郭茂倩《乐府诗集》分乐府为"郊庙歌辞""燕射歌辞""鼓吹曲辞""横吹曲辞""相和歌辞""清商曲辞""舞曲歌辞""琴曲歌辞""杂曲歌辞""近代曲辞""杂歌谣辞""新乐府辞"十二类。其中的"相和歌辞"又分为"相和六引""相和曲""吟叹曲""四弦曲""平调曲""清调曲""瑟调曲""楚调曲""大曲"等小类，而平、清、瑟三调则被称为"清商三调"。由于《乐府诗集》的分类中接下来又有"清商曲辞"，故有学者对"清商三调"隶属于"相和歌辞"的分类提出怀疑，并生出分歧。"相和歌"与"清商三调"究竟是什么关系，为何郭茂倩会将被称作"清商"的"平、清、瑟"三调归于"相和歌辞"而不是归于"清商曲辞"，本文即拟在前辈学者研究的基础上再作检讨。

一、"相和歌辞"与"清商三调"关系讨论的双方依据

"相和歌辞"与"清商三调"的关系问题自梁启超首肇其端以来已有近百年的论争史。一般认为，"相和"之称首见于《宋书·乐志三》"相和，汉旧歌也。丝竹更相和，执节者歌"[①]，"相和歌"则是汉代北方民间歌曲的总称。"清商三调"之称则首见于《宋书·乐志三》"清商三调歌诗，荀勖撰旧词施用者"，"清商三调歌诗"条之右有"相和"条，之左有"平调""清调""瑟调""大曲""楚调怨诗"等条；《隋书·音乐志下》云："清乐其始即清商三调是也，并汉来旧曲。乐器形制，并歌章古辞，与魏三祖所作者，皆被于史籍……"[②]郑樵《通志·乐略一》则云："清商曲，亦谓之清乐，出于清商三调，所谓平调、清调、瑟调是也。"[③]郭茂倩《乐府诗集》"清商曲辞"题解亦云："清商乐，一曰清乐。清乐者，九代之遗声。其始即相和三调是也，并汉魏已来旧曲。其辞皆古调及魏三祖所作。"[④]可见在古人看来，清商三调指平调、清调、瑟调，是清商乐（清乐、清商曲）之来源。然而，今见郭茂倩《乐府诗集》则将"清商三调"归入"相和歌辞"，这就在近代引发了历时百年之久的大讨论。

1924年，梁启超在《中国之美文及其历史》第一章"古歌谣及乐府"第三节"汉魏乐府"中，首次对郭茂倩在《乐府诗集》、郑樵在《通志》中将"清商三调"归于"相和歌辞"的分类表示怀疑。梁启超在对郑樵的搜辑之勤致以谢意后，随即指出："然樵有大错误者一点，在把'清商'与'相和'混为一谈。均于《相和歌》三十曲以外，复列相和平调、清调、瑟调、楚调四种，而清商则仅列七曲，附三十三曲，皆南朝新歌，一若汉魏只有相和别无清商者。殊不知惟清商为有清、平、瑟三调，而相和则未闻有之。"[⑤]自梁启超首发其难，陆侃如、冯沅君、朱自清、曹道衡、龚林等均支持梁说，黄节、逯钦立、王运熙等则反对梁说并坚持将清商三调归属于相和歌辞。

① ［梁］沈约撰：《宋书》，中华书局1974年版，第603页。（以下仅正文注明书名、卷名。）

② ［唐］魏徵等撰：《隋书》，中华书局1973年版，第377页。（以下仅正文注明书名、卷名。）

③ ［宋］郑樵撰：《通志》，中华书局1987年版，第629页。（以下仅正文注明书名、卷名。）

④ ［宋］郭茂倩编：《乐府诗集》，中华书局2017年版，第929页。（以下仅正文注明书名、卷名。）

⑤ 梁启超：《中国之美文及其历史》，东方出版社2012年版，第54页。（以下所引仅注明书名、页码。）

综合而论，反对将"清商三调"归入"相和歌辞"的理由主要有：

（一）《宋书·乐志》的体例：梁启超认为，《宋书·乐志》在收录《相和》曲后，在另列一行"《清商三调》歌诗，荀勖撰旧词施用者"之下分列《平调》《清调》《瑟调》曲，"则此三调皆属于清商甚明"[①]。曹道衡认为，"沈约在《宋书·乐志三》中，讲完了《相和》的曲名后，又另起一段说'《清商三调歌诗》，荀勖撰旧词施用者'一语，再列举《平调》、《清调》、《瑟调》等乐曲名，是有意识地把《相和》与《清商三调歌诗》分开"[②]。

（二）《西门行》的归属：吴兢《乐府古题要解》解释"乐府清商乐"时引用蔡邕语："蔡邕云：'清商曲，其词不足采著，其曲名有《出郭西门》《陆地行车》《夹钟》《朱堂寝》《奉法》等五曲，非止《王昭君》等。'"可知吴兢将《西门》（或为《西门行》《出郭西门行》）归入清商曲；而郭茂倩《乐府诗集》引《宋书·乐志》将《西门》（或《西门行》）列入"相和歌辞"中的"大曲十五曲"[③]。陆侃如、冯沅君据此认为："《乐府古题要解》……又引蔡邕的话：'《清商曲》，其词不足采，著其曲名，有"出郭西门陆地行车夹钟朱堂寝奉法"等五曲。'五曲名不易断句，其中'西门'疑即《大曲》中之《西门行》。可见吴兢并未替《清商》割地，更可证郑、郭所谓《相和》中确有一部分是汉《清商》。"[④]

（三）历代乐志的归类：《隋书·音乐志下》云"清乐其始即清商三调是也"，朱自清认为"《旧唐书·乐志》及《新唐书·礼乐志》亦以清乐清商为一事。皆不与相和并言"[⑤]，曹道衡亦认为"南朝的宋、齐、梁、陈四代的一些人物，都没有把《相和歌》与《清商三调》混为一谈"[⑥]。

（四）伴奏乐器及乐词先后：曹道衡认为，《相和歌》和《清商三调》在演奏时使

① 《中国之美文及其历史》，第55页。

② 曹道衡：《中古文学史论文集》，中华书局2002年版，第125页。（以下所引仅注明书名、页码。）

③ 郭茂倩《乐府诗集》第四十三卷相和歌辞十八"大曲十五曲"引《宋书·乐志》："大曲十五曲：一曰《东门》，二曰《西山》，三曰"《罗敷》"，四曰《西门》……《东门》，《东门行》；《罗敷》，《艳歌罗敷行》；《西门》，《西门行》；……并古辞。"

④ 陆侃如、冯沅君：《中国诗史》，山东大学出版社2009年版，第108页。

⑤ 朱自清：《朱自清说诗》，陕西师范大学出版社2005年版，第70页。（以下所引仅注明书名、页码。）

⑥ 《中古文学史论文集》，第125页。

用的乐器不同，《相和歌》只需弦乐、管乐①，而《清商三乐》则还需配以金石②；《相和歌》是为词配曲，而《清商三调》乃依声填词③。郭茂倩之所以误从郑樵的分类法，"是由于《宋书·乐志》等著录的《相和歌》中杂有曹操、曹丕之作，而所谓'清商三调'中确实也有《相和歌》的歌词"④。

（五）唱奏方法：龚琳认为，相和歌在唱奏程序上没有游弄，而清商三调则存在"高下游弄—歌弦—清商三调"的演奏型式。"魏晋时代的'清商三调'，虽也采用丝竹相和的唱伴关系，但可以归纳出二种和汉代《相和歌》完全不同的唱奏程序：（1）未歌之前有'歌弦'。（2）'歌弦'之前有'高下游弄'。"⑤

坚持将"清商三调"归入"相和歌辞"的观点主要有如下理由：

（一）《宋书·乐志》所收篇次：黄节认为，《宋书·乐志》所录清商三调歌诗中，有《上邪》（《董桃行》，古词），《来日》（《善哉行》，古词）两篇为汉相和歌。⑥

（二）《宋书·乐志》"清商三调歌诗·荀勖撰旧词施用者"：黄节认为，《通志·卷四十九·乐略一》载"蔡邕云，清商曲其诗不足采，有《出郭西门》、《陆地行车》、《侠钟》、《朱堂寝》、《奉法》五曲"，而此五曲不见于《宋书·乐志》，可证"汉之清商曲，在晋时已不传矣"⑦；《宋书·律历志上》载荀勖"令郝生鼓筝，宋同吹笛，以为《杂引》《相和》诸曲"，《宋书·乐志三》载"清商三调歌诗，荀勖撰旧词施用者"，证明"原本汉相和旧歌十七曲，只采其六曲⑧。其余十一曲，则荀勖采入清商三调（合大曲及楚调怨诗），是以荀勖所撰之清商三调中有相和旧歌十一

---

① 《乐府诗集》第二十六卷"相和六引"解题："凡相和，其器有笙、笛、节歌、琴、瑟、琵琶、筝七种。"

② 《隋书·音乐志下》："其乐器有钟、磬、琴、瑟、击琴、琵琶、箜篌、筑、筝、节鼓、笙、笛、箫、篪、埙等十五种，为一部。工二十五人。"

③ 《宋书·乐志一》："凡乐章古辞，今之存者，并汉世街陌谣讴，《江南可采莲》《乌生》《十五》《白头吟》之属是也。吴哥杂曲，并出江东，晋、宋以来，稍有增广。……凡此诸曲，始皆徒哥，既而被之弦管。又有因弦管金石，造哥以被之，魏世三调哥词之类是也。"

④ 《中古文学史论文集》，第133页。

⑤ 龚林：《乐学两题之一》，《音乐艺术》1990年第1期。

⑥ 黄节：《〈宋书·乐志〉相和与清商三调歌诗为郑樵〈通志·乐略〉相和歌及相和歌三调之所本》，见《朱自清说诗》，第68页。

⑦ 黄节：《答朱佩弦先生论清商曲书》，见《朱自清说诗》，第80页。

⑧ 黄节所列目次：《江南》《东光》《鸡鸣》《乌生》《平陵》《今有人》。

曲，与汉世清商曲全无关系"①。

（三）郭茂倩《乐府诗集》对相和歌的说明所依据的材料：王运熙认为，《乐府诗集》把清商三调等归入相和歌，是根据南朝后期陈代释智匠《古今乐录》的记载，而《古今乐录》又是根据南朝前期刘宋张永《元嘉正声伎录》、萧齐王僧虔（大明三年宴乐技录）的记载。张、王两人都通晓音乐，所记相和歌曲调名称、次序等情况，是刘宋前中期宫廷中宴乐时所演唱的，张永所记是刘宋当代情况，王僧虔所记是近代情况，当不会错，而"《要解》的作者吴兢是唐代前期人，他已经明确把清商三调曲归入相和歌"②。

（四）唱奏方法：逯钦立认为，清商三调演奏型式为"弄—弦—歌弦"③。又由于：第一，"清商三调"打头的"弄"即"相和歌"的"相和"旧式；④第二，"四弦曲"的演奏型式为"相和—四弦曲—三调"⑤，所以"'四弦曲'的'相和'，也就是'三调'的弄了"。因此，"'清商三调'是'相和歌'的变体"，"'清商三调'的有'解'有'行'（指魏、晋所奏乐），就是它成为'相和歌'之变体的核心"⑥。既是变体，故清商三调当仍归属于相和歌。

除此之外，还存在对两种观点的调和论。柯利刚认为，"在唐宋人的概念里面，

① 《答朱佩弦先生论清商曲书》，《朱自清说诗》，第80页。

② 王运熙：《相和歌、清商三调与清商曲》，收入王运熙：《乐府诗述论》"今检《乐府诗集》所录瑟调中的大曲，次序确与《宋书·乐志》不同。不仅瑟调曲，清调曲的次序，与《宋志》亦有所不同。""我们有理由相信，《乐府诗集》著录相和歌辞，其框架结构来自张永《技录》，而不是《宋书·乐志》。"上海古籍出版社2014年版，第348—350页。

③ 郭茂倩《乐府诗集》第三十卷"平调曲"题解："平调有七曲……张永《录》曰：'未歌之前，有八部弦、四器，俱作在高下游弄之后。凡三调，歌弦一部，竟辄作送，歌弦今用器。'"《乐府诗集》第三十三卷"清调曲"题解："清调有六曲……歌弦四部。张永《录》云：'未歌之前，有五部弦，又在弄后。晋、宋、齐止四器也。'"《乐府诗集》第三十六卷"瑟调曲"题解："瑟调曲……歌弦六部。张永《录》云：'未歌之前有七部，弦又在弄后。晋、宋、齐止四器也。'"

④ 逯钦立所用材料：夏侯湛《夜箎赋》："制《飞龙》之奇引，垂幽兰之游响，来楚妃之绝叹，放《鹍鸡》之弄音"；《古今乐录》："张永元嘉《技录》'相和'十五曲……古有十七曲，其《武陵》《鹍鸡》二曲皆亡"；张衡《南京赋》注："古《相和歌》有《鹍鸡》之曲"。

⑤ 《乐府诗集》"四弦曲"题解："张永《元嘉技录》有《四弦》一曲，《蜀国四弦》是也，居相和之末，三调之首……"王运熙对此句的理解与逯钦立有异，王运熙认为此句话是对四弦曲在目次中整体位置的作品，见《相和歌、清商三调与清商曲》。

⑥ 逯钦立：《"相和歌"曲调考》，见逯钦立《逯钦立文存》，中华书局2010年版，第355—356页。

相和歌主要是以演奏形制来划分的，清商曲主要是以音乐基调来划分的，但这两个概念并不是同一个逻辑层面的概念，故而清商三调既可以属于相和歌，又可以属于清商曲"①；陶成涛认为，"《乐府诗集》所著录的相和歌的类型，可以概括为相和歌在两个重要阶段的不同形态：第一阶段是相和歌独立发展演进的阶段，第二阶段是相和歌和汉魏清商乐融合的阶段。'清商三调'正是二者融合后的产物"②。

二、"清商三调"的乐曲

就这场历时百年的讨论而言，诸家或多或少都牵涉到清商三调的乐曲和乐词的关系问题。梁启超自发难时就已意识到这个问题，他认为"殊不知《清商三调》，本惟其音不惟其词"③。朱自清《与黄晦闻先生论清商曲书》拈出吴兢《乐府古题要解》引蔡邕"清商曲，其词不足采著。其曲名有《出郭门行》……"及郭茂倩《乐府诗集》卷四十四引吴兢《乐府古题要解》"《清商曲》，又有《出郭门行》……其词不足采著"，然后通过揣摩分句语序，认为吴兢《乐府古题要解》说明魏时清商三调已无乐词，郭茂倩《乐府诗集》却说明魏时清商三调尚有乐词而不采，最后左右为难，只好认为"兹事恐终当阙疑矣"④。黄节则在《答朱佩弦先生论清商曲书》中说得更明白，认为"《晋志》言杂引相和，《通典》言清商施用，是则荀勖采相和入清商，明明可见也"⑤，即荀勖乃是借用了相和歌的旧词去配合当时清商三调的乐曲。曹道衡则据《宋书·乐志一》，认为"沈约的意思显然认为《江南可采莲》等《相和歌》是先有歌词，后来才配上乐器演奏；而'魏世三调哥词'则与此相反，是先有乐调，然后由曹操等人依声填词"⑥。由是观之，清商三调乐曲、乐词的关系是贯穿于百年论争中一条不可忽视的线索。

就乐曲而言，"清商三调"与清商曲有密切关系。《隋书·音乐志下》云："清乐

① 柯利刚：《相和、相和歌、清商三调、清商曲》，《乐府学》2013年第1期。

② 陶成涛：《论清商乐与相和歌的合与分——以相和歌、清商乐的历史演进为考察视角》，《乐府学》2015年第2期。

③ 《中国之美文及其历史》，第55页。

④ 《朱自清说诗》，第76页。

⑤ 《朱自清说诗》，第80页。

⑥ 《中古文学史论文集》，第124页。

其始即清商三调是也，并汉来旧曲。"宋人郑樵《通志》卷四十九《乐略一》："清商曲，亦谓之清乐。出于清商三调，所谓平调、清调、瑟调是也。三调者，乃周房中乐之遗声，汉魏相继，至晋不绝……"明确指出清商乐的初始状态即"清商三调"。

　　"清商三调"的乐曲在汉末董卓之乱中有所损失。"清商三调"作为"周房中乐之遗声"乃是宫廷演奏的音乐①。也就是说，清商三调与雅乐（周秦古乐）虽然在使用场合有所不同，但同是由宫廷演奏。然而，东汉董卓之乱造成宫廷音乐沦丧，"汉末大乱，众乐沦缺"（《宋书·乐志一》），"及黄巾、董卓以后，天下丧乱，诸乐亡缺"（《魏书·乐志》）②，"董卓之乱，正声咸荡"（《隋书·律历志一》）。至曹操平荆州得杜夔，曹操、曹丕任命他为军谋祭酒、太乐令、协律都尉，恢复雅乐，雅乐才得以重回魏国庙堂。《三国志·方技传》称"夔善钟律，聪思过人，丝竹八音，靡所不能，惟歌舞非所长。时散郎邓静、尹齐善咏雅乐，歌师尹胡能歌宗庙祭祀之曲，舞师冯肃、服养晓知先代诸舞，夔总统研精，远考诸经，近采故事，教习讲肄，备作乐器，绍复先代古乐，皆自夔始也"③，《魏书·律历志上》称"魏世杜夔亦以通乐制律"，《隋书·音乐志一》则称"汉雅乐郎杜夔，能晓乐事，八音七始，靡不兼该。魏武平荆州，得夔，使其刊定雅律。魏有先代古乐，自夔始也"，可见先代雅乐正是依赖杜夔之功而得以在魏国庙堂有所保留。《三国志·方技传》称"汉铸钟工柴玉巧有意思，形器之中，多所造作，亦为时贵人见知。夔令玉铸铜钟，其声均清浊多不如法，数毁改作。玉甚厌之，谓夔清浊任意，颇拒捍夔。夔、玉更相白于太祖，太祖取玉所铸钟，杂错更试，然后知夔为精而玉之妄也，于是罪玉及诸子，皆为养马士"；曹丕与乃父不同，他更欣赏柴玉，故而"后因他事系夔，使马真等就学，夔自谓所习者雅，仕宦有本，意犹不满"。因此陈寿称"自左延年等虽妙于音，

---

　　① 《诗经·王风·君子阳阳》二章："君子阳阳，左执簧，右招我由房。"毛传云："国君有房中之乐。"郑笺云："君子禄仕在乐官，左手持笙，右手招我，欲使我从之于房中，俱在乐官也。"（［汉］毛亨传，［汉］郑玄笺，［唐］陆德明音义，孔祥军点校：《毛诗传笺》，中华书局2018年，第98页）可见房中之乐应当是宫廷演奏的音乐。《仪礼·燕礼》："若与四方之宾燕，媵爵曰：'臣受赐矣，臣请赞执爵者。'相者对曰：'吾子无自辱焉。'有房中之乐。"郑玄注："弦歌《周南》、《召南》之诗，而不用钟磬之节也。谓之'房中'者，后、夫人之所讽诵，以事其君子。"（［汉］郑玄注，［唐］贾公彦疏，王辉整理：《仪礼注疏》，上海古籍出版社2008年版，第456—457页）可见房中之乐亦可在宾燕场合由宫廷乐队演奏。

　　② ［北齐］魏收撰：《魏书》，中华书局1974年版，第2826页。（以下仅正文注明书名、卷名。）

　　③ ［晋］陈寿撰：《三国志》，中华书局1964年版，第806页。（以下仅正文注明书名、卷名。）

咸善郑声，其好古存正莫及夔"。这不但说明杜夔的音乐与柴玉、左延年等人相比更近雅乐，更重要的乃是说明杜夔具有浓厚的复古倾向。杜夔既是恢复宫廷音乐，就不可能不涉及同是由宫廷演奏的"清商三调"。

杜夔之后对清商三调乐曲有重大影响的人物是荀勖。司马代魏建立西晋是通过禅让形式，故西晋初因直接承袭魏国的律吕法度而未在律吕上有较大变动，"汉末天下大乱，乐工散亡，器法堙灭。魏武始获杜夔，使定乐器声调。夔依当时尺度，权备典章。及武帝受命，遵而不革"（《晋书·律历志上》）。直到晋武帝泰始十年，"中书监荀勖、中书令张华，出御府铜竹律二十五具，部太乐郎刘秀等校试，其三具与杜夔与左延年律法同，其二十二具，视其铭刻尺寸，是笛律也"，荀勖发现竟有二十二支律笛并不合于杜夔、左延年的律法，于是在找来协律中郎将列和询问后，即上书晋武帝，希望"及依典制，用十二律造笛像十二枚"，以纠正列和所说"先师传笛，别其清浊，直以长短，工人裁制，旧不依律"这种"写笛造律"、本末倒置的做法。荀勖的上奏得到晋武帝批准，荀勖即在列和等人的帮助下付诸实施。荀勖既批判之前"非所以稽古先哲，垂宪于后者也"的做法，自己之所为自然以恢复"先哲"先代音乐为旨归。正是在这个过程中，荀勖"令郝生鼓筝，宋同吹笛，以为《杂引》、《相和》诸曲。和乃辞曰：'自和父祖汉世以来，笛家相传，不知此法，而令调均与律相应，实非所及也。'郝生、鲁基、种整、朱夏，皆与和同"。尽管荀勖对音律的修正受到诸如阮咸等人的讥讽[①]，而且荀勖未能全部完成就已辞世（《宋书·乐志一》"初，荀勖既以新律造二舞，又更修正钟磬，事未竟而勖薨"），但依据当时的出土文物来看，雅乐及清商曲（清商三调）在荀勖手中仍有相当程度的延续[②]。

----

① 《宋书·律历志上》："勖又以魏杜夔所制律吕，检校太乐、总章、鼓吹八音，与律乖错。始知后汉至魏，尺度渐长于古四分有余。夔依为律吕，故致失韵……晋武帝以勖律与周、汉器合，乃施用之。散骑侍郎阮咸讥其声高，非兴国之音。咸亡后，掘地得古铜尺，果长勖尺四分，时人咸服其妙。"

② 《晋书·律历志上》："武帝泰始九年，中书监荀勖校太乐，八音不和，始知后汉至魏，尺长于古四分有余。勖乃部著作郎刘恭依《周礼》制尺，所谓古尺也。依古尺更铸铜律吕，以调声韵。以尺量古器，与本铭尺寸无差。又，汲郡盗发六国时魏襄王冢，得古周时玉律及钟、磬，与新律声韵暗同。于时郡国或得汉时故钟，吹律命之皆应。勖铭其曰：'晋泰始十年，中书考古器，揆校今尺，长四分半。所校古法有七品：……'铭八十二字。此尺者勖新尺也，今尺者杜夔尺也。……后始平掘地得古铜尺，岁久欲腐，不知所出何代，果长勖尺四分……史臣案：勖于千载之外，推百代之法，度数既宜，声韵又契，可谓切密，信而有征也。而时人寡识，据无闻之一尺，忽周汉之两器，雷同臧否，何其谬哉！"

真正给雅乐及清商三调带来实质性改变的是西晋及其后连绵不断的战乱。荀勖死后，"惠帝元康三年，诏其子黄门侍郎藩修定金石，以施郊庙。寻值丧乱，遗声旧制，莫有记者。庾亮为荆州，与谢尚共为朝廷修雅乐，亮寻薨。庾翼、桓温专事军旅，乐器在库，遂至朽坏焉"（《宋书·乐志一》）。荀勖之子荀藩修金石之乐，然动乱之中原有乐制并无人记载；庾亮在荆州为朝廷修雅乐，但没过多久也死了，继任的庾翼、桓温的心思则根本不在修定音乐上。据《宋书·乐志一》载，"晋氏之乱也，乐人悉没戎虏，及胡亡，邺下乐人，颇有来者。谢尚时为尚书仆射，因之以具钟磬。太元中，破苻坚，又获乐工杨蜀等，闲练旧乐，于是四箱金石始备焉"。然而，雅乐及清商乐一直未得到很好的恢复。据《魏书·律历志上》载："永嘉以后，中原丧乱，考正钟律，所未闻焉。其存于夷裔，声器而已。"《魏书·乐志》载："太和初，高祖垂心雅古，务正音声。时司乐上书，典章有阙，求集中秘群官议定其事，并访吏民，有能体解古乐者，与之修广器数，甄立名品，以谐八音。诏'可'。虽经众议，于时卒无洞晓声律者，乐部不能立，其事弥缺。然方乐之制及四夷歌舞，稍增列于太乐。金石羽旄之饰，为壮丽于往时矣。"至北魏高祖元宏，即便动员朝廷和民间的力量，古乐乐部尚无法确立，雅乐既无法恢复，则遑论清商三调；与此同时，地方音乐还渗透进太乐之中。这种情况直到北魏孝文帝元宏、宣武帝元恪之时才渐有改变，《魏书·乐志》云："初高祖讨淮、汉，世宗定寿春，收其声伎。江左所传中原旧曲，《明君》、《圣主》、《公莫》、《白鸠》之属，及江南吴歌、荆楚西声，总谓之清商。"然而，此时的"清商"早已改头换面，高祖孝文帝元宏、世宗宣武帝元恪靠征战得来的清商曲，业已在中原旧曲基础上融入江南吴歌、荆楚四声的元素，这种乐曲与汉魏"相和"中的"三调"相比已有实质性的变化。

　　南朝虽然一定程度保存着"清商三调"，但此"清商"同样未能避免被实质性改造的命运。萧梁初年沿用齐乐，梁武帝"思弘古乐"（《隋书·音乐志上》），于是在天监元年下诏询问百僚，由于当时讨论音乐的七八十家皆拿不出修定音乐的具体方法，梁武帝只得亲自操刀，"帝既素善钟律，详悉旧事，遂自制定礼乐……于是被以八音，施以七声，莫不和韵"（《隋书·音乐志上》），可见其具有相当的音乐素养。今见郭茂倩《乐府诗集》"相和歌辞"中收梁武帝所作清调曲《长安有狭斜行》一首、瑟调曲《青青河边草》一首，又在清商曲辞中收梁武帝所作《子夜四时歌》七首、《团扇郎》一首、《襄阳蹋铜蹄》三首、《杨叛儿》一首、《江南弄》七首、《上云乐》七首。以梁武帝的音乐水平，似不应不晓二者在乐曲上的区别。更为重要的是，《乐府诗集》所收清商曲《襄阳蹋铜蹄》题解引《隋书·乐志》云："梁武帝之在雍镇，有童谣云：'襄阳白铜蹄，反缚扬州儿。'识者言：'白铜蹄，谓金蹄，为马也。白，金色也。'及义师之兴，实以铁骑。扬州之士皆面缚，果如谣言。故即位之后，更造新声，帝自为之词三曲。又令沈约为三曲，以被管弦。"《江南弄》题解引《古今乐录》云："梁天监十一年冬，武帝改西曲，制《江南上云乐》十四曲，《江南弄》七曲……"《上云乐》题解引《古今乐录》云："《上云乐》七曲，梁武帝制，以代西曲。"既是"更造新声，帝自为之词三曲"，则梁武帝自己制作的清商乐已与汉魏的清商三调在乐曲上不同；既是"武帝改西曲""以代西曲"，则梁武帝自己制作的清商乐必亦与纯粹的西曲不同。

故而无论北朝或南朝，清商曲的含义都经历了从"清商三调"向吴声西曲倾斜的过程。《隋书·乐志下》对这一过程有一个概要性叙述："清乐其始即清商三调是也，并汉来旧曲……宋武平关中，因而入南，不复存于内地。及平陈后获之。高祖听之，善其节奏，曰：'此华夏正声也。昔因永嘉，流于江外，我受天明命，今复会同。虽赏逐时迁，而古致犹在。可以此为本，微更损益，去其哀怨，考而补之。以新定律吕，更造乐器。'"这里"平陈后获之"的清商乐，显然已经大量融合吴声西曲，虽然隋文帝以之为"华夏正声"，并要求以之为基础重新修定音乐，但"平陈后获之"的清商乐早已不复是昔日的"清商三调"。

三、"清商三调"的乐词

就乐词来看，早期"清商三调"应该有与之配合的乐词。唐人吴兢《乐府古题要解》中列《王昭君》《子夜》《前溪歌》《乌夜啼》《石城乐》《莫愁》《襄阳》七曲为"清商曲"，谓"以上乐府清商曲也。按，蔡邕云，'清商曲，其词不足采著，其曲名有《出郭西门》《陆地行车》《夹钟》《朱堂寝》《奉法》等五曲'，非止《王昭君》等。一说清商曲，南朝旧乐也，永嘉之乱，中朝旧曲散落江右……"，其中蔡邕明言"清商曲，其词不足采著"，可见早期清商曲（"清商三调"）本应有声有词。曹氏父子亦曾为清商三调"倚声填词"。从曹操、曹丕对杜夔音乐的分辨来看，二人应该都具有相当的音乐素养，并可据此进一步推论，曹氏父子应当完全具有为清商三调"倚声填词"的能力，故《宋书·乐志一》云"又有因弦管金石，造哥以被之，魏世三调哥词之类是也"，又引刘宋顺帝时期王僧虔上奏云："又今之清商，实由铜雀，魏氏三祖，风流可怀。"可见，"清商三调"在早期都应有与之匹配的歌词。

晋朝荀勖协议音律，使清商乐之曲与相和歌辞发生关联。《宋书·乐志三》云"清商三调歌诗，荀勖撰旧词施用者"，《乐府诗集》相和歌辞题解云"相和，汉旧曲也……其后荀勖又采旧辞施用于世，谓之清商三调歌诗，即沈约所谓'因弦管金石造歌以被之'者也"。魏晋相禅，西晋直承宫廷演奏的古乐及清商曲，荀勖协调音律之时"令郝生鼓筝，宋同吹笛，以为《杂引》、《相和》诸曲"（《宋书·律历志上》），即命令郝生、宋同用《相和》诸曲的"旧辞"配合那些"弦管金石"，从而形成"魏世三调哥词之类"的"清商三调"。荀勖使清商乐（"清商三调"）的乐曲与相和歌的歌词相结合，从而让清商乐具有相和歌的歌词。

西晋播迁，清商乐的乐曲、乐词均发生实质性变化，但汉魏旧词仍未完全沦丧。《宋书·乐志一》云："孝武大明中，以《鞞》、《拂》、杂舞合之钟石，施于殿庭。顺帝升明二年，尚书令王僧虔上表言之，并论三调哥曰：'臣闻《风》、《雅》之作，由来尚矣。大者系乎兴衰，其次者著于率舞。在于心而木石感，铿锵奏而国俗移。……又今之清商，实由铜雀，魏氏三祖，风流可怀，京、洛相高，江左弥重。谅以金县干戚，事绝于斯。而情变听改，稍复零落，十数年间，亡者将半。'"刘宋顺帝时期，尚书令王僧虔上奏以雅乐（周秦古乐）与清商三调（早期清商乐）二者共同陈奏，在指出二者存在的问题后，又针对性地提出"方今尘静畿中，波恬海外，《雅》《颂》得所，实在兹辰"（《宋书·乐志一》）的建议。可见在刘宋时期新兴音乐的冲击下，"清商三调"已与雅乐遭遇到相似境遇。《宋书·乐志一》云："自顷家竞新哇，人尚谣俗，务在噍危，不顾律纪，流宕无涯，未知所极，排斥典正，崇长烦淫。"靡靡之音、民歌俗唱的音乐比雅乐和"清商三调"更促急，对人们的吸引力更强，因而雅乐和汉魏"清商三调"都遭到排斥，以至于"十数年间，亡者将半"。[①]与雅乐和"清商三调"音乐作品大量丢失相伴的现象，是江南吴歌、荆楚西声等音乐作品的兴起。这一批新兴的清商乐有一套和自己的乐曲相匹配的乐词。可尽管如此，汉魏时期相当一部分相和歌辞却并未完全亡佚。《宋书·乐志一》："凡乐章古词，今之存者，并汉世街陌谣讴，《江南可采莲》《乌生》《十五》《白头吟》之属是也。"《江南可采莲》、《乌生》、《十五》均见录于

---

① 黄节认为："汉之清商曲，据《通志》卷四十九载蔡邕云：'清商曲其诗不足采，有《出郭西门行》《陆地行车》《侠钟》《朱堂寝》《奉法》五曲。'此五曲《宋志》无之，是汉之清商曲，在晋时已不传矣。"

《宋书·乐志三》"相和"目下，亦见录于郭茂倩《乐府诗集》"相和曲"目下，由是观之，"乐章古词"虽大量亡佚，却也仍有存留。既然相和曲辞尚有遗存，那么，为荀勖采入清商三调的那部分昔日同为"汉世街陌谣讴"的相和歌词也并不排除存留的可能。

而事实上，今见郭茂倩《乐府诗集》中亦的确存有"清商三调"古辞部分见于相和曲中的情况。《乐府诗集》标为"古辞"者，在平调曲中有《长歌行》（二首）、《君子行》，在清调曲中有《豫章行》《董逃行》《相逢行》《长安有狭斜行》，在瑟调曲中有《善哉行》《陇西行》《步出夏门行》《折杨柳行》、《西门行》（二首）、《东门行》（二首）、《饮马长城窟》《妇病行》《雁门太守行》《艳歌何尝行》、《艳歌行》（二首）。而《乐府诗集》所收清调曲古辞《相逢行》中"堂上置樽酒，作使邯郸倡""黄金络马头，观者盈道傍"几句，又恰好见于相和曲《鸡鸣》"上有双樽酒，作使邯郸倡""黄金络马头，颎颎何煌煌"。即便这几句不排除是广为传诵的"汉世街陌谣讴"之可能，但仍可从文本方面提供补证，即直至郭茂倩编定《乐府诗集》时，尚存有以汉代相和曲为词的"清商三调"。

四、关于《乐府诗集》的分类标准

由是观之，若就乐曲而论，"清商三调"似乎应完全划入以"清商三调"为源的"清商曲"；若就乐词论，"清商三调"歌曲存在一部分汉代相和歌辞及其模仿之作，自然应归属于"相和歌辞"。于是，"清商三调"在《乐府诗集》中的归属问题就涉及《乐府诗集》的分类标准问题。郭茂倩在《乐府诗集》第四十四卷"清商曲辞"题解中不无辨析："清商乐，一曰清乐。清乐者，九代之遗声也。其始即相和三调是也，并汉魏以来旧曲。其辞皆古调及魏三祖所作"，即郭茂倩本人也对"清商乐……其始即相和三调"这种清商乐和"清商三调"间的关系有所认识。按照郭茂倩的辨析，似乎将"清商三调"归入清商曲则能使清商曲的谱系更为完备。然而这样的不妥之处在于：首先，就乐词言，郭茂倩所收录的"清商三调"歌词中有一部分汉代的相和歌辞，就此而论，郭茂倩所收录的"清商三调"并非正宗的清商曲辞；其次，就乐曲言，郭茂倩时的清商曲绝非汉魏时的古调，其乐曲中渗透了大量南朝的江南吴歌、荆楚四声，并且吴声西曲已在概念上呈反客为主趋势，因此，"清商三调"即便在乐曲上也已和郭茂倩时的"清商曲"不是一回事。换言之，如果共时地看，

"清商三调"无论就乐词言还是乐曲论，几乎与郭茂倩之时的"清商曲"全无联系。

设若将"清商三调"从"相和歌辞"中独立，则"清商三调"歌词又分明有汉代相和歌辞及对这种歌辞的模仿之作。郭茂倩《乐府诗集》分乐府为"郊庙歌辞""燕射歌辞""鼓吹曲辞""横吹曲辞""相和歌辞""清商曲辞""舞曲歌辞""琴曲歌辞""杂曲歌辞""近代曲辞""杂歌谣辞""新乐府辞"十二类，十二类均以"辞"入目，即郭茂倩的侧重点乃在于乐词上；而所谓"平调曲""清调曲""瑟调曲"三类，亦侧重于对平调曲辞、清调曲辞、瑟调曲辞等乐词的收录。既然"清商三调"歌词与相和歌辞有歌词方面的紧密联系，故就乐词论，将"清商三调"归入相和歌辞中的分类结果是可以得到理解的。另一方面，清商三调与相和歌的关联，除在于汉代乐词之遗留外，似乎在乐曲上也不无体现。例如，郭茂倩《乐府诗集》通过智匠《古今乐录》转引张永《元嘉技录》云："相和有十五曲……十四曰《东门》，十五曰《陌上桑》。……其辞《陌上桑》歌瑟调……《东门》，张录云无辞，而武帝有《阳春篇》。或云歌瑟调古辞《东门行》'入门怅欲悲'也。"也就是说，作为相和十五曲中的《陌上桑》《东门》似有采用瑟调进行演奏的迹象。再如，郭茂倩《乐府诗集》相和歌辞"相和六引"目下收《公无渡河》六首，而《乐府诗集》在舞曲歌辞"杂舞"目下所收《巾舞歌一首》题解中引智匠《古今乐录》云"《巾舞》，古有歌辞，讹异不可解。江左以来，有歌舞辞。沈约疑是《公无渡河曲》。今三调中自有《公无渡河》，其声哀切，故入瑟调……"，故《乐府诗集》题解中所提及"三调中自有"的、"入瑟调"的《公无渡河》却见录于相和歌辞中，可见三调与相和歌的某种关系。考虑到"清商三调"与相和歌在历史上的种种联系，似乎可在一定程度上对郭茂倩将"清商三调"归入相和歌的分类作依因原貌的存古理解。

（作者单位：山东大学文学院）

《四库提要·序》①与《四库提要叙讲疏》之比较观

——以集部为例

丁　伟

内容提要：张舜徽先生的《四库提要叙讲疏》相当看重《四库提要》中大小序的作用，但有时针对某些具体问题，如对《四库提要》集部序的不同见解，二书的论述又是有分歧的，比较这些差异对我们看清集部的真实面貌很有好处。本文主要从两个角度入手，其一为"'别集'起源之辩"，其二为"'总集'与《楚辞》之辩"。

关键词：《四库提要》　《四库提要叙讲疏》　别集　总集　《楚辞》

《四库提要》全称《四库全书总目提要》，是中国古典目录学的集大成之作。此书由清代纪昀等人主编，卷首《凡例》一卷阐述了修书意旨和编书方法，其第十则云："四部之首，各冠以总序，撮述其源流正变，以挈纲领。四十三类之首，亦各冠以小序，详述其分并改隶，以析条目。"②《四库提要》中的序便由此而来。本文所论主要是其集部序，包括《集部总序》《楚辞类序》《别集类序》《总集类序》等。张舜徽先生在其《四库提要叙讲疏·自序》中相当重视这些序文，云："余则以为此

---

① 由于《四库提要叙讲疏》编写体例为首采《四库提要·序》以相申发，其次即张舜徽先生的讲疏，故本文所引《四库提要》集部各序均出自《四库提要叙讲疏》原引，特此说明。

② ［清］永瑢等撰：《四库全书总目提要·凡例》，中华书局1965年版，第18页。（以下所引仅注明书名、页码。）

四十八篇者，又门径中之门径也。"① 故他对《四库提要》中的诸序注疏以阐发之。

可见纪昀等人和张舜徽都相当看重《四库提要》中大小序的作用，但有时针对某些具体问题，如对《四库提要》集部序的不同见解，二书的论述又有分歧。

一、"别集"起源之辩

"别集"即指个人的诗文汇编。《四库提要·别集类序》云："集始于东汉。荀况诸集，后人追题也。"② 此处所言"荀况诸集"在《汉书·艺文志·诗赋略》中录为《孙卿赋》十篇。南朝梁阮孝绪所编《七录·文集录·别集部》中已称《荀况集》二卷，楚兰陵令荀况撰。《隋书·经籍志·集部》中也称楚兰陵令《荀况集》。以此来看，别集的出现有着一个逐渐发展定型的过程。而纪昀等四库馆臣认为"别集"这一文学现象起源于东汉，包括《荀况集》在内的先秦乃至西汉的诸多集子，是东汉出现别集之后由后人追题的。在《四库提要·集部总序》中纪昀等人亦言："洎乎汉代，始有词人。迹其著作，率由追录。故武帝命所忠求相如遗书……"③ 结合上述所论，可见《四库提要》认为，在西汉虽然已经有诸如司马相如的文人作辞赋，但是当时并没有他们的别集出现，别集是东汉才有的。

张舜徽先生在《四库提要叙讲疏》里对此提出了不同意见，他认为《四库提要》错误地承袭了《隋书·经籍志》的观点。先生言："是刘向父子校书秘阁时，即已搜集多家之文，依人编订，使可别行。当时无'集'之名，而有'集'之实。集之创始。必溯源于此，不得谓至东汉而后有此体制也。"④ 可见张舜徽认为刘向父子早已经将前代名家之文整理成别集的样式，只是尚不称"集"而已。由此推翻了《四库提要》将别集溯源于东汉的论断，主张别集应始自西汉。刘向父子受汉成帝之命对官藏图书进行整理分类，在每书后都写有书录，是曰《别录》《七略》。张舜徽先生认为别集正是诞生在这个过程中。如今两部目录虽均已亡佚，但所幸《汉书·艺文志》正是按照《七略》简编而成，基本保持了刘向父子编书的原貌。《汉书·艺文志·诗赋略》中有

---

① 张舜徽：《四库提要叙讲疏·自序》，台湾学生书局2002年版，第1页。（以下所引仅注明书名、页码。）"四十八篇"即大小序总篇数。

② 《四库提要叙讲疏》，第205页。

③ 《四库提要叙讲疏》，第187—188页。

④ 《四库提要叙讲疏》，第205页。

"赋"一类，下有诸如《屈原赋》二十五篇、《贾谊赋》七篇、《司马相如赋》八十二篇等诸目六十六种，可以看到这六十六种"赋"除了无"集"之名外，确实与后世的别集颇为相似，张舜徽先生将别集溯源于此的说法不无道理。

前面说到，张舜徽先生认为《四库提要》之所以错推了别集起源年代是因为它直接承袭了《隋书·经籍志》的观点，下面我们便就源头《隋书·经籍志》作一番探讨。

《隋书·经籍志》为唐魏徵等人所撰，其集部共著录别集四百三十七部，集部小序云："别集之名，盖汉东京（笔者按：此指东汉）之所创也。自灵均以降，属文之士众矣……后之君子，欲观其体势，而见其心灵，故别聚焉，名之为集。"①毫无疑问，"别集之名，盖汉东京之所创也"一句是产生分歧的关键。若仔细研读这句话，便会发现"别集之名"其实四字蕴含着三种可能性。

首先"别集之名，盖汉东京之所创也"可能指的是"别集"这一名称起源于东汉。先秦时期，诸子百家所作诸如《庄子》《老子》《墨子》之类虽与后世文集类似，但当时并不称别集，即使到了后世也是列在子部之下。《汉书·艺文志》中无"别集"之称。成书于晋的《晋中经簿》和《晋元帝四部目录》也尚称"诗赋"，南朝宋王俭所作《七志》也无"别集"之称②。"别集"二字最早可见于南朝梁阮孝绪所作《七录》，《七录·文集录内篇四》下明确出现了"别集部"这一称呼，并著录了《荀况集》《汉武帝集》等篇目。③至《隋书·经籍志》，"别集"一称已广泛应用于目录中。而在《隋书·经籍志》卷首总序中明确提到"有处士阮孝绪……更为《七录》……其分部题目，颇有次序，割析辞义，浅薄不轻"④，可见《隋书·经籍志》在撰写时是参考了《七录》的，故魏徵等人不可能不知"别集"之称最早在南朝时才开始出现。故"别集之名，盖汉东京之所创也"这句话指"别集"一称起源于东汉的可能性基本可以排除。

其次，"别集之名，盖汉东京之所创也"可能说的是别集之命名⑤是从东汉开始

---

① ［唐］魏徵等撰：《隋书》卷三五《经籍志》，中华书局1973年版，第1081页。（以下所引仅注明书名、页码。）

② 参见余嘉锡：《目录学发微 古书通例》书中所附《古今书目分部异同表》，中华书局2007年版，第154—155页。

③ 参见任莉莉：《七录辑证》，上海古籍出版社2011年版，第204—205页。

④ 《隋书》卷三二《经籍志》，第907页。

⑤ 此处把"别集之名"中"名"理解为动词"命名"义。

的，换言之，即整理出别集形态并赋予其名称是从东汉一朝开始的。若按前引张舜徽先生"实与名"之论来看，"别集之命名"在张先生那里，即是此意。因为《汉书·艺文志·诗赋略》里就已经有别集的形态出现，故说别集之事实始自东汉大错特错。张舜徽先生认为《四库提要》错误地承袭了《隋书·经籍志》的观点，就是理解成了这层意思。可《隋书·经籍志》真的不清楚别集的早期形态早在西汉就已出现了吗？

《隋书·经籍志》卷首写有总序，记述了西汉末年自刘向以来各代的目录情况，并在序末自述了其参考文献。总序云："远览马史、班书，近观王、阮志、录，挹其风流体制，削其浮杂鄙俚，离其疏远，合其近密，约文绪义，凡五十五篇，各列本条之下，以备《经籍志》。"①在《隋书·经籍志·集部》末的大序里亦言："班固有《诗赋略》，凡五种，今引而伸之，合为三种，谓之集部。"②可见魏徵等人在编写《隋书·经籍志》时广泛参考了包括《汉书·艺文志》在内的目录著作。故《隋书·经籍志》不可能没有注意到别集的体例早在西汉末期就已经出现。故"别集之名，盖汉东京之所创也"这句话指"整理别集并命名"的可能性也基本可以排除。

最后还有一种可能性，《隋书·经籍志》所言"别集之名，盖汉东京之所创也"指的极有可能是"集"这一术语最早出现在东汉，即东汉才出现了"某某集"这一说法。故《四库提要》方才承袭其说，云："集始于东汉。荀况诸集，后人追题也。"可见《隋书·经籍志》和《四库提要》不同于张舜徽先生对别集事实的追溯，他们做的是对"集"之名出现时间的追溯。《后汉书·班昭传》记载："昭年七十余卒……所著赋、颂、铭、诔、问、注、哀辞、书、论、上疏、遗令，凡十六篇，子妇丁氏为撰集之。"③此处虽没有明言所撰集为《班昭集》，但足可见东汉已有编集的意识。东汉末建安年间，曹丕亦曾作《与吴质书》，其文云："昔年疾疫，亲故多离其灾，徐、陈、应、刘，一时俱逝，痛可言邪……顷撰其遗文，都为一集。"这说明曹丕曾经将东汉末部分文人的作品整理成集子，合而观之为总集，分而观之便为别集。而至南朝阮孝绪所作《七录》已经明显出现"某某集"的称谓。故根据上述材料虽不能断言"集"就是东汉才出现的，但推测大致在东汉也是没有问题的，所以《隋书·经籍志》才称"别集之名，盖汉东京之所创也"（笔者按：此处亦用"盖"表推测）。

① 《隋书》卷三二《经籍志》，第908—909页。

② 《隋书》卷三五《经籍志》，第1091页。

③ ［南朝宋］范晔撰：《后汉书》卷八四《班昭传》，中华书局1965年版，第2792页。

至此我们可以说，张舜徽先生论述的是别集之体例源自西汉，说的是"实"的问题，而《隋书·经籍志》和《四库提要》论述的是别集之"集名"大致源自东汉，说的是"名"的问题。故二者所论非一事，无所谓谁对谁错。但事不辩不明，综合诸家观点，我们对别集的来龙去脉可以有一个更好的把握：别集之体例最早在西汉末刘向父子整理官藏图书时就已诞生，大致在东汉末年出现了"某某集"的称谓，最晚至南朝梁时"别集"一称出现，至此有关别集的概念已基本齐备，后世的目录学在此基础上得以不断发展，但大框架亦始终未有太大变化。[①]

二、"总集"与《楚辞》之辩

张舜徽先生在《四库提要叙讲疏》里针对"总集"和《楚辞》的某些问题，有对《四库提要》的辩驳。这些辩驳主要涉及两个问题，其一是"《楚辞》一类该单列还是并于总集"，其二是"总集体例成于挚虞还是曹丕"。下面笔者就逐一梳理一下这两方面的争论。

首先看关于"《楚辞》一类该单列还是并于总集"的问题。《四库提要》集部类下共分五个小类：《楚辞》、别集、总集、诗文评和词曲类。《四库提要·集部总叙》亦言："集部之目，《楚辞》最古，别集次之，总集次之……"很明显，纪昀等四库馆臣是把《楚辞》一类单列，与总集明显区分开的。对此张舜徽先生提出了不同见解，先生言："自刘向搜录屈宋诸赋，都为一集，定名《楚辞》，实为总集之祖。"[②]其后又言："窃谓此类著述无多，似可以冠总集之首，不必别为一类……尤足以明原溯本也。"[③]可见先生认为西汉末年刘向所编《楚辞》为总集之祖[④]，后人有关《楚辞》类的作品也并不繁杂，完全可以把它们纳入总集之首，这对"辨章学术，考

① 其后主要史志目录别集类概况：《旧唐书·经籍志》分甲乙丙丁四部，丁部下即有别集一类；《新唐书·艺文志》同；南宋郑樵撰《通志·艺文略》分十二大类，文类下有别集小类；宋末元初马端临撰《文献通考·经籍考》分经史子集四部，集部下有别集一类；《宋史·艺文志》《明史·艺文志》《四库提要》《清史稿·艺文志》同。

② 《四库提要叙讲疏》，第187页。

③ 《四库提要叙讲疏》，第203页。

④ 关于《楚辞》是否为刘向搜集定名，学界对此尚有争议。可参见陈广忠：《论〈楚辞〉与刘安〈淮南子〉之关系》，《社会科学》1984年第4期。该文认为《楚辞》似成书于刘安之时。

镜源流"也是大有裨益的。

张舜徽先生之说当然有其道理，但其实《四库提要》对此瑕疵也并不是毫无察觉。《四库提要·集部·〈楚辞〉类》下收录了东汉王逸所撰《楚辞章句》，其提要即云："初，刘向裒集屈原《离骚》《九歌》……共为《楚辞》十六篇。是为总集之祖。"①可见纪昀等人很清楚《楚辞》乃总集之祖，只不过碍于某些原因才将其单列以致并未纳入总集。

究其原因，《四库提要·集部·楚辞类序》里纪昀等人说明了部分缘由，云："《隋志》集部，以《楚辞》别为一门，历代因之。"②可见《四库提要》单列楚辞继承了《隋书·经籍志》③，《隋书·经籍志》其后的历代史志目录也基本沿袭了这一做法④。但纪昀等人怕人误解也对此沿袭作了进一步解释，"盖汉魏以下，赋体既变，无全集皆作此体者。他集不与《楚辞》类，《楚辞》亦不与他集类，体例既异，理不得不分著也"⑤，可见《四库提要》"知可为而不为"的深层原因是认为《楚辞》体例作品后世作者稀少，难以独立成总集，也无法并入其他总集。其实这种说法也很是牵强的，对此张舜徽先生反驳说："宋元人所编《乐府诗集》《古乐府》之类，《四库总目》亦归之总集。斯皆文以类聚，合集成书，与《楚辞》体例相近，惟时代不同耳。"⑥可谓击中了《四库提要》所论的要害。笔者认为《四库总目》自述的原因并没有说到这一传统的根本上，更根本的原因很可能是《楚辞》一书定型后的《楚辞》类作品大多是对原书的注疏和音解，如《楚辞音》《离骚草木疏》等，更偏向学术类著作。这就像是"经部"下的《诗经》，它作为我国第一部诗歌总集无可争议，但也并没有被列入集部的总集类。另外《楚辞》作为文学史上与《诗经》一样影响深远的诗歌总集，后人除对其进行了大量的注解外，也不断从中汲取浪漫主义、忠君爱国的精神养分，这本身就和一般的诗歌总集不一样了。故《楚辞》类作品与总

①　《四库全书总目提要》卷一四八《楚辞章句序》，第1267页。

②　《四库提要叙讲疏》，第203页。

③　其实早在《隋书·经籍志》前，南朝梁阮孝绪《七录·文集录内篇四》就已经单列出"楚辞部"和"总集部"了，故纪昀等人之说并不准确。

④　其后历代主要史志目录"《楚辞》类""总集类"概况：《旧唐书·经籍志》"《楚辞》类"和"总集类"分别单列；《新唐书·艺文志》、南宋郑樵撰《通志·艺文略》、宋末元初马端临撰《文献通考·经籍考》《宋史·艺文志》《四库提要》《清史稿·艺文志》皆同。然亦有目录没有分列，后文再论。

⑤　《四库提要叙讲疏》，第203页。

⑥　《四库提要叙讲疏》，第203页。

集类单列也是由特定的文化传统所决定的。

尽管《楚辞》类和总集类单列有其文化层面的原因，但随着后世文学作品的大量涌现，进而对目录的分类标准更严格统一，故张舜徽先生提出应把《楚辞类》作品并入总集中以今天的视角来看是合理的，也是时代对目录学的要求。①

以上所论是"《楚辞》一类该单列还是并于总集"的问题，除此之外张舜徽先生和纪昀等人还有一个观点的分歧，即"总集体例成于挚虞还是曹丕"。

总集指多位作家诗文词曲的汇集。《四库提要·总集类序》云："故体例所成，以挚虞《流别》为始。其书虽佚，其论尚散见于《艺文类聚》中，盖分体编录者也。"②《艺文类聚》中有关挚虞《流别》的论述集中在杂文部二和杂文部三，多以"挚虞文章流别论曰"开头，其后论述了诗歌有关颂、乐府及赋等诸文体，多为《艺文类聚》转引的散论，并不能直接说明《流别》即为总集。但《隋书·经籍志》明确说过："晋代挚虞，苦览者之劳倦，于是采摘孔翠，芟剪繁芜，自诗赋下，各为条贯，合而编之，谓为《流别》。是后文集总钞，作者继轨……"③由此可见《四库提要》称"总集体例自西晋挚虞《流别》时起"很可能也是承袭了《隋书·经籍志》的。

张舜徽先生对《隋书·经籍志》和《四库提要》的观点提出了质疑，认为总集之体例早在东汉末曹丕那里就已出现。因曹丕《与吴质书》中有曰："昔年疾疫，亲故多离其灾，徐、陈、应、刘，一时俱逝，痛可言邪……顷撰其遗文，都为一集，观其姓名，已为鬼录。"可见曹丕很欣赏"建安七子"的文章，曾收录他们的文章，编成一本总集。无疑此书的成书年代早于挚虞的《流别》，故张舜徽先生推翻了《隋书·经籍志》和《四库提要》的观点。

然而笔者认为有关总集体例的形成似乎还可以在张舜徽先生基础上再往前追溯。《汉书·艺文志·诗赋略》下有屈原赋、陆贾赋、孙卿赋、杂赋四大类，其中杂赋类下共分十二家，二百三十三篇，包括《客主赋》十八篇、《杂行出及颂德赋》二十四篇、《隐书》十八篇等。可惜这些赋作全部亡佚，今人无从得见。但伏俊琏先生曾对

---

① 其实张舜徽先生并不是首个提出应将楚辞类与总集类合并的学者。早在北宋，王尧臣撰公藏目录《崇文书目》二者即已合并，详见商务印书馆1937年版，第325页。南宋尤袤撰私藏目录《遂初堂书目》同；甚至稍早于《四库全书总目》成书的史志目录《明史·艺文志》亦同。以此可见《楚辞》类与总集类的分合之异早已有之，由此亦可见二者逐渐合并的时代总趋势，张舜徽先生所论至当。

② 《四库提要叙讲疏》，第208页。

③ 《隋书》卷三五《经籍志》，第1089—1090页。

此类杂赋作了考证，比如他认为宋玉《对楚王问》《登徒子好色赋》《大言赋》小言赋》，东方朔《答客难》，扬雄《解嘲》等都可以归入《客主赋》十八篇一类。[①]如此看来《诗赋略》的这十二种杂赋集便和后世总集的体例也相差无几了。对此，学界多位前辈也有类似看法，刘师培《论文杂记》亦主张"自吾观之，《客主赋》以下十二家，皆汉代之总集类也"[②]。章学诚先生也有类似观点，不再赘述。众所周知，《汉书·艺文志》乃是班固根据刘歆所编《七略》"删其要"而作，故似乎早在西汉末刘氏父子整理官藏图书时总集的体例便已形成。《七略》成书在西汉末年，此又远早于东汉末曹丕收集建安七子所作之总集。

故综合上论，关于"总集体例成于挚虞还是曹丕"的问题，我们可以有一个更全面的结论：《隋书·经籍志》和《四库提要》认为总集体例始于晋代挚虞的说法不准确，张舜徽先生的推断似乎也稍晚，总集体例的起源与别集相同，很可能在西汉末刘向父子整理官藏图书时就已诞生。

此外，关于《四库提要·序》与《四库提要叙讲疏》集部，张舜徽和纪昀等人的不同观点还涉及其他方面，比如：张舜徽不同意纪昀等人评价钱谦益《列朝诗集》颠倒黑白、贻害人心的看法，认为钱作多可取。此类分歧与乾隆朝政治有关，无甚可辩，兹不赘述。

三、结语

《文心雕龙·序志》里刘勰提出文学研究应"振叶以寻根，观澜而索源"，章学诚在《校雠通义·自序》里亦言做学问应"辨章学术，考镜源流"。张舜徽先生继承了中国传统的学术方法，在《四库提要叙讲疏》里对《四库提要·序》进行了多维的申发和论辩，其中多至论。因此，对比二者关于集部的不同观点，对我们弄清楚集部的来龙去脉也是很有好处的。

（作者单位：山东大学文学院）

---

① 关于杂赋篇目更多考证，详见伏俊琏：《〈汉书·艺文志〉"杂赋"臆说》，《文学遗产》2002年第6期。

② 刘师培著，万仕国点校：《论文杂记》，《中国文学讲义》，广陵书社2016年版，第179页。

"抒情"与"反抒情"：鲁迅如何承续"抒情传统"？

国家玮

摘　要：本文讨论了鲁迅小说结构上的元模式：理想化的、诗性的故事被置于人物失败的现实处境之下——"狂人"的候补、涓生与子君从"会馆"到"胡同"后的世俗生活、童年看社戏的美好回忆被现实中京戏的嘈杂惊醒等。由此在海外汉学家对现代中国文学审美特征的"抒情性"概括之外提出"反抒情"这一概念，认为抽象的抒情乃是抽出了现代文学历史感与实践性的"隔岸观火"。对于鲁迅等现代作家来说，"反抒情"是与"抒情"同样重要的小说文类风格，是鲁迅对历史反复或说"革命第二天"等重大现实问题思考的审美呈现。如果说鲁迅的文化选择可被视为"反现代性的现代性"，那么鲁迅文学中的"抒情"亦可被视为"反抒情"的"抒情"。本文由此提出在看待"抒情传统"这一问题上，真正的问题或许不是"抒情传统"与"启蒙和救亡的双重变奏"孰为正统、孰为旁支，而是三者之间如何在现代中国的文化实践中碰撞融合并在此一过程中看到了自身更为开放性的可能。

关键词："抒情传统"　"抒情"　"反抒情"　鲁迅

一

一个不可否认的事实是，"中国抒情传统里的主体，不论是言志或是缘情，都不能化约为绝对的个人、私密或唯我的形式；从兴、观、群、怨到情景交融，都预设了政教、伦理、审美，甚至形上的复杂对话"[1]。在郁达夫早期的那些近乎独白式

---

[1]　王德威：《"有情"的历史——抒情传统与中国文学现代性》，见陈国球、王德威编：《抒情之现代性："抒情传统"论述与中国文学研究》，生活·读书·新知三联书店2014年版，第804页。

的半自传体小说中，论者并不难将个体生命的苦闷体验与更为超越性的国族想象关联起来。与结核病作为"高雅、纤细、感性丰富"之象征而成为"贵族面容的新模型"①略有不同，在郁达夫那里，主人公身体上的病恹与心绪的压抑落寞都可以在现代中国以其"思想的主体仍然牢牢地拘于传统"②而与世界文明整体脱节的衰败这一现实中找到根源。郁达夫、郭沫若、废名、王统照、叶圣陶、庐隐、倪贻德以及稍后的沈从文、萧红等现代中国作家笔下的抒情创作，虽然也经常以一种情绪流带动叙事流的技巧结构小说，甚至如赵景深那样直接将短篇小说定义为抒情、叙事与写景三种地位同样重要的质素的融合③，但很少能如鲁迅那样在对传统创造性转化的过程中完成短篇小说文体风格化的探索。论者以"古典诗词构成小说意蕴核心"作为衡量现代短篇小说与抒情传统关联的标志④固然不错，但神似也好，融合也罢，现代小说在精神气度上与抒情传统的契合甚或是直接追摹毕竟难以说明传统之现代转换所能达到的真正高度。⑤倒是普实克一开始就看到了鲁迅短篇小说中抒情的风格化特征："侧重反映社会的短篇小说，其中也投射了作者个人体验的影子，因此，它在某些方面也反映了人类生存最基本的问题和当时社会的状况。这是鲁迅最优秀的短篇小说所遵循的基本创作原则。"⑥在那些抒情化特征最为明显的小说中，鲁迅的抒

---

① ［日］柄谷行人：《日本现代文学的起源》，赵京华译，生活·读书·新知三联书店2003年版，第96页。

② ［美］费正清、［美］赖肖尔著：《中国：传统与变革》，陈仲丹、潘兴明、庞朝阳译，江苏人民出版社2012年版，第306页。

③ 参见赵景深：《研究文学的青年与古文》，《文学周报》第109期，1924年2月18日。

④ 如方锡德先生举出郭沫若《行路难》引用李白《行路难》全诗；冰心《斯人独憔悴》引杜甫《梦李白》中诗句；王以仁《暮春时节》引龚自珍《青玉案》，特别是郁达夫小说《十一月初三》小说主人公"冬日狂风飞沙中重访红茅沟，却没有再遇到那位美貌村姑的落寞情怀，令人想起唐人崔护的七绝《题都城南庄》……正是那一份'人面桃花'的怅惘和失落感，构成了这一篇情绪氛围的核心"。方锡德先生在其专著《中国现代小说与文学传统》中单辟一章研究中国现代小说与传统文化在抒情风貌上的相似，且相当扎实地就现代短篇小说中之散文诗、散文画主题、单纯与"扁平"的人物形象以及"情调""画薄"式结构与抒情传统之关联作出了令人信服的深入研究。参见方锡德：《中国现代小说与文学传统》，北京大学出版社1992年版。

⑤ 在这个意义上，王德威之以鲁迅为现代中国凭借"充满怨悱不群、忧谗畏讥"而成为"诗可以怨的现代回响"这类说法，就难免让人怀疑究竟是对鲁迅小说的推重抑或是无意中为了自己的论述框架而贬损了鲁迅小说。

⑥ ［捷克］亚罗斯拉夫·普实克：《以中国文学革命为背景看传统东方文学与欧洲现代文学的相遇》，《抒情与史诗：现代中国文学论集》，郭建玲译，上海三联书店2010年版，第83页。

情也很少是"以内省和分析的方式，去描写作者自我的内心世界"。哪怕是在以手记形式出现的《伤逝》中，小说第一人称叙事者也不愿意将内心真实所想像郁达夫《沉沦》中的主人公那样毫无遮拦地倾诉给读者。《伤逝》中的涓生，他对人生虚空感的抒情化表达关联着个体在具体时空经验中的心理体验、对启蒙理性与现代性精神的质疑以及超越两者之上的生命孤独感。同时，抒情作为小说第一人称叙事者涓生的叙事策略，更具有叙事者心中有而不愿说的那种借对子君之死的悼亡以救赎自己的功能。读者应该注意到《伤逝》结尾对正统抒情表达的轻微反讽意味：

> 但是，这却更虚空于新的生路；现在所有的只是初春的夜，竟还是那么长。
> 我活着，我总得向着新的生路跨出去，那第一步，——却不过是写下我的悔恨和悲哀，为子君，为自己。
> 我仍然只有唱歌一般的哭声，给子君送葬，葬在遗忘中。
> 我要遗忘；我为自己，并且要不再想到这用了遗忘给子君送葬。
> 我要向着新的生路跨进第一步去，我要将真实深深地藏在心的创伤中，默默地前行，用遗忘和说谎做我的前导……。①

在这段因爱情寂灭、爱人亡故所作的抒情化自白中，处处充满着瓦解悲情或对未来之期望的反抒情化的悖论式表达。代表新生的希望与其在第一人称叙事者那里"虚空"的矛盾，第一人称叙事者满心的悔恨和悲哀与其在为子君送葬中将自己的悲哀彻底埋葬的矛盾，第一人称叙事者试图遗忘为子君送葬与他很快又"不再想到这用了遗忘给子君送葬"的矛盾，以遗忘为子君和自己送葬与实际上最终表白其实仅仅是为了自己苟活的矛盾，带着负疚的深深亏欠感到赌气似的表明将真实埋藏于心而以遗忘和说谎作自己前导的矛盾。小说以"初春的夜"作为结尾暗示新生到来的强烈抒情表达最终却借助涓生抒情表达中无处不在的矛盾被撕裂，看似抒情化的结尾却重新构筑了一个具有反抒情特征的开放性结局。这种在抒情表达中内蕴着消解抒情质素的写作策略，是鲁迅短篇小说一种相当独特的风格。

---

① 鲁迅：《伤逝》，《鲁迅全集》第二卷，人民文学出版社2005年版，第133页。（以下所引仅注明篇名、书名及页码。）

二

对于鲁迅来说，风景固然也有对氛围烘托的功能，但更多时候它们作为鲁迅小说风格化特征的表现，已经具备了象征作用，在不断复现中获得其稳定的修辞功能。比如，鲁迅小说中的暗夜与月光这两个抒情化特征鲜明的风景就是如此。《狂人日记》中，在精神异常的狂人眼里时刻出现的"黑漆漆"而"不知是日是夜"的景象；《药》的故事起点在"秋天的后半夜"；《明天》中获得了人格化的暗夜"为想变成明天，却仍在寂静里奔波"；《风波》中故事的起点同样是"太阳渐渐的收了他通黄的光线"之时；《白光》中"月亮对着陈士成注下寒冷的光波来"；《祝福》以"沉重的晚云"中第一人称叙事者的疑虑与整夜下来清扫了心中积虑的鞭炮为前景；《在酒楼上》故事完结时"天色已是黄昏"；《肥皂》中"受了委屈"的四铭"看见一地白光，仿佛满铺了无缝的白纱"；《长明灯》是以"从此全静寂了，暮色下来"作为小说结尾；《高老夫子》的结尾，自觉被女学生羞辱了一番的高尔础终于回到了自己熟悉的麻将桌前，"万籁无声"的暗夜中麻将牌的声音清彻作响；《孤独者》中第一人称叙事者每每在雪夜想起的魏连殳"颜色很黑"的一双闪动的眼睛；《伤逝》结尾处第一人称叙事者在"初春的夜"中"用遗忘和说谎"作前行的自白。更为关键的问题在于，暗夜或月光这样的风景在鲁迅那里并不仅仅是小说借以表达叙事者某种理性（比如禅意、哲思）或非理性（比如同情、痛苦、压抑、伤感、时不我待的苦闷等）的能指，因为其自身具有抒情和反抒情的双重属性，这些作为鲁迅小说风格化特征的风景使其小说常常在那些距离时代/社会在场感最远的地方回转到知识人对当下的关切上来。

李长之所谓能够"更清清楚楚地代表一种主观的、伤感的、浪漫气氛的"满溢着抒情成分的鲁迅小说包括《故乡》《社戏》《祝福》以及《伤逝》[①]，而这四篇作品都在整体上使用了倒叙结构。读者应当注意鲁迅小说中倒叙技巧的使用并不是一般意义上仅仅为了结构小说线索的方法，而是作为一种将遥远而模糊的抒情视景置于

① 李长之：《鲁迅批判》，北京出版社2003年版，第76页。另，以上四篇具有"更直接""更畅快""更毫无遮掩的"流露情感的小说与《孔乙己》《风波》《阿Q正传》《离婚》被李长之认为是"鲁迅文艺创作中之最完整的艺术"。

当下社会/生活的酷烈现实的反抒情需要使用的。事实上，《祝福》并不仅仅是关于祥林嫂悲剧命运的故事，更是以知识人身份出现的第一人称叙事者在面对内心真实的原始道德感与经过启蒙理性教化后的进步观之间彼此拮抗的故事。当第一人称叙事者越是试图用那套从外面世界获得的启蒙观念理性地面对祥林嫂关于灵魂有无的问题时，他的自我就越去道德化并最终产生逃离祥林嫂的世界回到城里过文人交游与宴饮这类文雅体面生活的冲动。但当他遵从原始道德感时，却不断体验到"愈加强烈"的不安。第一人称叙事者对祥林嫂故事的抒情化处理除却营构了一个儒释道吃人的寓言以外，更以祥林嫂故事作为第一人称叙事者叩问自我内心的契机。在小说的结尾，悠远而模糊的鞭炮声构筑的那个抒情场景除却作为一种修辞对"吃人"的鲁镇文化加以反讽之外，这一抒情段落似乎还短暂救赎了第一人称叙事者内心的惶惑不安——"我在这繁响的拥抱中，也懒散而且舒适，从白天以至初夜的疑虑，全给祝福的空气一扫而空了。"这种看似轻松的笔致恰好说明第一人称叙事者是带着深深的歉疚与矛盾入梦，那些惊醒了作者的爆竹作为天地圣众歆享的牲醴和香烟，"都醉醺醺的在半空中蹒跚"，但人总会在进入迷狂的醉中状态后重新回到清醒的现实中来，以此，作为短暂救赎第一人称叙事者使其沉醉其中的抒情化场景却暗含着导向反抒情的醒来后直面现实的倍增痛苦的可能。《伤逝》中鲁迅对抒情意象以及抒情化场景的处理方式是赋予所有象征希望之意象以晦暗的色调。"痛苦着/等待深入新的组合"这一穆旦笔下关于春的经典描述中，希望在杂乱与不安中正在悄然生长。《伤逝》中，春这一抒情意象却将对希望的憧憬完全抹杀，以直面死亡与当下生活的虚无感缠绞在春天这个最富抒情色调的意象以达成反抒情的目的。

> 初春的夜，还是那么长。长久的枯坐中记起上午在街头所见的葬式，前面是纸人纸马，后面是唱歌一般的哭声。我现在已经知道他们的聪明了，这是多么轻松简截的事。
>
> 然而子君的葬式却又在我的眼前，是独自负着虚空的重担，在灰白的长路上前行，而又即刻消失在周围的严威和冷眼里了。①
>
> 但是，这却更虚空于新的生路；现在所有的只是初春的夜，竟还是那么长。

---

① 《伤逝》，《鲁迅全集》第二卷，第132页。

我活着，我总得向着新的生路跨出去，那第一步，——却不过是写下我的悔恨和悲哀，为子君，为自己。

我仍然只有唱歌一般的哭声，给子君送葬，葬在遗忘中。

《伤逝》暗藏着对"希望"这一现代社会知识人进步/线性历史观的犹疑态度。小说第一人称叙事者每次在生活的困窘中表达其对未来/希望的憧憬时，其抒情化的想象都残酷地以对子君死亡的召唤作为前提。在第一人称叙事者自比为追寻自由与启蒙之鸟的那些瞬间，"生活的路还很多，我也还没有忘却翅子的扇动"都是以第一人称叙事者"突然想到子君的死"作为抒情前景的。对涓生来说，启蒙理性构筑的自由生活与目下生活之间无可调和，就像《诺拉》与《海的女人》中主人公所表现出的果决与目下艰辛而平实的普通生活之间无可调和一样，这同时意味着启蒙理性构筑出的那个溢满抒情化色彩的世界与饮食男女面对生活琐碎的反抒情现实之间无可调和。在这个意义上，《伤逝》的故事恰如《祝福》跳脱了祥林嫂的悲剧一样，获得了超越爱情悲剧及理想破灭悲剧这样充满抒情化色调之外的意义[1]，隐喻了知识人在受到理性规训后形成的启蒙洁癖被俗世生活反抒情场景击溃后无法自赎的焦虑。

《社戏》与鲁迅另一些散文化特征明显的小说如《头发的故事》《一件小事》一样属于自叙体，"不过著者不是直接自叙，乃是借了别一个人的嘴来说这篇故事罢了"[2]。与《头发的故事》《一件小事》不同，《社戏》以倒叙的方式将第一人称叙事者二十年中两次看中国戏的经验置于一个与沈从文湘西经验中类似的充满人性美的抒情视景之外，由此，将一个纯美的江南水乡记忆围住在"冬冬喤喤"的喧闹中。在对两种决然不同的看戏经验的描述中，鲁迅以对社戏戏台"模胡在远处的月夜中，和空间几乎分不出界限"的处理与对看京戏时对"身边的胖绅士的吁吁的喘气"与"台上的冬冬喤喤的敲打"的特写之对比，将那个遥远而渺茫的抒情场景安置在剧场里切近的冬喤之声营构的反抒情的现实场景之中。只有严家炎先生注意到《社戏》

① 李希凡即认为"《伤逝》象一首优美的抒情诗"。参见李希凡：《〈呐喊〉〈彷徨〉的思想与艺术》，上海文艺出版社1981年版。

② 周作人：《鲁迅小说里的人物》，见周作人、周建人：《书里人生——兄弟忆鲁迅（二）》，河北教育出版社2000年版，第41页。

开头这"一长段有关京戏的叙述和议论"并深刻地指出这个反抒情的现实场景没有游离《社戏》的本题，相反这种"对比、反衬，正是鲁迅写小说常用的一种可以起到良好抒情效果的手法"①。

与上面分析的《祝福》《伤逝》《社戏》三篇小说略有差异，抒情与反抒情在小说中所占比重在《故乡》中发生了倒置。对于《故乡》来说，定格在第一人称叙事者头脑中关于少年闰土的记忆构成了小说反抒情叙事的前景，那个渺远的记忆如故乡的山水一般"渐渐远离"了第一人称叙事者，如同本来十分清楚的"那西瓜地上的银项圈的小英雄的影像"最终在第一人称叙事者生命中渐渐模糊。对抒情记忆的深情眷顾与告别抒情的气闷以近乎同样认真的态度被加以处理，这是鲁迅小说非常重要的风格。

三

《社戏》作于1922年十月，这一年的五月，鲁迅翻译了后来收入上海商务印书馆"世界丛书"之一的《现代日本小说集》中的部分小说，包括夏目漱石的《挂幅》《克莱喀先生》，森鸥外的《游戏》，有岛五郎的《与幼小者》《阿末的死》，江口涣的《峡谷的夜》以及菊池宽的《复仇的话》。加上1922年所译芥川氏《鼻子》《罗生门》、菊池宽《三浦右卫门的最后》以及不少欧洲作家所作小说，可以说鲁迅在这两年间所作小说远不及其翻译小说的数目多。考虑到域外文学对鲁迅小说的影响，恐怕对西方及日本现代作家如何处理小说抒情性这个问题，鲁迅应当是比较熟悉的吧。白桦派小说家有岛五郎在《阿末的死》中借由对少女敏感之心灵与死亡暗影的抒情化处理、江口涣在《峡谷的夜》中为疯女人阿仙略带阴冷的人生悲剧所作的以风景描写为主的铺垫，都是以抒情化的风景描写为小说渲染气氛，这与鲁迅将抒情处理成被现实生活反抒情世界凝视着的风景明显不同。

从扑人眉宇的耸着的连山的肩上，窥望出来的二十日左右的月，到处落下那水一般的光辉。层层迭迭的许多重排列着的群山的襞积，都染出非蓝非黑的颜色，好几层高高的走向虚空中。缀在那尖锐的襞积间的濡湿的夜雾，一团一

---

① 严家炎：《读〈社戏〉》，《论鲁迅的复调小说》，上海教育出版社2002年版，第31页。

团的横流着青白。那亘在峰腰的一团，是反射着下临的月光，白白的羽毛一般闪烁。仰看了这些的我，似乎觉得久违的触着了洁净的故乡的山气了。……我五步一次十步一次的止了步，许多次想辨别这声音。这样的夜半，这样的山中，不消说不会有人在唱歌，况且也没有唱歌的那样优婉，是更凄凉，更阴惨的声音。我被这有生以来第一回听到的异样的声音所吓，不安的阴影，渐渐在心上浓厚起来了。①

（江口涣《峡谷的夜》）

我冒了严寒，回到相隔二千余里，别了二十余年的故乡去。

时候既然是深冬；渐近故乡时，天气又阴晦了，冷风吹进船舱中，呜呜的响，从蓬隙向外一望，苍黄的天底下，远近横着几个萧索的荒村，没有一些活气。我的心禁不住悲凉起来了。阿！这不是我二十年来时时记得的故乡？

我所记得的故乡全不如此。我的故乡好得多了。但要我记起他的美丽，说出他的佳处来，却又没有影像，没有言辞了。仿佛也就如此。于是我自己解释说：故乡本也如此，——虽然没有进步，也未必有如我所感的悲凉，这只是我自己心情的改变罢了，因为我这次回乡，本没有什么好心绪。

我这次是专为了别他而来的。我们多年聚族而居的老屋，已经公同卖给别姓了，交屋的期限，只在本年，所以必须赶在正月初一以前，永别了熟识的老屋，而且远离了熟识的故乡，搬家到我在谋食的异地去。②

（鲁迅《故乡》）

江口涣的故乡叙事为的是将故事拉回到"一个村镇的中学的五年生"深夜回山中的家之所见所闻，进而将善良少女阿仙为命运捉弄以至发狂的悲戚故事在一种被恐惧与同情杂糅的抒情氛围中讲述出来。小说中第一人称叙事者的故乡书写作为营构全篇抒情氛围的功能是显而易见的。故乡对于鲁迅的小说来说则成为间离过去与今天之"我"的抒情意象，小说《故乡》比《伤逝》更明显地以第一人称叙事者的

① ［日］江口涣：《峡谷的夜》，见北京鲁迅博物馆编：《鲁迅译文全集》第二卷，福建教育出版社2008年版，第57—58页。

② 鲁迅：《故乡》，《鲁迅全集》第一卷，人民文学出版社2005年版，第501页。

情绪流替代叙事流，几乎消弭了故事情节而仅保留最基本的时间线索（"我"之冒了严寒回乡与带着渺茫的希望离乡）。今天之"我"借助对记忆中少年闰土以及海边碧绿的沙地、深蓝的天空中挂着的一轮金黄的圆月召唤出的依然是一个知识人面对当下生活的态度。一如《祝福》中第一人称叙事者以启蒙理性解救祥林嫂人生困局的无助一样，《故乡》中的"我"很快从对闰土拿走香炉和烛台的偶像崇拜之暗笑反思作为知识人的自己秉有的启蒙/希望的虚幻性。由此，小说结尾那个关于希望的有名比喻（"这正如地上的路；其实地上本没有路，走的人多了，也便成了路"），就超越了启蒙理性以线性/进步史观对未来的召唤，而成为在深透理解了希望之虚无之后仍要直面现实的绝望之反抗。在这个意义上，读者应当理解《故乡》那个充满了抒情意蕴的结尾在以反抒情的对启蒙理性及所谓"希望"的瓦解作为前提召唤出的抒情场景所具有的超越单纯抒情风景的深刻意蕴，救赎了作为知识人的小说第一人称叙事者对启蒙理性的信仰危机，小说的开放性结局朝向的不再是抒情主体经常重复的怀旧主题，而是面对当下在场的坚实的行动欲望。这与同样以晦暗色调营构小说抒情氛围的《孤独者》的结尾"我的心地就轻松起来"的亮色如出一辙。

结　语

本文提出的"反抒情"概念，乍看之下似乎会被认为是有意针对近年来颇受注目的"抒情传统"说。实际上，无论是高友工在古典文学研究中建构的"抒情美典"理论还是陈国球对"情"之公共性的倚重，抑或是王德威借助对"抒情传统"现代传承的研究在启蒙与救亡双重变奏之外探索理解现代中国的另一进路，我都以为那不失为理解中国、中国文化及其现代转化的一重视角，哪怕其难以避免因隔岸观火而多有不中肯綮之处。抛开"抒情传统"具体内容不谈，单说这一概念被提出的动力，季剑青认为"陈世骧和陈国球更多的是在中西比较的视野中，强调中国文学传统作为'抒情传统'的特色"，"王德威则主要是在中国现代文学和文化内部，探寻与主流异质的脉络"。而需要反思的则是这种"通过建构另类（alternative）的传统，寻求建立中国文学和文化经验自身的主体性"的做法，因为这背后关涉的显然不再是单纯的学科知识方法论，而是"文学论述背后的文化政治议题"。[①]这一觉悟

---

① 季剑青：《"抒情传统"、主体性建构与现代主义》，《汉语言文学研究》2017年第3期。

背后要质询的正是那种建基于二元论式思维下将对中国文化传统做另起炉灶式理解的方法。真正的问题或许不是"抒情传统"与"启蒙和救亡的双重变奏"孰为正统、孰为旁支，而是三者之间如何在现代中国的文化实践中碰撞融合并在此一过程中打开理解自身更为丰富性的可能。就鲁迅来说，其步入文学的精神资源恰是与"抒情传统"相对的"史诗传统"，其在对民间野史的反复阅读中得到了历史中满写着"吃人"的觉悟[①]，而这一极具冲击力的启蒙主义话语恰恰又是通过《狂人日记》的诗化语言完成其现实表达的。对于鲁迅的文学来说，其承续"抒情传统"的部分恰是与"启蒙""革命"话语交叉在一起的。鲁迅以其惯用的思想方法对启蒙理性进行追问——"娜拉"走后怎样？对左翼革命家追问——"左翼"如何要提防自己成为"右翼"？对"抒情传统"追问——月光下的少年闰土在成年后如何融入乡土中国仪规传统之中？充满诗人气质的"狂人"如何在痊愈后融入曾被其视为"吃人"的社会中？将改造社会视为诗一般美妙的、坚定地持守着启蒙精神的涓生如何面对养油鸡、饲阿随的子君？如果说理想主义与现实精神乃是一体两面的东西，借用早已成为现代性研究"滥套"的汪晖式表达来说，鲁迅的文化选择可被视为"反现代性的现代性"，鲁迅文学中的"抒情"亦可被视为"反抒情"的"抒情"。

（作者单位：山东大学文学院）

---

① 　鲁迅曾在病中读《蜀碧》《蜀龟鉴》《安龙逸史》等野史书，专门谈到中国古代的酷刑（包括宫刑、幽闭）以及张献忠"流贼"式、孙可望"官"式的剥皮法。——"单说剥皮法，中国就有种种。上面所抄的是张献忠式；还有孙可望式，见于屈大均的《安龙逸史》，也是这回在病中翻到的。其时是永历六年，即清顺治九年，永历帝已经躲在安隆（那时改为安龙），秦王孙可望杀了陈邦传父子，御史李如月就弹劾他'擅杀勋将，无人臣礼'，皇帝反打了如月四十板。可是事情还不能完，又给孙党张应科知道了，就去报告了孙可望。'可望得应科报，即令应科杀如月，剥皮示众。俄缚如月至朝门，又负石灰一筐，稻草一捆，置于其前。如月问，'如何用此？'其人曰'是揎你的草！'如月叱曰，'瞎奴！此株株是文章，节节是忠肠也！'既而应科立右角门阶，捧可望令旨，喝如月跪。如月叱曰，'我是朝廷命官，岂跪贼令！？'乃步至中门，向阙再拜。……应科促仆地，剖脊，及臀，如月大呼：'死得快活，浑身清凉！'又呼可望名，大骂不绝。及断至手足，转前胸，犹微声恨骂；至颈绝而死。随以灰渍之，纫以线，后乃入草，移北城门通衢阁上，悬之。……"（鲁迅：《鲁迅全集》第六卷，人民文学出版社2005年版，第171—172页。）

《雷雨》三个版本比较研究

祝　贺

摘　要：通过比较文化生活版（1936年）、开明版（1951年）、人文版（1961年）之间的文本差异，探究曹禺1949年后几次修改《雷雨》的原因及其创作思想转变与文艺政策的关系。曹禺的修改表现了作品的艺术性与作家的独立性在意识形态面前的妥协，其中不仅有外部压力也有内在主观愿望，通过曹禺的境遇观照中国知识分子从现代跨入当代时为融入新话语体系的努力与无奈。

关键词：曹禺　《雷雨》　版本比较　创作思想

《雷雨》不仅在文学史上拥有极高的地位，被认为是中国现代话剧成熟的标志，在接受领域也无愧"经典"之名，自诞生以来历演不衰，广受观众喜爱，研究论著层出不穷。学界已有研究者注意到《雷雨》版本的问题，但还少有人将曹禺两次大的修改、三个重要版本进行细致分析，笔者通过比较三个版本的差异，探究曹禺创作思想的变化及其原因。《雷雨》的版本演变大致如下：1934年《文学季刊》第三期上全文刊载《雷雨》四幕剧，这是剧作的最初版本，1936年文化生活出版社发行单行本。1951年开明书店出版《曹禺选集》，在这一版中曹禺对剧作进行了一次大的改动，作品主题以及人物形象发生很大变化。1954年在人民文学出版社的《曹禺剧作选》中，情节又大致改回了文化生活版的原样，1957年中国戏剧出版社据此出版单行本，1959年发行"戏剧二版"。1961年人民文学出版社版出版《曹禺选集》，剧作定型，直到1978年，《曹禺选集》没有再修改。笔者选择具有代表性的1936年文化生活版、1951年开明书店版和1961年人民文学版进行分析，发现这三版代表着曹禺的不同身份：自由的艺术家、文化战士和妥协的编剧家。

一、1951年"开明版"

曹禺在1951年《曹禺选集·序》中坦白地剖析了自己新的思想："我们忍受着同样的折磨，在暗无天日的旧社会里，一同恨着那些凶恶丑陋的上层人物。"他强调自己与人民站在同一立场，都是憎恨旧社会的"被压迫者"，在此前提下他批评原作没有"追根问底，把造成这些罪恶的基本根源说清楚"，也没有"写出当时严肃的革命工作者"[①]，为了弥补这两点缺陷，他对原作进行了大量的修改，几乎重写了第四幕，自认比原来接近于"真实"，戏剧冲突发生巨大变化："文化生活版"《雷雨》以"此刻"周萍、繁漪、四凤的不伦三角恋情引出"曾经"周朴园、侍萍的爱情悲剧，两代人命运的重复、乱伦的罪孽、无法挽救的错误让他们陷入了可怕的梦魇，人们想获得灵魂救赎却被推入更深的罪恶之渊，与"天地间的残忍"搏斗却被打倒，这是《雷雨》所强调的悲剧精神。"开明版"的主题则向革命文学、社会主义现实主义看齐，即揭露现实的黑暗，让"奴隶们"发现自己被压迫的状态，警醒人们为了光明的未来必须踏上革命道路，因此，"开明版"构建起以鲁妈、大海为主的无产阶级与周朴园、周萍为代表的反动势力的对立，围绕这个主要矛盾对人物、情节、结构进行修改，增强作品的现实意义和宣传功能。

"开明版"删去了序幕和尾声，尽管曹禺曾坚持这是必不可少的"欣赏的距离"，让看戏的人们感到诗样的情怀，但主题的转变使得充满朦胧感的序幕和尾声不再具有必要性，所以根据周扬的意见，"与其把这件罪恶推到时间上非常辽远的处所，将观众的情绪引入一种宽弛的平静的境界，不如让观众被就在眼前的这种罪恶所惊吓"[②]，曹禺便直接删除了这两部分。其实他早就苦恼过剧本过长演出不便的问题，但1949年之前未作修改，用简单粗暴的删减来缩短剧本长度的做法并非曹禺本意，这次删除序幕和尾声还是为符合新主题。

"开明版"最明显的改动是将两个阶级的矛盾充分凸显出来。增加工人罢工情节的篇幅，周朴园与鲁大海的冲突得以延伸，"文化生活版"中罢工事件在第二幕被周朴园轻松解决，以工人代表被收买、工人的团结被瓦解而收尾，鲁大海被开除后

———————————

①　曹禺：《曹禺选集》，开明书店1951年版，第7—8页。

②　周扬：《论〈雷雨〉和〈日出〉——并对黄芝冈先生的批评的批评》，《中国当代文学研究资料·曹禺专辑》，四川大学中文系编，1979年，第305页。（以下所引仅注明篇名、书名及页码。）

"也许到车厂拉车去"，但在结尾只是"跑了"，并没有明确指出他将走向何处。周朴园与大海的对立更多的是血缘关系纠缠，如第二幕中当大海信心十足地前来谈判时，周朴园温和的态度十分耐人寻味，他没有摆出高高在上的董事长架子，而是一种父对子的教导：

> 朴　（向大海）你这么只凭意气用事是不能交涉事情的。
>
> 朴　你以为你们那些代表们，那些领袖们可靠吗？
>
> 朴　（低声向大海）你就这样相信你那同来的几个代表吗？
>
> 朴　对了，傻小子，没有经验只会胡喊是不成的。[1]

在周朴园眼中，工人罢工只是一场无足轻重的闹剧，他关心的是被同伴背叛的大海。周扬非常反对曹禺的处理，认为两人的矛盾应"在社会层的冲突上去发展"，表现"两种社会势力的相搏"[2]。曹禺在"开明版"中为这个意见做出了努力，首先是将周朴园塑造成集帝国主义、官僚主义和封建主义背景于一身的资本家，多处刻意强调周朴园的"后台"，第一幕中大海对四凤揭露"这个老混蛋，你说他开煤矿，他是个官；你说他是官，他开煤矿"[3]，第二幕中周朴园与大海对峙：

> 朴　而且国家要尊重条约，要顾到外国资本的利益，你们要认清楚，这是中英合办的矿，有洋人的资本。
>
> 大　什么洋人的资本？帝国主义的资本！你们这些不要脸的买办官僚，还是把你们的洋爸爸又抬出来了。

第三幕中大海对周冲骂道"什么父亲！买办！官僚！"，但人物这些的台词是出于揭露周朴园身份的需要而不是角色性格的自然流露，显得极不自然。作者还特意增加了新人物——政府参议乔松生，借他之口传达英国顾问镇压工人的建议，又相

---

① "文化生活版"文本均引自《曹禺戏剧全集》，人民文学出版社2013年版。

② 《论〈雷雨〉和〈日出〉——并对黄芝冈先生的批评的批评》，《中国当代文学研究资料·曹禺专辑》，第304页。

③ "开明版"文本均引自《曹禺选集》，开明书店1951年版。

应修改了一些细节，如"文化生活版"中第一幕周朴园见的客人是盖新房子的工程师，和矿上的董事开会，"开明版"改为见警察局长，去省政府开会，以表示周朴园与政府及帝国主义势力的勾结，周朴园成了面目丑陋的奴才似的人物。其次，把大海塑造成顽强抗争的无产阶级英雄，很多新台词体现了他英勇不屈的精神，如第三幕中说"我们跟他们拼了，看谁低了头！"工人代表们当然也不能再背叛同盟，而是改为被警察逮捕，直到剧作结尾，周朴园面对工人罢工也只能束手无策地颓然道"是不能了结的"，预示着在团结一心的无产阶级面前、在革命浪潮面前，反动势力必将失败的结局。曹禺改正了过去的"错误"——"我忽略我们民族的敌人帝国主义和它的帮凶官僚资本主义，更没有写出长期和它们对抗的人民斗争"①，通过修改展示了无产阶级的正面力量。

　　周朴园与侍萍的关系由情感冲突转为阶级对立。"文化生活版"中周朴园对侍萍的怀念不乏真诚，在周公馆里保留着侍萍的习惯，几次搬家都不肯丢掉三十年前的旧家具，周公馆的每个人都知道周朴园非常怀念大少爷的母亲。第二幕中周朴园在得知鲁妈是无锡人后，第一反应就是打听侍萍的事，想给她修整坟墓；第四幕中周朴园在深夜疲倦地独处，两次不自觉地拿起侍萍的相片看，还怕搬家时会丢失相片，可见周朴园非常珍惜曾经与侍萍相爱的时光。只不过对名誉地位等现实利益的考量压倒了对侍萍的感情，他害怕侍萍蓄意破坏自己现有的生活，并且老去的鲁妈又打破了他美丽的幻想，种种因素使他想与侍萍划清界限，但他还是悔恨、自责，想尽力弥补侍萍，还要周萍侍奉母亲。"开明版"删去了周朴园作为"一个万恶的封建势力代表人物"②不该有的"人情味"，如第二幕删去了周朴园回忆侍萍"很贤惠，也很规矩"的话，以及在听到旧事时他"苦痛""汗涔涔"这些表示周朴园忏悔、愧疚的描述，他变得对鲁妈充满疑惧和警惕，教导周萍"这些下等人最靠不住——难防的是小人"，第四幕周朴园在得知周萍与四凤恋爱后感到愤怒的原因是"跟这些下人在一起胡闹"很丢脸，周朴园对待鲁妈这些劳动人民的鄙夷态度实际上是作者为体现阶级对立而刻意为之。

　　鲁妈从一个悲苦善良的女人变成勇敢抗争的觉醒者，"文化生活版"第二幕中她

　　① 曹禺：《我对今后创作的初步认识》，《曹禺论创作》，上海文艺出版社1986年版，第308页。（以下所引仅注明篇名、书名及页码。）

　　② 《我对今后创作的初步认识》，《曹禺论创作》，第307页。

看到周朴园保留着旧物，不自觉地抱有期待，向周朴园诉苦道："她遇人都很不如意，老爷想帮一帮她么？"第三幕中鲁妈知道大海不甘心被欺辱而意图报复周家后严厉地警告他："你要是伤害了周家的人，不管是那里的老爷或者少爷，你只要伤害了他们，我是一辈子也不认你的。"鲁妈虽然打定了主意不与周家再有瓜葛，但她决不允许大海伤害父亲和哥哥，这不仅是因为鲁妈作为一个封建女性受到传统伦理观念的束缚，还因为她对周朴园和周萍有着温情的挂念，如第二幕鲁妈提出的唯一要求就是见周萍，哪怕只能站在一边"眼泪汪汪地望着他"。这些软弱的表现招致了批评，认为她"觉悟不够彻底，反抗仍有限度，如对周萍流露出来的'亲子之爱'"①，按此逻辑，属于无产阶级的鲁妈不应该对属于资产阶级的周萍怀有母子之情，即阶级的对立压倒一切。"开明版"则突出了鲁妈的斗争意识，骂周萍"这该死的东西"，称周朴园为"杀人不偿命的强盗"，她不再掩盖真相，而是主动揭露过去的遭遇，愤恨地控诉：

朴 （没有办法，冷冷地）你们先出去。

鲁 我看还是不要走好，我没有枪，没有刀，没有钱，没有势，只有几句话要讲，你就这样怕吗？四凤，认明白，三十年前生了这种东西的是我，逼我，害我，教我投河的就是这个老东西。

〔四凤愤恨地望着朴和萍，萍惊惧地望着鲁妈。〕

朴 你荒唐！

鲁 难道要我把你的底细都说出来吗？

四 为什么不说？

鲁 （对四）你想得到你那个穷哥哥会有这样的父亲，你看，（视朴）你看他，他这个样子哪一点像你的哥哥，（指萍）这个东西有哪一点像我们这些老老实实受苦的人。孩子，多看看，认清楚，这就是我们的对头，（激动地）强盗，杀人不偿命的强盗！

---

① 辛宪锡：《曹禺的戏剧艺术》，上海文艺出版社1984年版，第10页。

曹禺还为她安排了一个革命性高涨的结尾：她昂然地带着四凤去找大海，将一同走上抗争之路。如此便写出了历史"事实"：被压迫者"觉醒"之后将通过阶级斗争反抗旧社会的不公。

周萍的形象也随着身份的重新认定变得卑劣，"文化生活版"中他痛恨自己的过去，想要摆脱与繁漪的畸形恋情，和四凤一起过新的生活，"开明版"中周萍形象变坏，正因周扬提出"他的血管里正流着他父亲的血统"①，曹禺便让鲁妈说出"孩子到了你的手，生在你们这种人家，就会跟你一样的坏，有你这样的父亲，就教出这样的孩子"，之后在"文革"中产生巨大影响的"老子英雄儿好汉，老子反动儿混蛋"的血统论在此时的修改中已经出现端倪。新写的第四幕中周萍非常无耻地一边安抚繁漪"我知道你很寂寞，（躲闪地）只要过去这一阵，我自然会回来看你"，一边找来周冲陪四凤，自己则趁机要从后门溜走，他彻底成了玩弄感情的龌龊小人。

随着人物形象、主题思想的简化与明确，"开明版"删掉了与阶级斗争主题没有明显关系的情节：第一幕中周冲说周萍变得爱喝酒、脾气坏的部分；第二幕中鲁妈捎来银顶针给女儿当礼物的段落；第三幕中大海对周冲说四凤只是一个没有定性的普通女孩子的片段。"文化生活版"中关于"花园藤萝架上的旧电线"有多处铺垫，如第二幕中繁漪吩咐鲁贵找电灯匠，第四幕中仆人回答周朴园的询问，四凤找周萍时说自己差点要碰电线寻死，都是剧作家对四凤结局的刻意暗示，"开明版"因为人物结局改变，所以删去有关电线的台词。"文化生活版"第一幕中冲突最为尖锐处就是周朴园逼繁漪喝药的场面，繁漪的压抑与流泪、周萍的懦弱与服从、周朴园不容忤逆的威严，都异常激烈地爆发出来，"开明版"将繁漪的表现改为简单的"（暴躁地）我喝就是了。（喝了两口放下，站起急步由饭厅门下）"，弱化了戏剧张力，并且把繁漪变成无关紧要的配角，在结尾还宣告"我才不走呢，我要看看你们这两个东西是怎么死的"，这让她成为资产阶级女性走向解放的代表。

纵观曹禺的修改，几乎可以说他是以左翼批评家尤其是周扬对作品的意见为指向标的，从这个角度看，"开明版"确实弥补了曹禺在自我批评中提到的不足之处，既指明了反动势力，又体现了无产阶级群众的抗争，但接受意识形态的规训、迎合批评家意见、作家主体性的迷失造成作品的诸多缺点也是显而易见的，

---

① 《论〈雷雨〉和〈日出〉——并对黄芝冈先生的批评的批评》，《中国当代文学研究资料·曹禺专辑》，第301页。

如人物形象脸谱化，人物语言不符合身份，许多片段是为营造冲突强行安排，可以说损害了作品的艺术风貌，对一些左翼文学、解放区文学的僵硬模仿使《雷雨》变得面目全非。

二、1961年"人文版"

在1954年《曹禺剧本选》中，《雷雨》又大致改回"文化生活版"的原貌，笔者选择1961年人民文学出版社的《曹禺选集》为参考，一是因为从1954到1961年《雷雨》有过几次细节的调整，但剧作没有发生大的变动，1961版可以等同于1954版；二是从1961年到1978年，《雷雨》没再发生变化，"人文版"可以说是从20世纪50年代到新时期前最通行、时间最长的"定本"，具有参考价值。"人文版"由于经历过多次修改，作品的流畅性、连贯性受到影响，多处有混乱、杂糅之感。和前面两版相比，"人文版"似乎试图在表现阶级斗争与保持艺术水准之间寻求一个平衡，进行一种折中的尝试，"人文版"的主题倾向与"开明版"是一致的，也采纳了"开明版"对序幕和尾声的删除以及前三幕对人物的修改，但弃用了第四幕，而是在"文化生活版"第四幕的基础上改写了新的结尾。

"人文版"主要通过对结尾的修改来表现主题，与"文化生活版"的结尾：四凤、周冲触电而死，周萍开枪自杀，繁漪和鲁妈悲痛至疯，所有罪恶在雷雨中归于寂灭不同；与"开明版"的结尾：周朴园与周萍颓然无措，鲁妈、大海、四凤以及繁漪觉醒后要与他们对抗到底也不同，"人文版"创造了一版新的结尾：

仆　人　　今天早上那个鲁大海，他又来了，他说他母亲在这。

周朴园　（犹疑片刻，望一下鲁侍萍）好，你让他进来！

鲁侍萍　（阻止）不用了。（立起，向中门走去，至门口，返身向周朴园）他不会来的，他恨你！（昂首返身走出。）

仆人一齐下。屋内只有周朴园、周繁漪二人。

寂静。

周朴园　（忽然）萍儿呢？大少爷呢？萍儿，萍儿！（无人应）来人呀！来人！（无人应）你们给我找呀，我的大儿子呢？

　　书房枪声，屋内死一般的静默。

周蘩漪　（忽然）啊！（跑进书房，周朴园呆立不动，蘩漪狂喊跑出）

　　　　　　他……他……

周朴园　他……他……

　　周朴园与蘩漪一同跑下，进书房。①

　　"人文版"为使剧本保持革命性，让周朴园犹疑地对待大海，鲁妈则在女儿死后突然觉悟，但前面的剧情对此没有铺垫，只在结尾处陡然转折使这段戏显得有些突兀。"人文版"中大海更具理性和智慧，而不是一味发泄和蛮干，第三幕大海对鲁妈说："我们要闹出个名堂来。妈，不要看他们这么霸道，周家这种人的江山是坐不稳的！""我们不能认命！"这些有力的语言不但否定了鲁妈宿命论思想，更显示出无产阶级革命英雄的风采。

　　"人文版"中周朴园的形象基本靠近了"文化生活版"的原样，周朴园作为一个大家庭的家长，形象非常复杂，他为了营造有秩序的家庭采取了一些铁腕手段，其实"像一切起家立业的人物，他的威严在儿孙面前格外显得峻厉"，经济地位决定了他强势的话语权，但他并不是冷酷无情，他对孩子的教育严慈相济，第一幕中他勉励周萍要肯吃苦："苦的事你成么？要做就做到底。"第四幕中周萍想凌晨坐车离开，他关心道："外面下着大雨，半夜走不大方便吧。"他也如同每一位普通的父亲渴望孩子的敬爱和亲近，第四幕中周朴园由于周冲的疏离和冷漠表现出孤独脆弱的一面：

　　朴　（干涩地）你好像有点不满意我，是么？

　　朴　（忽然）你怕你爸爸有一天死了，没有人照拂你，你不怕么？

　　朴　（恳求地）后天我们就搬新房子，你不喜欢么？

　　朴　（责备地望着冲）你对我说话很少。

　　朴园失望地看着他儿子下去，立起，拿起侍萍的照片寂寞地呆望着四周。

---

　　①　"人文版"均引自《曹禺选集》，人民文学出版社1961年版。

这一片段读之让人甚感心酸，周扬感慨过："一个老人……无论是怎样敢作敢为的人，也一定会感到衰老寂寞吧"，但他又建议"把家庭的破裂在社会斗争（罢工）的背景下开展"①，这使"开明版"极力渲染周朴园作为资本家冷酷狠辣的一面，丝毫没有感情，甚至抱怨家人"麻烦"，是不合理的。"文化生活版"中周朴园着急地命令仆人去追大海，这是亲情的力量，然而一些观点认为"周朴园把一个在阶级利益上完全和自己对立的鲁大海，还一心看成儿子，这在现实生活中是不大可能的"②，此"现实"是违背人性的。

"人文版"删去"搬家"这一非常重要的意象，在原版中有近十处台词交代搬家，如第一幕中周朴园的客人是盖新房子的设计师，周冲告诉母亲后天就要搬新房子，第三幕周冲劝四凤回到周家的新住处，第四幕周朴园对蘩漪说"后天我们一定搬新房子"等，从文中可以看出，周朴园是催促搬家的推动者，周冲传达了周朴园的想法"这旧房子不吉利"，所谓旧房子不吉利是指周公馆"闹鬼"，而闹鬼已经被鲁贵挑明是蘩漪和周萍的乱伦感情，周朴园对此应当是知情的，第一幕中周朴园对周萍说的许多话似乎意有所指："你知道你现在做的事是对不起你的父亲么？并且——（停）——对不起你的母亲么？"他本以严厉沉重的语气质问周萍，然而面对着惊恐慌张的儿子，他却突然改口称只是听到他游走舞场、喝酒、赌钱的事，周朴园没有点明事实而选择隐瞒的原因，大概是他作为父亲对孩子的爱惜，他看到长子如此害怕而心生不忍，想要维护年近而立的周萍的面子，他不想家里再起风波况且还是这样有悖人伦的丑事，装作不知情也是为维护家庭表面的平静。所以周朴园急着搬家应与此有关，如果说四凤是周萍的救赎，周萍是蘩漪的残梦，周朴园的一线光明在何处呢？一是宗教，通过信佛寻求心灵的安宁；二是搬家，他急不可待地想去一个全新的环境生活，这是周朴园的希望与安慰，他隐隐感觉到雷雨就要来了，却无力应对，只好寄希望于换处新房让家人有机会重新开始。"开明版"中有关搬家的情节被全部删掉了，"人文版"中也没有提及搬家一事，但在第三幕周冲与四凤谈话时还残留着一句台词提及搬家，这是曹禺在"开明版"中删去周冲的戏份又在"人文版"中恢复时，没有认真梳理前

① 《论〈雷雨〉和〈日出〉——并对黄芝冈先生的批评的批评》，《中国当代文学研究资料·曹禺专辑》，第304页。

② 廖立：《论曹禺对〈雷雨〉的修改》，《中国当代文学研究资料·曹禺专辑》，第393页。

后情节露出的"补缀的痕迹"。

对理解人物很有帮助的出场介绍、独白也有差别。"文化生活版"中每个人物出场时都有长篇幅的外貌描述、性格介绍，让读者更细致地了解人物，也可指导演员。"开明版"删掉了大部分，只留一两句简单交代人物样貌，"人文版"相较原版减少很多。曹禺所喜爱的两个人物蘩漪和周冲在"文化生活版"中有许多大段自白，第三幕中周冲在鲁家畅谈理想：

> 冲　……我们将来一定在这世界为着人类谋幸福。我恨这不平等的社会，我恨只讲强权的人，我讨厌我的父亲，我们都是被压迫的人，我们是一样——

> 冲　有时候我就忘了现在，（梦幻地）忘了家……一个冬天的早晨，非常明亮的天空……在无边的海上……哦，有一条轻的像海燕似的小帆船……向着天边飞。那时天边上只淡淡地浮着两三片白云，我们坐在船头，望着前面，前面就是我们的世界。

当所有人都在现实的深渊中挣扎时，只有周冲是"藏在理想的堡垒"中与罪恶隔绝的，"开明版"将这部分删除，因为周冲浪漫的小资产阶级幻想在一个阶级斗争文本中显得不合时宜，"人文版"中又全都恢复。第二幕中蘩漪与周萍争执后自语：

> 蘩　热极了，闷极了，这里真是再也不能住的。我希望我今天变成火山的口，热烈烈地冒一次，什么我都烧个干净，当时我就是再掉在冰川里，冻成死灰，一生只热热地烧一次，也就算够了……叫我忌妒的人，都来吧，我在等候着你们。

展示了蘩漪爱恨若狂的性格，"开明版"改为极平常的"热极了，闷极了，这日子真过不下去了"，损害了蘩漪的性格，"人文版"此处与"开明版"相同。蘩漪的魅力不仅在于尖锐、热烈、雷雨一样的性格，还在于她能够包容和理解，周冲很信赖母亲"您最大胆，最有想象，又最同情我的思想"，四凤根本不懂周冲那些兴致勃勃的幻想，她只能回应"二少爷，您渴了吧，我跟您倒杯茶"；周萍尽管和四凤恋爱，但"四凤不能了解也不能安慰他的疚伤"，蘩漪说"你不要以为她会了解你"，周萍受过高等教育而四凤出身下层没有念过书，两人的不匹配即便与身份地位无关，知识水平的差异也决定了两人精神交流之匮乏，假如四凤和周萍真的顺利走出周公馆未必不会步子君和涓生的后尘，相比之下，前卫大胆的蘩漪更具吸引力。

三版还有一些细节上的差异：如周萍自杀的枪的来历，"文化生活版"第四幕中大海来找四凤的时候把手枪还给了周萍，这处情节大海态度的转变很突然，把枪给周萍的举动也很奇怪，"人文版"则改为周朴园给周萍手枪，让他用来保护自己，这样更合乎情理。"文化生活版"形容蘩漪对待爱情像"饿了三天的狗"，"人文版"改为"她爱起人来像一团火那样热烈，恨起人来也会像一团火，把人烧毁"。"文化生活版"中周朴园第一幕介绍克大夫是"脑病专家"，第二幕又对蘩漪介绍其"对妇科很有研究"，周朴园要给蘩漪治疗精神问题，与妇科没关系，是一处疏漏，"开明版"第二幕改为"是个好医生，你的神经有点失常，他一定治得好"，"人文版"第二幕中改为"对脑科很有研究"，更合乎逻辑。"文化生活版"中第三幕鲁贵在家里发脾气，四凤说："（怕他胡闹）爸！你可，你可千万别去周家！"表现出四凤对周家的维护态度，"开明版"和"人文版"中都改为"得了吧，别扯了"，像是不相信父亲的自夸，与四凤的整体形象不符。还删改了涉及宗教的部分，曹禺早期作品中有着浓郁的宗教氛围，"文化生活版"中周公馆卖给了一个教堂当医院，序幕和尾声中强调要以教堂的钟声、教堂合唱弥撒声同大风琴声为背景，医院的看护戴着十字架读《圣经》，周朴园则信佛，四凤说周朴园在家里要念经打坐，厨房还需特意为周朴园准备素菜，"开明版"和"人文版"都删除了这些内容。

修改后的剧本适于在五六十年代演出，"人文版"在结尾加上大海反抗、侍萍觉悟这样一个"光明的尾巴"，保证了主题的革命倾向，但艺术性与革命性不能很好地统一起来，从中可以看出曹禺的矛盾心理：既想保持原来的艺术风貌，又要增加剧本的正面力量，使剧本的整体性受到破坏。

三、向革命立场的"蜕变"

创作《雷雨》时曹禺只有23岁，还未大学毕业，他的创作不能说是来自丰富的人生阅历，而是作为一个天才的、自由的剧作家而写作，曹禺在《雷雨·序》中谈到他的创作起始于"一种复杂而又原始的情绪"，强调"我并没有显明地意识着我是要匡正讽刺或攻击什么"，《雷雨》不止步于现实层面的对封建家庭的"毁谤"，而是用一种超越历史的眼光试图对人类的普遍情感、生存方式和生命状态进行思考，带领观众站在上帝视角怀着悲悯的心情看待"这堆在下面蠕动的生物，他们怎样盲目的争执着，泥鳅似的在情感的火坑里打着昏迷的滚，用尽心力来拯救自己，而不知千万仞的深渊在眼前长着巨大的口，他们正如一匹跌在泥坑里的羸马。愈挣扎，愈深沉的陷落在死亡的泥沼里"①。曹禺此时的创作追求是要探寻人类存在终极问题，而不是指向某个特定的时代或制度。

但此时的接受视野是带有政治色彩的，在剧作发表的1934年，左联已经通过一系列论战扩大了自身的影响力，戏剧界的大前辈田汉早在1930年发表《我们的自己批判》时宣告"左转"，诞生在这种背景下的《雷雨》接受着非常局限的批评家的眼光，即文学作品应该"以社会问题为题材内容，以现实主义为创作方法和以揭示历史发展的必然规律为创作目的；而且相应地，剧本（演出）所产生的效果应该是认知性的、鼓动性的"②。当时的评论大多受时代话语的束缚而将《雷雨》作为一部社会问题剧，曹禺颇为不满地说这些批评文章让他"突地发现它们的主人了解我的作品比我自己要明切得多"③。个人话语与时代话语的差异、创作意图与接受心理的错位造成了"误读"，曹禺的自觉追求因为与时代意识形态规范相背离而遭到拒绝，"潜意识里的不自觉指向却因为与时代话语的暗合，而被接受者强化"④。1937年周扬发表《论〈雷雨〉和〈日出〉》为作品定性"反封建制度是这剧本的主题"，还批评道"他的宿命论的倾向没有能够被击碎"，"这大大地降低了《雷雨》这个剧本的思想的意义"，⑤周扬的意见成为很长一段时间内对曹禺剧作的权威解释，并且为曹禺之后修改作品指出了方向。

任何一个热爱国家的人处在中华民族危亡之际都不可能置身事外，文艺工作者往往通过创作响应全民族抗战的潮流。曹禺在40年代发表的许多文章如《编剧术》《悲剧的精神》《关于话剧的写作问题》等，都是与抗战救亡紧密联系的。曹禺将古

---

① 《〈雷雨〉序》，《曹禺论创作》，第9页。

② 邹红：《曹禺剧作散论》，吉林文史出版社2010年版，第183页。

③ 《〈雷雨〉序》，《曹禺论创作》，第9页。

④ 钱理群：《大小舞台之间——曹禺戏剧新论》，北京大学出版社2007年版，第49页。（以下所引仅注明书名、页码。）

⑤ 《论〈雷雨〉和〈日出〉——并对黄芝冈先生的批评的批评》，《中国当代文学研究资料·曹禺专辑》，第303页。

代的"文以载道"论作为"一切剧本全都有着宣传性"——文艺为抗战服务号召的支撑，他对文学的认识发生明显的变化："我们的文艺作品要有意义，不是公子哥儿嘴里哼哼的玩意儿。现在整个民族为了抗战流血牺牲，文艺作品更要有时代意义，反映时代，增强抗战的力量。"①曹禺认可了以社会功用衡量作品价值的方法，但同时他作为艺术家也察觉到当时作品宣传性太强而艺术性薄弱的问题，认为抗战戏剧里"人物典型化""过分夸张"，"写士兵大都趋入传奇式的神话化了，写汉奸也把汉奸写成无恶不作的人物"，导致"宣传自是宣传，观众自是观众"②，可见曹禺在强调文学的社会功能时也并未放松艺术标准。曹禺创作思想的纠结表现在此时的两部作品中，一方面坚持自己的艺术追求，《北京人》登上了他戏剧生命的高峰；另一方面也在努力向左翼、革命文学靠拢，结果《蜕变》却不尽如人意。1942年毛泽东《在延安文艺座谈会上的讲话》发表，这份文艺纲领不仅决定了解放区的文艺环境，而且在全国范围内产生了很大影响，更是成为影响当代文学时间最长的文艺方针，《讲话》借意识形态对创作者和接受者两方都施加了极大的作用力，所以更加全面、彻底地影响着文学生态。

1949年第一次文代会召开，周扬在题为《新的人民的文艺》的工作报告中确定地指出："毛主席的《在延安文艺座谈会上的讲话》规定了中华人民共和国的文艺的方向，解放区文艺工作者自觉地坚决地实践了这个方向，并以自己的全部经验证明了这个方向的完全正确，深信除此之外再没有第二个方向了，如果有，那就是错误的方向。"③而《讲话》中对知识分子的定义是非常局限的："我们还要有文化的军队，这是团结自己、战胜敌人必不可少的一支军队。"④作家作为文化战士，第一准则就是服从指挥，从1951年文艺界的整风运动开始，形势变得严峻起来。

在政治运动的急剧变化中，曹禺等现代作家在时代冲击下显得无所适从，"他们开始感悟到知识分子角色的渺小，同时发现民众群体力量的积极和伟大。于是，那种刚刚建立起来的作为作家必不可少的主体意识，在群情激愤的年代变得无足轻重

① 《编剧术》，《曹禺论创作》，第284页。

② 《关于话剧的写作问题》，《曹禺论创作》，第296页。

③ 周扬：《新的人民的文艺》，《周扬文集》第一卷，人民文学出版社1984年版，第513页。

④ 毛泽东：《在延安文艺座谈会上的讲话》，《毛泽东文艺论集》，中央文献出版社2002年版，第48页。（以下所引仅注明篇名、书名及页码。）

了……他们开始竭力改变自我并轻易地否定自我"①，从抗战时期就受到冲击的知识分子独立品格在1949年后的近三十年间几乎消失殆尽，工农兵群体作为革命倚靠的力量取得了崇高的地位，作家们被归类于需要改造的小资产阶级地位被贬低，"小资产阶级出身的人们总是经过种种方法，也经过文学艺术的方法，顽强地表现他们自己，宣传他们自己的主张……无产阶级是不能迁就你们的，依了你们……就有亡党亡国的危险"②。知识分子面临着从启蒙者变成被改造对象这一巨大身份落差，不得不在意识形态的强大权威下改变自己的创作思想，这使得一些作家尤其是来自国统区的作家创作力下降或者干脆停止创作，以及修改之前的作品成为20世纪50年代的一种现象。

除了外在的政治压力，"个人心中所做的选择的契机及其样态"③也同样重要。曹禺怀着很大的热情想融入新的文艺领域，他热切地期待着为中华人民共和国贡献自己的力量，曹禺起初就被纳入了新话语体系，在第一次文代会上当选文联全国委员会委员，1950年被任命为中央戏剧学院副院长，1952年担任北京人民艺术剧院院长，从各类职位的安排就可以看到，与被排挤在体系之外的作家如沈从文相比，曹禺得到了"官方认可"。他真诚地响应党的号召，认为要"从思想上改造自己，根据原则发挥文艺的力量，为工农兵服务，为中华人民共和国文化建设服务，这是我们每个人应该解答的课题"④。曹禺此时正处于这样一种境况中，即"共同的价值观磨光了个性的棱角，适应体制的同时也抛弃了自己的独立性，他们的个性最终演变为对现存体制的敬畏和唯恐被甩出去的心理状态"⑤。再者他性格本就"胆小、拘谨，怕得罪人"⑥，他本质上是一个艺术家而不是思想家，很容易跟着批评家的指挥棒走。

在政治环境与个人意愿双重促动下，1950年，曹禺发表《我对今后创作的初步认识》，进行了表态性的自我批评，标志着他创作思想的转变。他在文中说，作家必

① 靖辉：《论中国现代作家从启蒙者到被改造者的角色易位》，《学术研究》2003年第7期。

② 《在延安文艺座谈会上的讲话》，《毛泽东文艺论集》，第80—81页。

③ ［日］丸山升：《从萧乾看中国知识分子的选择》，见氏著：《鲁迅·革命·历史——丸山升现代中国文学论集》，王俊文译，北京大学出版社2005年版，第230页。

④ 曹禺：《我对于大会的一点认识》，见田本相：《曹禺传》，上海文艺出版社1980年版，第364页。（以下所引仅注明书名、页码。）

⑤ 莫言：《文学个性化刍议》，见陈晓明主编：《莫言研究》，华夏出版社2013年版，第170页。

⑥ 《曹禺传》，第264页。

须检查自身创作思想是否能经得住"文艺为工农兵的方向的X光线"的考验，并强调创作与斗争的密切关系，"一个作家若是与实际斗争脱了节，那么，不管他怎样自命进步，努力写作，他一定写不出生活的真实"，进而剖析出《雷雨》的缺点是使"可能有些社会意义的戏变了质"①。有研究者通篇对比了曹禺的这篇检讨与周扬的《论〈雷雨〉和〈日出〉》，发现他的自我批评与周扬的意见几乎完全对应，这表示曹禺"向自己的批评者——和权力结合在一起的理论家权威解释全面认同"②。与创作思想相配合，1951年曹禺执意在"开明版"《曹禺选集》中对《雷雨》做了大量修改，表现自己对实际斗争的关注和对中国革命历史的正确认识。

四、20世纪50年代的曹禺

曹禺在1954年又将《雷雨》大致改回"文化生活版"，关于这一次的改动他没有仔细说明，只在前言中模糊地提到"现在看，还是保持原来的面貌好一些"，"如果日后还有人上演这几个戏，我希望采用这个本子"③。是什么原因促动曹禺放弃"开明版"，重新选择"文化生活版"进行修改呢？这与20世纪50年代的文艺政策以及现实演出的需要是分不开的。

周扬在第二次文代会上作了题为《为创造更多的优秀的文学艺术作品而奋斗》的报告，强调"毛泽东同志对以鲁迅为代表的'五四'以来的新文艺运动成就给了很高的评价"，提出"我们必须虚心地、诚诚恳恳地向文学艺术各方面的专家们以及老艺人们学习，许多宝贵的遗产就保存在他们身上。我们必须重视他们的研究工作，尊重他们在艺术创作上的成就"④。肯定五四新文学的话语，无疑让现代作家的地位有所提高，曹禺在第二次文代会上的发言《要深入生活》也表示他的创作思想产生微小的变化，从1950年反复强调的"实际斗争"到1953年的"深入生活"，限制略微放宽。第二次文代会还号召上演"五四"以来优秀剧目，北京人艺反复讨论研究后倾向于先演《雷雨》，因此曹禺迎来了自己戏剧的"中兴时期"，但与

---

① 《我对今后创作的初步认识》，《曹禺论创作》，第308页。

② 《大小舞台之间——曹禺戏剧新论》，第227页。

③ 《〈曹禺剧本选〉前言》，《曹禺论创作》，第65页。

④ 周扬：《为创作更多的优秀的文学艺术作品而奋斗》，《周扬文集》第二卷，人民文学出版社1985年版，第247、257页。

三四十年代的曹禺热不同，"它不再是观众、读者的自发接受，而是在明确的文化政策下自觉引导的结果"①。1954年6月30日北京人艺上演《雷雨》，当月《曹禺剧作选》出版，都用了修改之后的版本，《雷雨》除了面向国内观众的频繁演出外——仅在1954年就有60场之多，还承担着"外交任务"，《雷雨》几乎成为一张中国戏剧的"文化名片"，仅举两例：1955年曹禺陪同苏联专家观看《雷雨》演出；1959年波兰古典剧院上演《雷雨》，成为波兰剧院演出的第一个中国剧目。可见《雷雨》作为中国戏剧的代表走向了世界。因为实际演出需要，缺失艺术性的"开明版"显然不能得到接受者的认可，大概连曹禺自己也不满意，所以他要形成一版既有一定的艺术性又保持革命主题的剧作以供20世纪50年代的人们阅读与演出，如此一来，曹禺在1954年再次修改作品就可理解了。

从1951年对《武训传》的批判开始，一次次批判运动的乌云始终没有吹到曹禺的头上，甚至在"文革"中也没有受到很严重的迫害，他自己也承认"我的遭遇还算好的"②，这与他本人积极合作的态度以及领导对他的爱护是有关系的，尤其是周恩来的关心与保护让他相较之下有一些保障和创作上的有限自由空间，曹禺与周恩来的友好交往是从20世纪40年代开始的，周恩来很欣赏曹禺的创作，曾经谈道："有人问：为什么鲁大海不领导工人革命？……这意见是很可笑的，因为当时工人只有那样的觉悟程度，作家只有那样的认识水平。这是合乎那个时代进步作家的认识水平的。那时还有左翼作家的更革命的作品，但带有宣传的味道，成为艺术品的很少。（……）我在重庆时对曹禺说过，我欣赏你的，就是你的剧本是合乎你的思想水平的。"③这种认识显然与极度强调阶级斗争的批评方法不同。曹禺在中华人民共和国成立后的为数不多的话剧作品都带有政治任务的性质，且都与周恩来的鼓励有关，1954年《明朗的天》以知识分子思想改造为主题，凌士湘的无奈与迷惘某种程度上是曹禺自身的投影；1962年《胆剑篇》着重表现越国百姓的气节和对勾践的忠诚，这与当时中国内忧外困的情况有关；1978年《王昭君》则是为民族团结服务的，表现汉民族对少数民族平等、尊重的原则。虽然曹禺仍努力发挥艺术天赋，但总的来看，紧张的文艺氛围束缚住了他。周恩来诚恳地给他提过建

① 《大小舞台之间——曹禺戏剧新论》，第269页。

② 《曹禺传》，第425页。

③ 《周总理论曹禺》，《中国当代文学研究资料·曹禺专辑》，第1—2页。

议，在《胆剑篇》面世后好评如潮的情况下，他却指出："我没有那样受感动，作者好像受了某种束缚，是新的迷信造成的，新的迷信把我们的思想都束缚起来了，于是作家不敢写了，帽子很多，写的很少，但求无过，不求有功。"[1]曹禺回应道："总理是说到我，但他是希望作家把沉重的包袱放下来，从新的迷信中解放出来，起码我个人是受到鼓舞和激励的。"[2]曹禺清醒地意识到自己的困境，他珍藏着黄永玉的信，以朋友真诚的批评——"我不喜欢你解放后的戏，一个都不喜欢，你心不在戏里"[3]自我勉励，但直到20世纪80年代他也没能再写出一部优秀的剧作，这对于一位有天分的艺术家而言是莫大的遗憾。

1949年后《雷雨》的版本变化对文学史研究而言是有意义的，笔者对三个版本的《雷雨》进行比较，觉察到曹禺的修改承载着沉重的时代，透过他创作思想的变化观照到历史的荒诞性与悲剧性，无论何时，知识分子都应努力践行精神独立的宣言，追求对自我与时代有清醒思考之品格。

（作者单位：山东大学文学院）

---

① 周恩来：《对在京的话剧、歌剧、儿童剧作家的讲话》，《关于文艺工作的三次讲话》，人民出版社1979年版，第35页。

② 《曹禺传》，第411页。

③ 《曹禺传》，第472页。

赵树理创作与"赵树理方向"的矛盾与张力

——以《"锻炼锻炼"》为中心

韩宇瑄

摘　要：赵树理在20世纪40年代以"农民立场"的写作而著称文坛。到20世纪50年代，其创作取向与创作模式更是被固化为"赵树理方向"，对赵氏的文学评价的争议也多聚焦在"赵树理方向"上。但赵树理后期创作并不能完全从"方向"上解释，两者之间存在着矛盾和张力。本文试图从《"锻炼锻炼"》的文本分析入手，分析其话语层面与故事层面的断裂而反映出的赵树理小说创作的某种矛盾与困境，继而考察中华人民共和国成立之后十七年文坛所面临的普遍困境。

关键词：赵树理　赵树理方向　矛盾　张力　现实主义

赵树理的《"锻炼锻炼"》一向被视作中国当代文学的重要文本，被誉为"赵树理后期创作的高峰"[1]。作品一经发表，便引起极大争议，成为"赵树理方向"创作范式的重要转折点。在新时期"重写文学史"中，这篇小说再次被阐释为"利用了当时一般文学创作惯用的歪曲生活真实的方法，曲折地反映出作家的民间立场"[2]。可以说，《"锻炼锻炼"》折射出的是一代作家从"现代"走进"当代"的创作矛盾。

---

① 董大中：《中国农村变革的史诗》，见赵树理：《赵树理精选集》，燕山出版社2006年版，第8页。

② 陈思和主编：《中国当代文学史教程》（第二版），复旦大学出版社2006年版，第44页。

一、《"锻炼锻炼"》的断裂现象

在赵树理的创作生涯中，《"锻炼锻炼"》显得尤其突兀。作为一名在解放区即有活跃文学活动的作家，赵树理及其创作一直保持着走向成熟圆融的势头。"赵树理方向"被提出以后，赵树理更借助"方向"之力走向"经典化"，创造出其文学创作的"黄金时代"①。中华人民共和国成立后，虽然"在这个经常遇到毁誉交于前，荣辱战于心的新的环境里，他有些不适应"②，但总体上仍然不断得到文学界的肯定。《"锻炼锻炼"》的出世打断了这种势头，最终使得赵树理个人创作与"赵树理方向"之间的矛盾与错位暴露出来。

（一）"断裂"的产生与被发现

《"锻炼锻炼"》创作于1958年7月14日，首先发表于山西省文联主办的《火花》1958年8月号，随后又发表于《人民文学》1958年9月号。赵树理本人表示，《"锻炼锻炼"》的本意是想通过农村妇女"小腿疼"和"吃不饱"的落后思想及表现，与生产队副主任杨小四因贴"大字报"闹矛盾，展示中农出身的生产队主任王聚才对其矛盾纠纷的态度和处理方法，进而说明中农干部中的"和事佬"的思想问题③。然而，就是这样一篇主题、立意等基本符合当时文学规范的小说，却在发表后遭到批判。在几年后对"大连会议"的批判中，《"锻炼锻炼"》更是被作为靶子，被批评为"写中间人物论"的典型④。而在政治形势和文学观念已经发生彻底变化的新时期，仍有论者不断指出该文存在着明显的断裂与阐释空间。由此可见，《"锻炼锻炼"》本身就存在着叙述视点、情节逻辑、阅读体验等方面的矛盾与张力，并因这

---

① 董大中：《赵树理论》，见中国赵树理研究会：《赵树理研究文集（中卷）·赵树理论考》，中国文联出版公司1998年版，第11页。

② 孙犁：《谈赵树理》，见黄修己编：《赵树理研究资料》，知识产权出版社2010年版，第259页。（以下所引仅注明篇名、书名及页码。）

③ 赵树理：《当前创作中的几个问题》，见赵树理：《赵树理全集》4，北岳文艺出版社2000年版，第425页。

④ 中国社会科学院文学研究所当代室：《六十年与六十部——共和国文学档案》，生活·读书·新知三联书店2009年版，第110页。

种矛盾的不可调和性，最终导致这一作品全方位的断裂。

（二）断裂的叙述视点：叙述人与故事人物的双重视点

《"锻炼锻炼"》的断裂首先体现在作品的双重叙述视点。赵树理在中华人民共和国成立前后的大部分作品采取叙述人与人物同视点来进行叙述，通过唯一观察点叙述出来的事实就是唯一的文本事实。这一方面是赵树理在创作避免使用多重叙述视点引起其作品所面向的主要读者群——农民大众而采取的通俗化处理，另一方面也是赵树理自觉与《在延安文艺座谈会上的讲话》以及党的农村政策保持一致的结果。

然而，在《"锻炼锻炼"》中，却罕见地出现了叙述人与故事人物的双重视点。通过叙述人视点："争先农业社"老社长王聚海认为年轻的副社长杨小四做事欠妥，还需要"锻炼锻炼"。但代表新生力量的杨小四等人趁老社长外出开会时采取果断措施，整治了好吃懒做的"小腿疼""吃不饱"等落后妇女，从而揭露了当时广泛存在于农村干部的"和事佬"作风与广大群众中自私自利的封建落后思想观念。

但是这样的叙事逻辑很容易被人物视点的另一种事实所解构："争先农业社"年轻的副社长杨小四等人面对部分女性社员的消极怠工现象，在老社长不知情的情况下，悍然采用"坦白交代""干脆送法院"等方式，在群众威式的强迫下迫使偷懒女社员完成任务。

在上述两种叙述视角中，尽管作者全力打造叙述人的全知视角，然而在读者接受环节，往往会不自觉受到作品的内在逻辑牵引，而倾向于情节本身所展示的另一种事实，从而使两套叙述视点发生了南辕北辙的"易位"，读者不得不在这两种叙述视点之间"左顾右盼"、疑窦丛生。

（三）断裂的情节逻辑：对于情节合理性的质疑

在断裂的叙述视点之下，作品的情节逻辑也被引向断裂。作为一位有政治功利追求的现实主义作家，赵树理将自己的创作称之为"问题小说"。这使得作品本身出现断裂之时，其中的矛盾必然与现实政治联系起来。具体到《"锻炼锻炼"》之中，现实中农村斗争策略的真实写照与文本内人物的反应引起了对于情节合理性的质疑。在这样的错位下，《"锻炼锻炼"》的中心情节便不可挽回地由"批评规劝"转向了"斗争改造"，并集中于改造"小腿疼"和"吃不饱"两位"落后分子"上。

但即使是这样的中心情节，依旧无法掩饰作品逻辑本身所产生的对于年轻干部对落后分子改造措施合理性的质疑。这样的质疑来自情节发展与故事细节两个方面。在情节发展方面，改造过程中，杨小四主要采取了三种斗争策略：以"送法院"进行恐吓，镇压"小腿疼"耍泼无赖的行为；以"摘自由花"进行"利诱"，使二人原形毕露，找到展开斗争的切入点；以"开群众会斗争"实质推进，迫使二人认罪规范。这对于实现改造农村落后分子的目的来说无疑是有效的。只是这样激烈的解决办法，显然与赵树理本人所说的"小腿疼式的人，狠狠整他们一顿，犯不着，他们没有犯什么法……对于他们这一类型的人，我觉得最好的办法是把事实摆出来，让他们看看，使他们的思想提高一步"的初衷相悖。赵树理在"小腿疼"和"吃不饱"的相关"供述"中，似乎无意识地灌注了对于两位本应遭到批判的"落后分子"的同情；相比之下，以杨小四为代表的年轻干部与广大群众似乎显得有点蛮横、凶狠了。

而如果将质疑的眼光伸向故事细节，我们不难发现作者在更多的细节上实际呈现出了对于杨小四做法的质疑。例如：由于杨小四的"欲擒故纵"，四个妇女并不知道任务已由"自由拾花"改为集体摘花，当妇女队长想要通知她们的时候，其他队员却表示：

> 队长不要叫她们！你一叫她们不拾了！咱们也装成自由拾花的样子慢慢往那边去！到那里咱们摘咱们的，她们拾她们的！让她们多拾点儿处理起来也有个分量！

这时妇女队长悄悄对一个队员表示："这样一直开玩笑也不大好。"又如当杨小四的计谋初显成效时，出现了如下情景：

> 队长张太和更是个开玩笑大王。他一听说小腿疼和吃不饱那两个有名人物来了，好像有点幸灾乐祸的样子……他又向高秀兰说："副主任！你先不要出面，等我把她们整住了请你你再去！你把你的上级架子扎得硬硬地！"可是高秀兰不愿意那样做。高秀兰说："咱们都是才学着做事，还是正正经经来吧！咱们一同去！"

如果说这样的声音，只是代表了基层干部与普通群众的态度，尚且是一种值得商榷的声音的话，那么在故事尾声里，支书的话语则显得耐人寻味：

> 这些年轻人还是有办法！做法虽说有点开玩笑，可是也解决了问题。

众所周知，在十七年文学创作的规范下，支部书记的意见往往是当时文艺作品矛盾解决的关键性声音。《"锻炼锻炼"》中，支书的出场极少，与其时其他作品塑造的"高大全"的支书形象相比似乎显得可有可无。但事实上，支书王镇海是一个内心深沉、极富隐喻性的人物。尽管在评价的大端上，支书是肯定年轻人"有办法""解决问题"的，然而做法"开玩笑"的指责，不仅暗合了前文中群众与高秀兰的意见，也显示出对于杨小四这一正面人物做法的商榷。原本作者肯定的，在阅读潜意识里被否定了；原本作者要否定的，却由于一种公共道德的惯性而得到了肯定。赵树理原本就很薄弱的主观创作意图此时完全被情节发展的逻辑所消解，读者阅读作品时的疑惑生发出来，构成了对情节合理性的无声质疑。

二、《"锻炼锻炼"》断裂现象的成因分析

《"锻炼锻炼"》一经发表便受到来自武养等人的批评，认为这样的作品违背了"现实主义"原则：不仅没有真正的"反映现实"——"在作者笔下，除了高秀兰这个理想的进步妇女外，读者看不到农村贫农和下中农阶层的劳动妇女的形象，所看到的只是一大群不分阶层的、落后的、自私到干小偷的懒婆娘"；而且"蓄意抹黑"，——"与其说作者在歌颂这种类型的社干部，倒不如说是对整个社干部的歪曲和污蔑"。[1]武养的文章看似孤立，却在一定程度上表明《"锻炼锻炼"》的断裂不仅明显，而且敏感。尤其是发生在赵树理这样一位代表当代文学道路的"方向性"人物身上，更加耐人寻味。

（一）政治形势以及文学生态的恶化

赵树理是一位信守政治功利创作观的作家，他曾将自己的小说创作观概括为"老百姓喜欢看，政治上起作用"。因此，当现实政治形势出现较大异动之时，赵树

---

① 武养：《一篇歪曲现实的小说——〈"锻炼锻炼"〉读后感》，《文艺报》1959年第7期。

理便不能不将自己的思考付诸纸笔，如实地表达出来。

在《"锻炼锻炼"》发表的1958年，如火如荼的"大跃进"运动席卷中国大地。对此，赵树理积极响应。7月，赵树理来到晋东南的高平县，目睹所谓的"大面积丰产田"后，更是对"大跃进"的合理性深信不疑。然而农村的现实状况与这些"样板"无疑存在着巨大的差距。随着"大跃进"的步步推进，农业合作化运动脚步骤然加快。在此影响下，农民生产积极性下降，并由此导致农民待遇低下、吃不饱饭、社员偷窃集体财产、妇女等弱势群体逃避劳动等问题。应该说，赵树理在《"锻炼锻炼"》中所反映的现象是广泛存在于农村之中的，"吃不饱""小腿疼"等形象正是赵树理深入基层、对现实状况进行典型化概括的成果，因而也格外具有说服力。然而在当时的认识条件下，赵树理对总体形势的估计是乐观的，"大跃进"的狂热气氛与虔诚的信仰使得赵树理认为，这样的现象是个别的，是可以在公社干部的帮助之下得到克服的。因此在《"锻炼锻炼"》中，赵树理仍然将这些现象作为善意的鞭挞对象，并设计出了杨小四、高秀兰等正面的干部形象对其进行纠偏，试图以此贯彻他的"问题小说"观。

与政治形势相呼应，此时的文坛生态也已经陷入非正常的境地。"百花文学"枯萎，1957年开始的文艺界"反右派"斗争已经揪出所谓的"丁、陈反党小集团"，冯雪峰、夏衍等著名作家也先后受到批判。其时赵树理虽然未受到批判，但也被迫交出一篇《要挖掉可右之根》作为响应。事实上，早自中华人民共和国成立以来，对赵树理创作的"微词"便逐渐增多，大多集中于赵树理多写落后人物或中间人物，而对正面人物形象创作不足的问题上。赵树理深知在当时文坛生态下创作正面人物形象的重要性，因此在《"锻炼锻炼"》之中，在自己不善于写作正面人物的情况下，着力刻画了杨小四这一代表"新生力量"的农村干部。这种理念大于内涵的人物形象当然是单薄的，与"小腿疼""吃不饱"这样源自生活的鲜活人物相比，更是黯然失色，一定程度上也造成了《"锻炼锻炼"》在人物力量对比上的失衡。

政治形势和文学生态的恶化作为外部原因无疑对《"锻炼锻炼"》的断裂产生了影响。然而外因是要通过内因起作用的，为什么赵树理一方面会对"大跃进"所营造的虚假事实深信不疑，一方面又对农民的不佳境遇抱有同情？为什么赵树理一方面坚持现实主义原则，一方面又不得不屈就于评论力量，试图创造正面新人？这样的分裂还要从赵树理本人所具有的三重身份谈起。

（二）赵树理三重身份之间的冲突

作为中国当代文学史上的独特存在，从最初习见的"农民作家"到戴光宗所提出的"好干部""实干家"再到席扬提出"知识分子性"，对于赵树理的身份认同始终处于不断地被挖掘过程中，而以钱理群、赵勇等研究者提出的"政治身份""文化身份""民间身份"三分法最为全面①。在创作《"锻炼锻炼"》时，赵树理正在山西省阳城县任县委书记处书记，同时又是全国人大代表、党的八大代表。因此，在《"锻炼锻炼"》的创作过程中，党员领导干部、知识分子作家和农民利益代言人的三重身份便在赵树理身上同时体现，并与当时复杂的社会政治状况纠缠在一起。

作为一名忠诚的共产党员干部，在当时已经高度政治化的社会氛围中，尽管已经发现严重的问题，但是来自干部身份的"党性"原则使得他不愿将暴露当时农村政策存在的问题作为自己创作的主要动因。相反，作为一名下乡挂职体验的作家，秉承自己一贯坚持的"问题小说"意识，反映当时农村工作实际情况，以支持在农村普遍展开的"整风运动"，才是他创作《"锻炼锻炼"》的真正动机。但是，导致小说在叙事层面和故事层面产生断裂的，正是由于作者的党员干部、知识分子的作家身份和自己所一贯坚持的农民立场发生了冲突，导致"当时强大的主流话语与作家内心深处潜意识中的对现实的认识构成了一种间性"②。作为党员干部、知识分子作家的赵树理，通过小说希望解决的是一个实际的政治生活范畴的问题，然而作为农民代言人的赵树理，通过其自觉的现实主义追求与对于农民生活境况的深切了解和同情，反映出的却是一个广泛存在于农村的社会问题。

三重的身份使得作者介入作品时分成了矛盾对立的"两个赵树理"，即理性层面上代表着当时文学主流写作规范的党员作家赵树理与感性层面上与农民群众心心相连，坚持自己一直以来的现实主义创作观的农民代言人赵树理。"一个作家，要作党的耳目，人民的喉舌。广大农村出现了这种倾向，应该提醒同志们注意，改进工作方法。如果知而不言，避而不写，就是对党不忠，对民不义。"③这段赵树理的

———————

① 赵勇：《在文学场域内外——赵树理三重身份的认同、撕裂与缝合》，《文艺争鸣》2017年第4期。

② 吕晓洁：《话语夹缝中作品创作的分裂现象——谈赵树理〈锻炼锻炼〉》，《小说评论》2009年第2期。

③ 董大中：《坚持革命现实主义的道路——试谈赵树理建国后的创作》，见中国赵树理研究会：《赵树理研究文集（中卷）·赵树理论考》，中国文联出版公司1998年版，第48页。

"自白"或许可以看作是他在调和自己三种身份之时作出的努力。然而，在一个执政党陷入盲目、人民走向集体狂热的年代里，赵树理的这种调和不仅没能获得理解，反而造成了作品内涵的进一步撕裂。最终，赵树理终于义无反顾地选择了与自己血肉相连的农民百姓，完成了自己对于农民立场的坚守。

（三）赵树理对于农民立场的坚守

赵树理的绝大多数作品不仅在题材上反映农村生活，在宗旨上也以代言广大农民为己任。他来自农民阶层，生活上、文艺观念上、审美情趣上、思想感情上也始终和农民群众在一起。1949年进京之后，尽管先后担任工人出版社社长、北京市文联副主席等职，并兼有全国文联常务委员等头衔，但他始终铭记自己做"文摊"文学家的生平素志，密切联系农民大众，为他们的解放鼓与呼，为他们的利益争与鸣。正如周扬在"大连会议"上所说："中国作家中真正熟悉农民、熟悉农村的，没有一个能超过赵树理。他对农村有自己的见解，敢于坚持，你贴大字报也不动摇。"①

进城以后，赵树理每年都有一半以上的时间回到山西跟当地乡亲们"共事"。随着农业合作化运动的风起云涌，尽管主观上仍对"大跃进"下的农村工作大局深信不疑，但在实际工作中赵树理敏锐地发现很多问题浮现出来。因此，在小说的叙述中，在当时的农村，"小腿疼""吃不饱"不过是当时农村生产积极性底下状况的一个缩影。故事中除了几个女性干部，大部分妇女和"小腿疼""吃不饱"一样想方设法逃避集体劳动，这与赵树理在农业合作化初期创作的如《三里湾》等小说中一派干劲的农村景象相去甚远。而在干部作风方面，赵树理着重展示的杨小四所采取的"贴大字报""送法院""群众斗争"的方式也与《小二黑结婚》中区长、《李有才板话》中老杨同志耐心说服、批评教育的工作方法迥然不同。这其中，不能不说已经潜含着赵树理对于当时农村状况的忧心的种子。

综上，《"锻炼锻炼"》中断裂的产生，外因是当时恶化的政治及文坛生态，内因则是赵树理党员领导干部、知识分子作家、农民利益代言人三重矛盾之间的冲突。外因由内因而起，又因内因而起作用。赵树理最终选择了坚守农民立场，不仅践行了自己从文以来的信念，更坚持了自己的创作道路。

---

① 戴光中：《赵树理评传》，南京大学出版社2013年版，第369页。

三、赵树理创作与"赵树理方向"间的矛盾与张力

《"锻炼锻炼"》引起的批判与争论看似偶然、突兀，实则出自必然。中华人民共和国成立以来，在"赵树理方向"为赵树理带来巨大声誉的同时，赵树理便逐渐陷入与"赵树理方向"不能完全合拍的尴尬境地。"就如同从山地和旷野移到城市来的一些花树，它们当年开放的花朵，颜色就有些暗淡了下来"，"他的创作迟缓了，拘束了，严密了，慎重了。因此，就多少失去了当年的青春泼辣的力量"。[①]只是由于赵树理其时在文学体制中所占有的重要地位，这样的矛盾与偏离在一定程度上被遮蔽，并被当代文学体制所容忍。一旦当代文学环境整体收紧，这样的矛盾便浮上水面，并以《"锻炼锻炼"》为导火索而爆发出来。因此，要理解这样的矛盾，还必须追溯到"赵树理方向"被建构的时代。通过对于"赵树理方向"构建过程的考察及其与赵树理创作实际状况的对比，不难看出：赵树理后期创作与"赵树理方向"间的张力与矛盾在现代文学时代便已埋下种子，并终将导致赵树理本人创作方向对于以他自己名字而命名的文学创作"方向"的颠覆与解构。

（一）一以贯之的现实主义追求

赵树理的现实主义追求在其创作生涯中可谓一以贯之。赵树理童年时代家道中落、辛酸备尝，农民的悲惨境遇与无私帮助使赵树理在人格养成阶段便与农民建立起血浓于水的深厚感情。即使在接受新文化之后，赵树理仍然与农民保持着血肉联系，对于封建思想对农民造成的精神奴役的创伤有着更加深刻的认识。这样的经历使得赵树理一旦能够掌握文学这一有力武器，便义无反顾地投向现实主义，试图用新文化的力量荡涤封建思想加之于农民大众的创伤与苦难，为农民大众照亮改造的路途。

此外，作为一名接受并向往新文化的知识分子，五四一代知识分子看待人生的现实主义态度也在潜移默化之中影响着赵树理，使他自觉地接受了鲁迅等人"启蒙主义""为人生"的文学追求，并将之加以本土化、民间化，"在具体创作中又不断

---

① 《谈赵树理》，《赵树理研究资料》，第259—260页。

参照、比对传统价值观念，对'五四'价值取向进行了修订"①。他不仅是广大农民在中国共产党领导下得到土地、实现翻身解放的历史转变的热情的讴歌者，更是中国农民在几千年封建主义痼疾下生发出的种种劣根性的善意鞭挞者。他不但饱含热情地描绘了农民当家做主的历史必然性，而且以冷静客观的态度揭示了这一历程的艰巨性与复杂性。

赵树理的创作风格被茅盾在第三次文代会发言中概括为"明朗隽永而时有幽默感"②，然而在幽默感的背后，赵树理始终坚持着一种带有"问题意识"的现实主义追求。他说："在做群众工作的过程中，遇到了非解决不可而又不是轻易能解决了的问题，往往就变成所要写的主题"，他的"问题小说"的核心，正是农民问题③，因此，赵树理的小说往往是"以农民的直接的直觉，感觉和判断为基础的"，也因而能够达到"写农民就像农民"的效果。④可以说，对于现实主义的自觉坚守已经成为赵树理创作观念最重要的组成部分。

赵树理所坚持的现实主义，既有现实主义所坚持的"写真实""典型化"的内涵，又有着"教育人民"的政治功利，这是赵树理现实主义追求在一开始能够为"赵树理方向"所包容的主要原因。然而随着现实主义窄化为"社会主义现实主义"，由一种创作方法演变成一种不容置疑的创作导向，这种现实主义就不可避免地随着政治、经济形势的恶化沦为粉饰太平的"伪现实主义"。"当现代国家叙事的需要发生了变化时，赵树理就成了历史车轮的阻挡者"⑤，这不能不导致赵树理的现实主义追求与所谓的"赵树理方向"产生矛盾，逐渐走向其自身反面。

（二）"赵树理方向"构建过程中的凸显与遮蔽

所谓的"赵树理方向"其实并不等同于赵树理个人的创作方向，而是中共文艺界领导人借助赵树理小说中合乎需要的部分与《讲话》精神相互结合所构造出来的。因此在构造的过程中，虽然所围绕的中心点是赵树理的创作，事实上却伴随着政治

---

① 郭文元：《赵树理小说的现代性本土转化》，《甘肃社会科学》2010年第1期。

② 茅盾：《反映社会主义跃进的时代，推动社会主义时代的跃进》，见中国文学艺术界联合会编：《中国文学艺术工作者第三次代表大会资料》（1960年），第97页。

③ 刘旭：《文学史中的赵树理》，《浙江社会科学》2008年第9期。

④ 《论赵树理的创作》，《赵树理研究资料》，第162页。

⑤ 刘旭：《文学史中的赵树理》，《浙江社会科学》2008年第9期。

功利底色下对于赵树理创作不同因素的凸显与遮蔽。

自1943年，赵树理发表的一系列作品打破了新文学与农民之间一直存在的隔膜，引起了左翼文学界代表人物的一致关注。这使得赵树理从一名默默无闻的作家一跃成为根据地家喻户晓的名人。[①]早在1942年，《讲话》从理论上对文学创作题材从"贵族化"走向"平民化"，内容从"西化"转向"民族化"，最终建立起"新鲜活泼的、为中国老百姓所喜闻乐见的中国作风和中国气派"[②]的要求便已提出，但在创作实践中的标杆一直无人堪当。赵树理的被发现填补了这一空缺。于是，在1947年晋冀鲁豫边区文联召开的文艺座谈会上，"赵树理方向"正式提出，使得赵树理成为毛泽东文艺思想的直接实践者而获得崇高的政治、思想和艺术地位。

"赵树理方向"的提出有其特定的时代背景。首先，20世纪40年代文艺大众化运动和民族形式问题的讨论为"赵树理方向"的提出提供了契机。《讲话》对文艺大众化问题表示了前所未有的强调与重视，在此影响之下，解放区的文艺大众化运动得以空前展开。在这样的争鸣声中，将赵树理作为旗帜和方向，无疑顺理成章。其次，延安整风运动和《讲话》的发表也使得"赵树理方向"的提出成为一种需要。在延安整风运动前夕，延安文艺界存在着宗派主义、自由主义、脱离群众的现象，在整风运动中又爆发出所谓"写阴暗面"的论争，因此，毛泽东不得不以《讲话》为法典实现对文艺界的全面规训，而赵树理创作的《小二黑结婚》正为《讲话》及其精神提供了生动的载体与标杆。再次，《讲话》的本质有意无意地提出了无产阶级政党文化领导权的问题，其所描绘的，正是一幅在中国共产党领导下的文艺蓝图，而"赵树理方向"的提出，无疑将这个构想具体化、现实化。这使得"赵树理方向"注定是对于赵树理本人创作的一种有意识或无意识的误读。其中符合毛泽东文艺思想的内容被刻意放大到了显要地位，而其本身所蕴含的危机都被有意无意地忽视与遮蔽。一位作家的创作及其创作观本身就是多种多样的，而任何试图用本质化的眼光对其进行规训的尝试都伴随着对于丰富多彩的创作世界的遮蔽与剪裁。如此看来，"赵树理方向"与赵树理创作之间本来就是错位的，只是在那个政治功利高涨的年代里，包括赵树理本人在内的文艺界都处于"赵树理方向"鼓舞下

---

① ［美］杰克·贝尔登：《中国震撼世界》，邱应觉等译，北京出版社1980年版，第109页。

② 毛泽东：《中国共产党在民族战争中的地位》，见《毛泽东选集》第二卷，人民出版社1991年版，第534页。

的热情之中，恐怕没有人看到这样的错位，更没有人会想到，这样的错位在日后会以如此形式暴露出来。

（三）"赵树理方向"与赵树理个人创作方向间的错位

周扬是最早发现赵树理价值并为之撰写专论的权威理论家，在1946年发表的《论赵树理的创作》中，周扬将《小二黑结婚》《李有才板话》等赵树理创作的价值归结为"讴歌"与"斗争"，即"讴歌新社会的胜利，讴歌农民的胜利，讴歌农民中开明、进步的因素对愚昧、落后、迷信等等因素的胜利，最后也最关重要，讴歌农民对封建恶霸势力的胜利"与"农民与地主之间的斗争"[1]。而在正式命名"赵树理方向"的理论家陈荒煤的手中，赵树理的价值同样体现在"政治性是很强的"，反映"两个阵营之间""不可避免的、微妙复杂、尖锐残酷的""复杂而尖锐的"斗争。并非赵树理的创作不具有这样的特征，只是这样一来，赵树理及其创作的丰富内蕴就在很大程度上被"抽干"、简化了。

赵树理作为农民在中国共产党领导下实现翻身解放的热情讴歌者，其被归结的经典道路主要有三点，即"农村巨变""民族形式"与"政治功利"。这样的创作道路，在当时的语境下，基本是符合赵树理当时的创作实际的。然而，在"方向"的构建过程中，其中最为重要的现实主义向度却有意无意地被忽略了。"在这一意义上，与其说是周扬'发现'了赵树理，不如说是周扬'发明'了赵树理与《讲话》的内在联系……先有《讲话》，才有赵树理。"[2]建构者在当时所能达到的深度和时势下片面突出了赵树理与以《讲话》为法典的文学主张相适应的一面，而忽略了两者的内在差异。因此，所谓"赵树理道路"更多的是从阶级斗争二元对立的角度进行解读，而忽略了赵树理创作中的另一重要向度，即以现实主义的态度如实反映农民当家做主过程中的艰巨性、复杂性、曲折性。这导致了当时文学界对赵树理小说创作理念认识的偏差。这样的偏差，在国内政治生态处于良性发展之时尚可得到暂时性的弥合，而在国内政治生态走向"左"的歧路之时，赵树理便显得处处跟不上形势，处处不合时宜了。

综上，如果我们试图简单地为所谓"赵树理道路"与赵树理本人的创作道路进

---

① 《论赵树理的创作》，《赵树理研究资料》，第157页。

② 李杨：《"赵树理方向"与〈讲话〉的历史辩证法》，《文学评论》2015年第4期。

行一个界定，那么"赵树理道路"的主要内涵可归纳为：社会主义现实主义的创作方法、政治功利的斗争立场、民族形式与大众化；而赵树理本人的创作道路则可被归纳为：坚持现实主义"写真实"、以启蒙为目的的善意批判、农民立场。二者在每一点上都有所契合，但在每一点上又存在着微妙而本质性的差异，而究其根本，则是"为人民"和"为政治"的差异，是现实主义和伪现实主义的差异：赵树理是"为人民"写作的，而当时的文艺却是"为政治"的。赵树理的高贵和伟大就在于此。这使得他的小说将描写农村变革和表现农民的真实状况及思想完美结合起来。这正是真正的真实，不是虚假的真实，是真正的现实主义。

赵树理的《"锻炼锻炼"》因其断裂而显示出了极大张力。而这种张力，实质上是当时作家在坚持现实主义原则与遵循权力规约下的"赵树理方向"间左右为难的反映。这其实也是中华人民共和国成立后面对全新文坛生态很多作家所面临的困境与矛盾。《"锻炼锻炼"》在某种程度上便是赵树理个人的创作道路与"赵树理方向"实行妥协的一个产物。在主观创作意念上，《"锻炼锻炼"》不能说是成功的，但在客观的创作取向与艺术创造上，它又是真实的。艺术的真实给后人留下了历史的真实。"这个看似矛盾的现象，对赵树理本人来讲是痛苦和不幸的，但对于中国当代文学的发展过程而言，赵树理的遭遇恰恰从一个方面反映了当代中国文学的复杂性、矛盾性和不确定性。"[①]

（作者单位：浙江大学中文系）

---

① 孟繁华：《赵树理现象综论》，《文艺报》2012年9月12日。

《耶路撒冷》中的耶路撒冷、
"耶路撒冷"和北京

李国强

摘　要："70后"作家徐则臣的长篇小说作品《耶路撒冷》讲述了淮海花街几个伙伴的成长史和心灵史。在这部作品中，作者对于叙事时间的操控可谓匠心独运。"花街""北京"和"耶路撒冷"三个空间构成承载人物情感和丰富象征意味的场域，使小说呈现出复杂的地理面貌和多元的审美风格，也为小说的矛盾发展情节推进提供了丰富的空间背景。本文抓住"耶路撒冷""北京"和"花街"三个地名，来讨论三者在《耶路撒冷》中的关系和象征意味。

关键词：《耶路撒冷》　北京　叙事时间　叙事空间　凝视　象征

《耶路撒冷》是"70后"作家徐则臣于2014年出版的长篇小说，这部作品使他成了老舍文学奖史上最年轻的获奖者。《耶路撒冷》以花街上几个从小一起长大的伙伴作为一个蛋糕的同一横向切面上的几点葡萄干，透过这几个人的成长史和心灵史来以小见大地窥探"70后"这一代人在各阶段的人生境遇、生活状态和时代感受。

小说主要围绕着两条线索展开，一条发生于"现在"，以初平阳要卖掉大和堂为中心事件，由卖给谁勾连出众人当下的生活状况和心理状态；一条发生于"过去"，以景天赐之死为中心事件，一方面讲述了众人年少时的交往经历和家庭情况，另一方面也交代出该事件如何影响书中主要人物之后的命运发展。

徐则臣对这部作品的叙事时空的处理非常出色。在叙事时间上，小说打破了按时间顺序线性发展的叙事模式，采用碎片化多维度的叙事，在现在和过去两条时间线上反反复复地来回跳动、游移和停顿，形成巨大的叙事张力，也使得作品主题更具有多义性和复杂性。在叙事空间上，小说延续了徐则臣带有强烈个人风格的标识，展现了"花街"和"北京"两个不同的叙事空间，同时虚构了"耶路撒冷"这个情感空间。"花街""北京"和"耶路撒冷"三个空间构成承载人物情感和丰富象征意味的场域，使小说呈现出复杂的地理面貌和多元的审美风格，也为小说的矛盾发展和情节推进提供了丰富的空间背景。

一、"耶路撒冷"

有时候文学作品会在排版、美工上显示出深意。比如《耶路撒冷》的目录页，整个目录呈现出一个上下对称的箭头形状，箭头向左。以现代排版规范对现代人所培养和规训出的阅读习惯而论，往往向右代表前进和未来，向左表示后退和过去。那么如果把这个目录当作一个表征来审视和观照，整部作品就是不断在指向过去，指向回忆。

该书共11章，每一章以小说的一个主人公的名字命名，而箭头的最尖处是景天赐，早夭的他作为全书内容的中心和关键人物，是一个缺席的在场者，以他为中心向上下两端辐射开来的这些人名或多或少都在他的最终自杀这一结果上压上了一根稻草，背负着责任。而反过来，景天赐之死也在不同程度上影响和塑造了这群人的人生轨迹，推动他们出走和回归。看完全书后回过头来用这种表征式的读法来打开这个目录，就会恍然，原来小说的人物关系和主题指向在目录中便已经初现端倪，暗藏匠心。

"耶路撒冷"作为书名和一个笼罩全书的地点与意象，是我们理解这部小说的一把钥匙。在小说的封面上有一只眼睛注视着读者，也注视着书中人物。如果把这只眼睛理解为"耶路撒冷"，那么从花街出来的这群人，便是在这只眼睛的关照下理解自身的。"在视觉关系中，依赖于幻觉且使得主体在一种实质的摇摆不定中被悬置的对象就是凝视。"[①]凝视的过程中，主体也被作为他者进行悬置，不仅仅是"自己把自己在凝视"，而且像是有一架全方位摄像机以三维坐标系密布的方式规整着整个世界。在《论凝视作为小对形》中，拉康引用了萨特的观点进行论述。凝视并非

---

① ［法］雅克·拉康、［法］让·鲍德里亚等著，吴琼编：《视觉文化的奇观——视觉文化总论》，中国人民大学出版社2005年版，第26页。

我的发出动作，而是他者对我的凝视。这种凝视并非单纯意味着别人的目光，而是我默认了我一直存在于他者的视线之中。无论是否真的有一双眼睛盯着我，我都存在于被凝视的状态中，这是存在于主体的想象之中的。在这样的状态下，因为这种凝视是一种存在于我想象中的凝视，所以我是通过他人的凝视发现自己，他人的凝视确证了我的在场与存在，"我即是他人，是为他人而存在的"①。

这部小说中，景天赐的悲剧便构成这样一种凝视。由于每个人都在景天赐之死这一事件中背负责任，因此每个人日后的生活都处于这样一种阴影的凝视之下。福小的出走和回归是内心负债的结果，易长安不择手段的造假沉沦也是如此，杨杰对水晶的理解和沉迷更是内心死结的暴露。景天赐之死是每个人心里的重担和罪感的来源，这种深刻的创伤性记忆注定了他们是生活在过去的人。但其实，在这条时间流的两端联结着过去与当下，回忆叙事构成的是遥指着当下的讲述。而且在全书的结尾部分，作者更是颇有深意地留了一个光明的尾巴。借着神似天赐的小男孩天送之口，作者说出了"掉在地上的都要捡起来"②。"掉在地上的"，说明曾经是握在手里的；"都要捡起来"，说明一切过去的都不会过去。那些发生在过去的惨烈回忆，捆绑了所有人，也激励着所有人，天赐之死给所有人都打上了深刻的烙印，在所有人的生命轨迹上都推了一把。发生在过去的这件事情掉在了地上，但是无论是现在还是十年以后，都是塑造着所有人的一份重要力量。

在此意义上，景天赐之死和"耶路撒冷"是近似的。虽然从目录上来看，《耶路撒冷》在时间维度上明显是一个总体指向过去的作品，但在具体操作上，作者处理得极其复杂和精致。用热奈特的说法，时间倒错"指两个时间顺序之间一切不协调的形式"③，它主要包括"预叙"和"倒叙"两种形式。《耶路撒冷》放弃了简单的线性叙事模式，而是采取了多维度叙事的手法。小说采用书中主要人物的名字为每章标题，以景天赐为中心章节，其他五人在他前后各出现一次，每章的内容也以相应的人物为主线展开其命运轨迹的书写，类似于人物列传式的写法。这样独特的写法无疑会使得小说内容显得零散而独立，但作者用两条来自不同时间跨度的线索串

---

① 吴琼：《他者的凝视——拉康的"凝视"理论》，《文艺研究》2010年第4期。

② 徐则臣：《耶路撒冷》，北京十月文艺出版社2014年版，第509页。（以下所引仅注明书名、页码。）

③ ［法］热拉尔·热奈特著：《叙事话语·新叙事话语》，王文融译，中国社会科学出版社1990年版，第17页。

联起这些人物，使整个故事能够立起来、凝聚起来。线索一是"现在"这条时间线上，初平阳要卖掉大和堂；线索二是"过去"这条时间线上，景天赐之死的发生及对各人后来命运的影响。而这两条时间线索的连接，相较于大部分涉及这个问题的作者采取的一章过去一章现在的机械并行的方式，徐则臣做出了更为举重若轻的处理。两个时间任意穿梭，毫无滞碍，沟通两者的并不是章节的生硬区分，而是人物情绪的流动。随着叙述者和人物意识的流动，作者的笔触像意识流一样挣脱了时间的束缚，随着飘荡的情绪在每个人的过往里跳来跳去，人物可以由一个与过去有所关联的事物、名字、感觉而自然而然地陷入回忆的河流中去，来去无形而随心。通过过去和现在两条时间线索的提挈和支撑，故事就显示出清晰而广阔的脉络，似两条绵延的河流匍匐于花街、北京的大地之上。读者最终看到的并不是隔着时间洪流遥遥相望的两段故事，而是如小说腰封上所说的"'70后'的成长史，一代人的心灵史"。"景天赐"一章无论是在篇幅结构上还是在内容主题上都无疑是全书的中心章节。但奇特的是，不同于其他章节都是以章节题目中那个人作为该章的主要人物，而且采用第三人称全知视角的外聚焦方式，这一章全篇以第二人称"你"的口吻来叙事。更重要的是，这个在对"你"说话的叙述者也并不是章节题目的"景天赐"，而更像是一个时刻凝视着花街上所有人生活的无所不知的老人。在这一华彩章节中，这个隐身的叙事者"我"可以自由在时空上跳动，可以直接观察初平阳的祖父初平子和秦天赐的奶奶秦环被批斗的往事，可以不受限制地表达情感，甚至可以肆无忌惮地进行价值判断——因为没有人知道这个"我"是谁，这就赋予了"我"极大的叙事自由度，"我"可以随意把握和人物、和读者的尺度。因此，这一章充斥着最大信息量的回忆，父辈一代的遭遇、塞缪尔教授父母亲与上海的因缘、初平阳等人在教堂第一次明确听到"耶路撒冷"这个声音、斜教堂和沙教士的相守、秦奶奶在风雨夜背着十字架摔倒在路上……还有初平阳与秦天赐之死的关联也在这章得到揭示。正是在这一章中，明确了"耶路撒冷"在故事时间上的第一次出现，是在初平阳九岁时的傍晚，和杨杰、易长安一同去窥探秦环奶奶在教堂里干什么，三人懵懵懂懂，隐约听到她反复念出这个音译外来词。从此以后初平阳便对它念念不忘——"从来没有哪个地方像耶路撒冷一样，在我对她一无所知时就追着我不放"。而成年后的初平阳总是梦见自己去耶路撒冷："你看见你到达之处是你已经经过无数次的同一个地方，你知道，在耶路撒冷的老城，你又迷路了。石头，石头，石头，你认识它们又不认识它们，它们长得相同又相异——你总是梦见你第一次去耶路撒冷，你总是梦见你跋涉在耶路撒冷九九归一的路上。"小说中的耶路撒冷并不是宗教圣地意义上的存在，而是一个符号，一种隐喻。"耶路撒冷"是一个拉康意义上的实在界式的存在，是悖论本身，它根本上只是一个无，一个充实性的非存在，一个不可能的可能性，一个只能在语言中现身却不可能被语言真正言说的东西。初平阳的导师顾念章教授说："语言让我们得以自我确证。"而终于，初平阳决定卖掉大和堂，赴耶路撒冷留学，使自己"有朝一日能让这最原初、最美妙的声音从自己的唇舌间发出来"，用希伯来语精确地念出那段《圣经》里最熟悉的段落——"耶路撒冷啊，我若忘记你，情愿我的右手忘记技巧。我若不记念你，若不看耶路撒冷过于我所最喜乐的，情愿我的舌头贴于上膛。""我必因耶路撒冷欢喜。""母亲怎样安慰儿子，我就照样安慰你们，你们也必因耶路撒冷得安慰。""你们要为耶路撒冷求平安。""耶路撒冷啊，谁可怜你呢？谁为你悲伤呢？""耶路撒冷"对初平阳、杨杰和易长安三人来说，是童年时期由秦环奶奶在教堂里铭刻进记忆的最初萌发，而对福小和天赐来说，是从小的耳濡目染。读者因此理解了在末章初平阳讲到要去耶路撒冷留学时对吕冬和福小所说的话："对我来说，她更是一个抽象的、有着高度象征意味的精神寓所；这个城市里没有犹太人和阿拉伯人的争斗；穆斯林、基督徒和犹太教徒，以及世俗犹太人、正宗犹太人和超级正宗犹太人，还有东方犹太人和欧洲犹太人，他们对我来说没有区别；甚至没有宗教和派别；有的只是信仰、精神的出路和人之初的心安。"[1]

"耶路撒冷"具有高度的象征意味，是乌托邦式的存在，是初平阳和所有人的两种自我斗争的场域，也许最终无法触摸和留住它，但是那因探索自我而留下的创伤是属于自身的。它是无意识主体的不断返回，是早期被压抑、被禁止的景天赐自杀经验或残片在后来生活中的一种回忆。通过所有人各自展开的回忆，天赐的死亡阴影展开双翼，这一罗生门事件在每个人的回忆中渐渐变得血肉丰满起来，前因后果逐渐完整而清晰。天赐的死在每个人心里都留下了不可磨灭的阴影，虽然在法律意义上没有人是凶手，但这种精神上的牵绊和自责让每个人都痛苦不堪。而且，每个人都觉得自己掌握了所有的真相，背负了所有的罪责，每个人都在心理重担的压迫下挣扎前行。他们不知道的是，他们记忆里那些残酷片段，确实是事实，而事实仅仅是"真相"的部分，把这些事实的链条组合起来，才构成完整而沉重的"真相"

---

① 《耶路撒冷》，第502—503页。

本身。十一岁的夏天傍晚，"傍晚的黑云像赶集一样往花街奔跑，雷声和闪电在后面追赶。雷声和闪电让运河摇篮一般开始慢慢摇晃"①，往常这种时候就该回家了，可是易长安撺掇天赐和两个伙伴再比试一下，他说，"游得再好也怕输啊"，就是这句话让已经上岸的天赐再次下了水，虽然事后没有人提及撺掇比赛一事，但易长安认为自己当然有责任；杨杰的小姑妈是海陵市的妇产科主任，会把废旧的手术刀带回来以备家用，而因为"它们很漂亮，有着传说中关羽的青龙偃月刀一样的造型"②，所以杨杰带了三把送给初平阳、易长安和景天赐，景天赐正是用它割断了左手的静脉，这就是杨杰心里自己的罪；秦福小和景天赐的关系更为复杂，"他们的姐弟关系在四条街上堪称典范。……好吃的好穿的好玩的，她让天赐先拿……尽管有时候她也得靠说服自己才能视之等闲"③，亲眼看见弟弟割腕，在她不假思索往上冲时，天赐挥舞了三下刀片阻止，于是她就真的在原地站了四秒钟，然后才往屋里跑，她觉得自己没有及时救下弟弟是弟弟死亡的直接原因；而天赐割腕时初平阳也正在现场，他看见秦福小侧过脑袋对他笑了一下，"她的右手食指竖起在嘴边，做了一个'嘘'的动作"④，于是他"便立在原地，没发出任何声音"，被巨大的恐惧所贯穿，初平阳的没有行动成了他日后的心魔。——所有人都与天赐的死有着丝丝缕缕的关系，因此成了他们心中一个死结。在小说的结尾，几个人在火车站摆开酒菜，"开始气氛还很沉闷凝重，仿佛在追念一段谁都忘不掉的伤心往事，接着就活跃和热烈起来，因为那件谁也不会忘掉的往事如此珍贵，他们决定以忘不掉为荣——能够深切地回忆的确是一件值得自豪的事"⑤。愧疚和自责成了责任和义务，他们拼命地对景天赐的姐姐秦福小好，试图把愧疚弥补到她身上。而福小则试图通过流浪和自我放逐的方式来逃脱内心的罪责和灵魂的拷问。而在她偶遇神似景天赐的蓝石头后，坚持收留了他，给他改名景天送并一起回到花街老家，因为天赐喜欢看初平阳家门口的大运河。

而在如何把这些真相的片段呈现出来的问题上，徐则臣选择了在每个人各自的章节里呈现，有的是通过心理活动的方式，有的是通过互相聊天的方式，而无论哪

① 《耶路撒冷》，第413页。

② 《耶路撒冷》，第181页。

③ 《耶路撒冷》，第131页。

④ 《耶路撒冷》，第240页。

⑤ 《耶路撒冷》，第508页。

种都是以怀旧与回忆的姿态来展现的。由于整部小说两条时间线的结构，注定人物各自的回忆成了小说叙事的重要方式，也构成小说叙事推进的动力。事实上，对于天赐自杀事件的每一次回忆都是痛苦的伤口撕裂的过程，正如福小所说："回忆和乡愁是自愿的，而她是被迫，被一种叫生命和时光的东西所迫，回忆和乡愁只是生命与时光经过漫长累积导致的副产品，如同垃圾。"①但小说中的每个人物还是都反反复复地沉浸在伤痛往事之中不可自拔，回忆在天赐之死中自己的"罪"甚至成了一种灵魂"赎罪"和自我拯救的方式，也是对"耶路撒冷"的不断追寻。"人的生理或心理性的回忆往往表现为一种非逻辑性的形态，当这种非逻辑性的形态落实在小说中，则体现为心境与情绪的弥漫。"②尤其典型的是秦福小部分，是通过讲述秦福小的梦境来向读者呈现这一份回忆，这个梦境在秦福小的睡眠中出现过无数次，而且梦境中的细节越发琐碎和详尽，对于弟弟的歉疚和深刻的自责心绪由现实生活弥漫，甚至入侵和占领了福小的梦境，那份痛苦的记忆场景不断闪现在福小的意识里。

初平阳在给塞缪尔教授的邮件中说："我搞不清楚天赐、秦奶奶、'耶路撒冷'和耶路撒冷四者之间是否有必然联系，但我绕不开的中心位置肯定是天赐。天赐让我想到秦奶奶和'耶路撒冷'；'耶路撒冷'同样让我想起他们。放不下，抛不开。既然抛不掉，那我就守着他们，走到哪里都带着。"③而当初平阳决定把它落到实处，把象征意义上的"耶路撒冷"变为地理意义上的耶路撒冷时，量子状态的"耶路撒冷"就坍塌为一个实体性存在的耶路撒冷，它变得可以抵达。象征意义上的"耶路撒冷"可以是南京，可以是北京，可以是任何一个淮海花街以外的"世界"上的城市，它是所有人不断出走和漂泊的地方；而地理意义上的耶路撒冷便是那个以色列的圣地，那个想要求学的大学所在的城市，但仍然保留了赎罪之所的象征意味。初平阳之所以不断出发，越走越远，还想卖掉大和堂，是因为他意识到：留守花街并不能使他从景天赐之死中解脱出来，得到内心的平静；成长的过程正是远离故乡和土地的过程，既是物理意义上的远离，更是精神意义上的远离。这也就是为什么他总是把花街叫作"故乡"。

这种创伤性的记忆一直留存心底，所以初平阳对于耶路撒冷的莫名痴迷，易长

---

①　《耶路撒冷》，第125页。

②　吴晓东、倪文尖、罗岗：《现代小说研究的诗学视域》，《中国现代文学研究丛刊》1999年第1期。

③　项静：《我们这个时代的表情》，云南人民出版社2015年版，第86页。

安对于情欲的不可缺失、福小收养酷似自己弟弟的男孩天送，杨杰对于水晶雕刻的偏爱，都是成长记忆中的或病态或偏执的记忆残留。忏悔和赎罪心理伴随他们一路走来，他们都想寻求一种心安的方式，于是，"'耶路撒冷'被作为'现实'此在（或此岸）的彼岸表象出来，现实的'原罪'是通向彼岸的起点，而忏悔恰恰是此岸和彼岸和解的'涉渡之舟'"[①]。他们各自寻求着自我救赎的方式。对福小说不清道不明的偏爱，不论何种理由也要将大和堂留给福小和天送，是对天赐的一种补偿，追求安心的一点努力。"耶路撒冷"不仅串联起了整个故事的叙述，更是他们赎罪的一种象征。

二、到世界去

"'到世界去'已然成了年轻人生活的常态，最没用的男人才守着炕沿儿过日子。无法想象的，无法理解的，现在是最基本的现实。现实总是正确的，于是所有人都知道要到世界去。"而北京，在年轻时的易长安等人眼里，就是"世界"的代名词。徐则臣散文里对北京的表述也许就是其笔下人物对北京的想象："想象里的北京和'我爱北京天安门'联系在一起，与所有的中国人一样，歌曲、影视和媒体在我们内心里成功地建构了一个金光闪闪的宏大的专有名词；还和道听途说中的首都联系在一起，我老家的很多年轻人都在北京混饭吃，我们称之为'跑北京的'，他们率先发了财，他们带回来无数真伪难辨的遥远的细节，在这些细节里，金光闪闪的颜色时常要暗下来，或者比金光闪闪更耀眼。"[②]"到世界去"成为年轻人精神的需要，而"世界"的首选地便是北京。

拉康认为，如镜像阶段所昭示的，人的自我或者说主体，它最早的也是最根本的形态不在人的身体里，而在那面镜子中。主体永远处于离家的状态，北京也正和花街构成镜像关系，无法脱离任何一方来理解另一方。"但是我还是更愿意写一写城市，因为生活在其中，它是我最基本的日常生活，贴近发肤和血肉。我所遭遇的生

---

① 徐勇：《全球化进程与一代人的精神自救——评徐则臣的长篇新作〈耶路撒冷〉》，《当代作家评论》2014年第4期。

② 徐则臣：《生活在北京》，见徐则臣：《别用假嗓子说话》，河南文艺出版社2015年版，第50页。（以下所引仅注明篇名、书名及页码。）

活与精神疑难，是一个出门撞见城市的人必然面对的问题。……现在，数以亿计的中国人正走在通往城市的半路上，中国的城市化也在半路上。即便在北京、上海这样的现代乃至后现代的大都市里，也必须在巨大的乡土中国的大背景下才能真正地理解它们的现代和后现代。"①在小说里，徐则臣塑造的北京是一个繁忙混乱的城市形象。初平阳、福小和易长安等人共同居住的北京，是一个污染严重星星稀少的不宜人居的城市，但是它宽阔、丰富、包容，它可以收留知识分子初平阳，普通打工者秦福小，而办假证的易长安也能混得风生水起吃香喝辣。顺便一提，徐则臣偏爱刻画和表现北京的边缘人群，而最常出现的便是假证制造和贩卖者。而作为北京镜像的淮海花街，虽然每个夜晚抬头都能看见幽蓝夜空里镶嵌了无数的水晶，但资本的浪潮正从运河里掀起，沿河风光带建设轰轰烈烈，翠宝宝纪念馆正式开工，"公家"看上大和堂……一个古板保守的易培卿根本无法阻挡。

北京是"世界"的具象化存在，而花街是与"世界"相对的一个地点。一个是"不定"，一个是"定"；一个是变化的、复杂的、现代的、光怪陆离的，一个是恒定的、单纯的、前现代的、彰明自身的。大和堂作为花街的代表性建筑，作为这群人共同的童年创伤的实体承载，在成年以后的这群人眼里具有了不同意味，并在结果上体现出"到世界去"和"回到花街"两个方向。景天赐的死是一个套在福小脖子上的绳索，她画地为牢，她无力冲破，她收养酷似童年景天赐的男孩并给他取名"天送"，她以余生为献祭，自己把自己困在过去的"罪"里。在天赐死后，她出走，她逃离，她将自己放逐到北京漂泊，她在电梯井里看到"世界"。这也是受到创伤后的一种正常应激反应——远离，或许她试图以离开来解脱自己。可是只能上上下下的电梯井没能做到，她设置"花街"的对面以容身的努力失败了。在看到天送的时候她便意识到，自己长途奔波兜兜转转，终究无法逃离，她只能回到犯罪现场才能求得心安。"天赐最大的愿望就是能住在河边……推开窗户就能看见运河，推开门就能走到水边。……我想回去了，平阳。我不能一直逃下去。"于是她想买下大和堂，在"世界"的反面，在不远不近的地方反复重临那个血腥的午后。而对于初平阳和易长安来说，他们对于故乡的变化有更切身的体会。初平阳看到商业和资本对于这个小小的运河城镇的侵袭，看到富丽堂皇的翠宝宝纪念馆如何推倒倾斜的老教堂，看到一个传说中的风尘女如何战胜弯腰驼背在雨夜背负十字架

---

① 《在北京想象中国》，《别用假嗓子说话》，第207—208页。

行走的秦奶奶。所以对他来说，福小眼里永恒停滞在那个午后的花街早已不复当时，这样的故乡已经无力承载精神寄托和赎罪的重任，他渴求奔赴的"世界"是耶路撒冷，或者说是"耶路撒冷"，一个宗教意义上的圣地，一个精神上的返璞归真之所。易长安看到了沿河风光带的建设，他通过易培卿的眼睛说道，"时间改变一切。运河南岸的花街在21世纪里雄赳赳气昂昂地往前走，一切都在变。花街在往新里变，往时髦和现代化里变，往好日子里变，新楼和新房子一觉醒来就冒出来，很多人只有穿上了品牌的衣服才好意思出门，做皮肉生意的女人懒得挂小灯笼，都懒得躲，她们光明正大地坐在胡大成开的美容院和洗脚房里，大冬天也穿着超短的小皮裙，男人们可以隔着玻璃在门外就开始挑选，从她们的光腿开始，一寸一寸地往上审美，直到你对哪一个满意"①。易长安不愿坚守这样的花街，他奔赴北京，办假证，成为这一行当的翘楚。

"到世界去"的过程是放纵欲望的过程，也是追索自身身份的过程。最初的人们并不汲汲于营建宫室，聚居一城。他们在山野间照样欢笑、哭泣、郁懑、恐惧，可这些复杂微妙的情绪都有辽阔的天地自然在外面承接着。那时的欲望浅薄而直接，吃喝不愁，子孙无穷。渐渐人们学会了耕种，学会了建造土墙板屋，学会了组成城和国。城门关闭了，所有的欲望都被封入一城，从原野到阡陌再到街巷，所有的欲望狭路相逢短兵交接，没有了身外那巨大的空荒衬着，所有的一颦一笑一言一怒都立马投射到周边人身上，在小小的城内震荡反馈，无限扩大。而进入现代社会，虽然实体的城墙不复存在，但金钱、权力、食色等欲望在资本巨浪来回冲荡的城市中被成倍放大，显得血肉丰满纤毫可见，进而形成一种宏大的丑恶气象。资本的可怕之处便在于它创造欲望，进而使人与人的关系转化为物与物的关系。所有关系都建立在金钱的客观性上，金钱成为一切的媒介。欲望变成一口残酷的井，落在里面怎样都无法逃脱，"异化"出现，那些本可驾驭的东西似乎反过来成了对人的奴役。格非在《春尽江南》里说道："如果一个人无法改变自己受到奴役这一事实，就只能想尽一切办法去美化它。"②比如易长安拥抱资本，他努力赚钱的同时更努力花钱，纵情奢侈。可具有讽刺意味的是，他被捕时却正是他决定金盆洗手的时候。

意味深长的是，小说以火车始，以火车终。在徐则臣作于《耶路撒冷》创作期

---

① 《耶路撒冷》，第87页。
② 格非：《江南三部曲之三　春尽江南》，上海文艺出版社2012年版，第175页。

间的散文《出走、火车和到世界去》中，他讲到《耶路撒冷》里的一个人物铜钱，说："因为弄坏了火车和遭到火车派来的雷电报复的双重恐惧，这个人从此再不敢'到世界去'。他重新站到路口，你要带他出去走走，他会羞怯和恐惧地拒绝——他怕被雷追上。"[①]作为一种交通工具，火车连接此处和彼处，把人从一个点带到另一个点。"对我来说，火车不仅代表着远方和世界，也代表了一种放旷和自由的状态与精神，它还代表了一种无限可能性，是对既有生活的反动与颠覆——唯其解构，才能建构，或者说，建构本身就意味着建构。出走与火车，在我是一对相辅相成的隐喻。"火车作为《耶路撒冷》的典型交通工具，重新塑造了空间和空间感。淮海、南京、北京，世界在火车这种充满悍然力量的庞然大物前变得触手可及。在小说的开篇，火车将初平阳带回花街；在小说的结尾，火车将易长安带离花街。火车连接着花街和"世界"，它们互为镜像，彼此参见。铜钱正是出于对世界的向往而试图拦住火车，在变傻之后念念不忘的也是"到世界的世界去""远得几年不回一趟家"。每个人都怀揣着到世界去的梦想，所有人也都坐上了出走的火车，区别只在于，福小在十六年的漂泊之后回来了，而初平阳、易长安和杨杰初心不改，反复出发。

"反复出发"的意思便是，他们也在反复还乡。初平阳最开始远走他乡，从淮海师范大学来到北京，可以说是对故乡的逃离，是对郁郁不得志的琐碎现实生活的一种突围。可是正是在陌生而纷繁的城市里，承受着没有归属的放逐感，他的身份意识才开始凸显，他开始去对自己的历史、自己的来处进行"审美"式的关照和追索，想知道自己是谁而不是自己可能是谁，这样的一种身份焦虑使他不断追寻。他接受邀稿，创作"我们这一代"专栏，纪录和讨论"70后"这一代人面对的"真正的问题"。包括他联系塞缪尔教授询问"耶路撒冷"对自己的纠缠和留学事宜，他想要卖掉大和堂赴耶路撒冷留学，都是试图找出自己的来处寻求内心安宁的努力。但多年以后他搭载火车，闻到运河的水汽时，他才感受到舒畅。可遥远的水汽已经是遥远的印象，真正的故乡已经不复当时。他在专栏里用一篇六千多字的《这么早就开始回忆了》叙述回忆和乡愁。既然故乡已经失守，从来处再不能确证自身，那就只能出走，出走，"到世界去"。这是初平阳的离乡、返乡和离乡。而福小，在十七岁的一个薄雾的凌晨，偷偷坐船离家出走，无根无着地飘荡了十六年，干过无数匪夷所思的工作，"在中国的版图上从东走到西，从南走到北，在北京停下来"，而

---

① 《出走、火车和到世界去》，《别用假嗓子说话》，第102页。

在这"很多年里，她拒绝承认回忆和乡愁。那是些什么东西？回忆是廉价的，乡愁是妥协，你怎么能身在远处心怀故乡？你可以在那里，或者走。问题还在于，它值得你牵肠挂肚吗？她从石码头上跳上一条过路船，为的不就是扔掉所谓的回忆和乡愁？"可是，在看过四五遍初平阳的专栏以后，她终于承认，回忆和乡愁是真实的问题。看着天送酷似天赐的脸，她终于决定，回家，买下大和堂，让天送推窗就能看见运河。这是福小的离乡和返乡。而杨杰和易长安的离乡和返乡则更具有典型性，更是当代中国离乡和返乡现实的反映。他们一方面为了城市的资源和利益，一方面出于或是源自冲动或是深思熟虑的执念和使命感，一方面也由于对故乡的创伤感，义无反顾踏上离乡的火车，比如杨杰奔赴北京发展水晶生意，易长安奔赴北京办假证。他们也如愿在城市里站稳脚跟，虽然未必扎根多深，也未必过得顺心如易，因为"在北京得小跑着生活，慢了就要受指针的罪，那家伙比刀锋利，拦腰撞上咔擦一下人就废了"[1]，甚至很可能是城市的边缘人群，但总归是在城市得到了自己想要的。可是城市有容量，"北京欢迎你"只是歌曲，城市并不会拥抱所有人——"身份。这不是你从哪里来的问题，而是：你是谁？……北京要求你这个外来人拿出户口、编制，证明你有可靠的来源和归属。一种机制在要求，机制里的人也在要求，拿出来吧，给你自由。如果你拿不出来，你只能不自由。"[2]如果这对大部分在京打拼的人来说是可以接受的事，那么更折磨人的是心灵和精神上的迷茫和困惑。"很茫然，那么多人，只能用'乌泱乌泱'来形容，这个词里有种黑暗和绝望的东西在，我怎么就孤零零一个人躲在一辆车里。……北京。人之渺小，车之渺小，拿块橡皮轻轻一擦，碰巧一阵风来，干干净净地没了。我站在天桥上常常觉得荒谬又悲哀。咱们都是谁啊。我觉得自己很陌生，北京很陌生，这个世界也很陌生。"[3]这样的感受也许是每个居住在城市的人——无论是本地人或是异乡人都会不时冒出来的。在人群中自我确证太难了，人是社会性的动物，可是也是人群让作为个体的人迷失。杨杰和易长安达成一致，"没有比天赐更大的理由，也没有比福小更大的理由"[4]，他们借助共同的创伤性回忆来确立自身的来处，易长安二话不说把大和堂让给福小，杨

---

① 《生活在北京》，《别用假嗓子说话》，第53页。

② 《生活在北京》，《别用假嗓子说话》，第65页。

③ 《生活在北京》，《别用假嗓子说话》，第67页。

④ 《耶路撒冷》，第178页。

杰百忙之中亲自开车送福小母子从北京回淮海。出于不同的理由，当初平阳、福小、杨杰、易长安四人都返乡了之后，更要命的事情发生了。他们在城市生活时，乡愁里的那个故乡已经不复存在，拿着回忆和梦境里的故乡去对比返乡后见到的故乡，成了一件刻舟求剑般可笑而徒劳的事情。徐则臣用诗意的笔调描述这种困境："我在一天天远离那里，熟悉的人陌生了，旧时的田园和地貌不见了，像生在我身上的血管一样的后河都被填平了。故乡仿佛进入了另一种陌生的生活轨道。我回去，如入异地；料想很多人看我，也是不识的异乡人。待在家里，偶尔也会没着没落，父辈祖辈的故事听起来都远在梦里。我不知道哪个地方出了问题。"[1]这种故乡的失落感必然是普遍的。如果故乡是被资本"绕道而行"的地方，那么已经被有互联网、有娱乐场所、有外卖和快递、有饭店餐馆和便利店等等各种特征的城市生活所塑造的进城人员，在返乡后势必会有不适感，失望于故乡的闭塞陈旧；如果故乡是被裹挟入城市化、现代化进程的地方，对被资本力量所塑形的城市感到疲惫无力的进城人员，在返乡后便会发现回忆和梦境中田园牧歌式安静缓慢的故乡，正在逐渐变得和城市一样。无论如何，对故乡的失望不可避免。前一种失落既发生在新一代的农民工身上，因为他们的生活方式已经完全城市化了，他们对农村没有认同感，也发生在三四十岁以上的农民工身上，因为虽然他们在农村有宅基地，制度上也可以回去，但是在文化和社会心理上，农村已经是"回不去的农村"。而在初平阳这类人群中，对故乡的失落也有前一层的因素。

结　语

在小说《耶路撒冷》中，景天赐之死这一共同的创伤性回忆是所有人的"原罪"，初平阳、秦福小、易长安、杨杰等人背负着这一刻骨铭心的歉疚，在各自进城和返乡的道路上踽踽前行。信仰耶稣基督的秦环奶奶在残破的斜教堂里诵读《圣经》，背着沉重的十字架死在雨夜的花街，在众人心里种下了圣地耶路撒冷的种子，于是在众人因各自对景天赐的罪行而恐惧后悔时，"耶路撒冷"作为心安和平静的象征，成了最可接近的救赎。随着对耶路撒冷的了解和与塞缪尔教授的交流，初平阳坚定了赴地理意义上的耶路撒冷求学的决心，于是引发了卖大和堂。卖大和堂的消

---

① 《生活在北京》，《别用假嗓子说话》，第68页。

息成了众人返乡的动力和原因。在从"到世界去"到回到花街的过程中，过往的回忆纷至沓来，旧人旧事再次复苏。北京作为"世界"的代表，在众人返乡后深刻体会和理解当下花街的过程中更加显现出其所蕴含的"城市"意义。

《耶路撒冷》塑造了花街、北京和耶路撒冷三个地理空间和"耶路撒冷"这一情感空间，小说在这两个层面的空间中展开，同时作者运用复杂的叙事时间技巧，倒错的叙事时序使得破碎的情节就像断了绳子的珠子一样散落一地，在阅读的过程中读者需要付出更多努力才能把过去和现在这两条时间线索提纲挈领地拎起来，展现出故事完整而丰富的面貌。"对于书写者来说，建立独立叙事模式，就是寻找一种个人化的价值准则，以及这种个人价值的充分宣叙，并在书写中建立起自身的知识谱系和话语伦理。这种独立叙事还将成为更精确的身份标志，也即在公共空间里保持着个人身份和个人话语特征。"[1]叙事时空的安排对于小说作品的艺术价值的展现和思想意义的表达两方面都有着至关重要的作用。徐则臣在《耶路撒冷》中对叙事时空的精彩处理丰富和深化了小说的内涵和象征意义，"70后"这一代人的成长史和心灵史就在这复杂的时空编织起的庞大背景下徐徐展开，《耶路撒冷》这部作品也由此产生了更加独特的魅力。

（作者单位：山东大学文学院）

---

① 朱大可、张闳主编：《21世纪中国文化地图》第一卷，广西师范大学出版社2004年版，前言第6页。

预设谬误与"观念的旅行"：
"文学自觉说"述论

刘成敏

摘　要：铃木虎雄提出的"魏的中国文学自觉"说，几经流变，又增益"魏晋""汉代""宋齐""春秋"诸说。"文学自觉说"是批评界往复交流辩难而构建丰富起来的观念，只存在于批评家拟设的话语之中。在逻辑上，"文学自觉说"是预设谬误下的命题。诸"自觉说"就各自视域中的文学事实阐释详尽，不过，视域的观照存在边界、观念的施用有其限度。廓清命题的预设谬误性质，将有助于认识中国文学发生、演变的特征。检讨"自觉说"之底层蕴含的批评界的文学知识、文学认知，比先在默认文学有其自觉的预设、将其作为评断文学演进之尺度、工具更有意义。不宜视"文学有其自觉"为理所当然的理论命题，也不宜过度赋予"文学自觉"一词以理论术语的解释力。

关键词："文学自觉说"　预设谬误　"观念的旅行"　对"自觉说"的自觉

一

"文学自觉"是个陈旧而又时新的话题。作为批评的观念，"文学自觉说"在流播的过程中，从平常的理论思辨，逐渐成为一种评断中国文学演进的工具。尽管至今不乏"自觉说"的支持者，但是，综观历时的讨论，可以发现针对此命题之批评与否定的意见越来越多。这是学界对中国文学的认识愈发深刻而对"自觉说"又有新的自觉的必然结果。自从被接受、建构，至于被否定、解构，"自觉说"实际上经历了一场"观念的旅行"。旅行，有出发点（言说立场）、路线（言说逻辑），两者之中只要有一个不同,眼见的旅途景致(关于文学的阐释、认识)自然迥异。旅行只是实现了旅行者自己经验的那部分"我以为"的景致,而不等于景致及其变化本身。

　　铃木虎雄于1920年前后提出的"魏的中国文学自觉"①一说,在此之后,就如"滚雪球"一般,逐渐演绎成"魏晋说"。围绕中国文学自觉于何时的问题,20世纪80年代以来,学界讨论未休。"魏晋说"又被质疑、颠覆,继而增益"汉代""宋齐""春秋"诸种版本的"自觉说"②,诸说都能够自圆其说,也都默契一致地接受、认同"文学有其自觉"的预设。检诸原理,诸说大抵立足于文学审美的立场。不必引证审美是人类的天性这类理论,仅仅是诸"自觉说"皆可自圆其说的现象,就颇为值得玩味。原理既同,结论何自多异?理论问题的思辨,相反成了一般知识的界说。"文学自觉"约定俗成为一种常识,构成中国文学批评的固有认知模式。但是,"想当然"之念毕竟不同于"当然"之理,常识未必总是合"理","人类认识史早就反复证明,有些所谓常识,似是而非,往往令人由轻信它而走向谬误"③。"文学"的概念未出,不能否定文学行为的先行存在。因何出现彼此争持的各种"自觉说"?回答这一问题,有必要回到讨论的起点,反思命题预设的合理性。

　　"自觉说"的实质,是批评界往复交流辩难、"破旧立新"而逐渐构建塑形的观念。在逻辑上,"文学自觉说"与"文学起源说"具有相似之处,产生于不合理的假设,皆以疏忽某种事实的、无根据的前提为"真",吊诡的是,这种错误通常又是借由其内在论证的严密与自我表述的圆融显示出来,反而给人一种真确完满的印象,于是构成事实上的"预设谬误"④,陷于循环论证。"自觉说"的言说逻辑,譬如以文学思想之新造或者批评理念之兴替,置换文学发生的性情自然,使得文学的个性精神也往往被遮掩。诸"自觉说"的论证具有雷同性,因此,这种预设谬误造成了一个很有意思的现象:"如果肯定'汉攘魏晋'在方法上的合理性,那么'以

---

　　①　参[日]铃木虎雄:《中国诗论史》,许总译,广西人民出版社1989年版,第37—39页。

　　②　汉代说,如龚克昌《汉赋——文学自觉时代的起点》,《文史哲》1988年第5期。宋齐说,如刘跃进《门阀士族与永明文学》,生活·读书·新知三联书店1996年版,第16页。春秋说,如傅道彬《春秋时代的"文言"变革与文学繁荣》,《中国社会科学》2007年第6期。"魏晋说"没有因为其他"自觉说"的出现而被彻底推翻,诸说各言其是也难成定谳。

　　③　朱维铮:《中国经学史十讲》,复旦大学出版社2002年版,第66页。

　　④　"预设谬误"在逻辑学上的定义,参[美]欧文·M.柯匹、[美]卡尔·科恩:《逻辑学导论》第11版,张建军、潘天群等译,中国人民大学出版社2007年版,第180页。

战国攘汉'、'以西周攘战国'之类的行为也会是合理的，而且有趣的是，我们同样能为这样的方法找到充分的证据。那么，提出'文学自觉时代'的内在意义也就自然地被消解了。"[①]作为渐次构建、增益的观念，"自觉说"只存在于批评家拟设的话语之中。诸"自觉说"的接踵诞生以及"公与婆争"而聚讼无定，想来也是极为自然的事情。

二

"自觉说"一旦构成批评文学的固有认知模式，便会自发裁制中国文学在时间、空间上自觉与不自觉的对立格局。"魏的中国文学自觉"之后不断有新的"自觉说"出现，实为预设谬误逻辑在时间维度上的实践。文学神思出于"见景生情，触目兴叹"（李贽《焚书》）的自然"生""兴"。而"自觉说"的命题，屏蔽了若干基本的文学情实，特别是以朝代为单位或者基于某个时期内突出的文学现象立论，相对忽视了文学生成中的连续内容，以及始终氤氲其间的文学精神。

1. "冰山原理"："删《诗》说"的文学史意义

因书写者、传播者之眼光识见、立说视角、持论立场的不同，抑或书写、传播介质的条件有限，文学史中被有意无意遗漏、佚失的"他者"大有存在。即使是价值不凡的文本，"假使未遇慧眼，或者时代的气氛、社会的情势不利于其价值的发现，那么这本书就会渐渐沉晦而至于被遗忘，久而久之，必然难逃散佚的命运"[②]。有一种"他者"，于文献难以足征，而推究情实，则系本然。出于合理想象的这种存在，填补了文学版图的另一片时空。经学史视域中的经典公案"删《诗》说"，正是拼接这块版图、还原文学发生情实的一条线索。

司马迁称"古者诗三千余篇，及至孔子，去其重，取可施于礼义"，"删《诗》说"开始出现。班固《汉书》承其说："孔子纯取周诗，上采殷，下取鲁，凡三百五篇。"至唐代孔颖达表示疑问："案书传所引之《诗》，见在者多，亡逸者少，则孔子

---

① 吴寒、吕明烜：《"文学自觉说"反思》，《文艺研究》2012年第12期。

② 王锺陵：《论文学史运动的内在机制及其展开形式》，《中国社会科学》1994年第3期。

所录,不容十分去九,马迁言古诗三千余篇,未可信也。"①宋人就此亦分为支持、否定两派,聚讼而无定。"删《诗》说"成为经学史上的公案。顾颉刚曾经提出,"删《诗》问题,其中心不在某一个人上而在人群之自然选择上。无论何种乐曲,作者必甚多,而人群选择之结果,终必淘汰其不佳妙者,甚或丧失其甚佳妙者,而仅存若干,此皆不可抗拒之势也"②,意思是说,"诗三百"必定经历一番拣选、整理而成。

文学史称"诗三百"是中国第一部诗歌总集,谓之第一部被有意识收编的诗歌选集似乎更合适。选本意义上的三百篇已经高度意识形态化,"原不是'学者'所成就的业作"③。不少论者略过这一点,相反以已经被政教化为文治工具的《诗》立论,以"经学"的思维检视"文学"的发生。汉儒释《诗》,通常将大量与政治没有实际关联的作品,比附历史,美刺现实,"自《诗经》具此二障(孔子与'思无邪'),后之言《诗》者,遂不敢就诗论诗,而仅拘执于道德讽劝之意;于是原始之恋歌,失其热情,而曲解迂释,等于咒偈"④。"删《诗》说"的文学史意义,固然见之于今所见"诗三百"文本,更在于昭揭三百篇背后深广的文学风气。鲁迅说,"就是《诗经》的《国风》里的东西,好许多也是不识字的无名氏作品,因为比较的优秀,大家口口相传的。王官们检出它可作行政上参考的记录了下来,此外消灭的正不知有多少"⑤。先秦文献中的"诗三百",原初之义即"诗有很多篇"⑥。

《国风》系风土之音⑦。"古风人之诗,类出于闾夫鄙隶,非尽公卿大夫之作也,

① 〔汉〕郑玄笺,〔唐〕孔颖达等正义:《毛诗正义》,见阮元校刻:《十三经注疏》,上海古籍出版社1997年版,第263页。

② 顾颉刚:《删〈诗〉说之非》,见顾洪编:《顾颉刚学术文化随笔》,中国青年出版社1998年版,第184页。

③ 傅斯年:《中国古代文学史讲义》,上海古籍出版社2012年版,第112页。

④ 周予同:《朱熹》,商务印书馆1931年版,第64页。

⑤ 鲁迅:《门外文谈》,见《鲁迅全集》第六卷,人民文学出版社2005年版,第96页。

⑥ 姚小鸥:《"诗三百"正义》,《文艺研究》2007年第11期。

⑦ 朱东润《国风出于民间论质疑》(《诗三百篇探故》,上海古籍出版社1981年版)质疑风诗出于民间的观点。笔者此文据"诗三百"推论其时文学风气,至于风诗究竟出于谁对本文逻辑不构成冲击。此处谈的是古人"能"作诗而非"谁"作诗。本文关于"诗三百"的基本主张之一,是包括风诗在内的文本内容或经过宫廷人士整理。即使看起来完全是宫廷、贵族作派的文本,不妨碍是被几经加工、润饰的民间文本。朱先生文中没有,事实上也无法完全论定风诗皆不出于民间,氏著考论《国风》不出于民间,其意在颠覆当时"一切文学来自民间"的执迷之风,观其结论"至此亦失其一部之依据,无从更为全称肯定之主张",可知朱先生没有全盘否认民间可以创造文学的可能。

而传之后世"，说明风诗作者群体的广泛，"诗者，人之情性也。人各有情性，则人有各诗也"。①以秦汉以后地方盛行风土歌诗的情形推论，早先风诗的数量当不止于今所见百六十篇。没有必要确指"三千余篇"，诗风盛行无疑是三百篇背后的文学情实。"删《诗》说"倘若成立，被删的作品即不合于"思无邪"或者不可施于礼义，证明古人作诗有的初无儒学意义上的政教之用。"删《诗》说"不成立的理由，亦可间接证明《诗》乃性情自然的流露。宋代否定"删《诗》说"一派，其理证之一是三百篇标准不统一，"'翘翘车乘，招我以弓，岂不欲往，畏我友朋'，如斯等语，亦不俚也，胡为而删之乎？《墙有茨》《桑中》等语至俚，又胡为而不删之乎"②，不该删的如某些尚能见到的逸诗反被删了，该删的没有删尽。

朱熹以为，"三百篇之诗，不皆出于性情之正"，又说"人言夫子删诗，看来只是采得许多诗，往往只是刊定。圣人当来刊定，好底诗，便吟咏，兴发人之善心；不好底诗，便要起人羞恶之心"③。比如，表现男女自然情思的作品，被朱熹斥为"淫诗"，视为不正。然而，也正是从"不皆出于性情之正"和"不好底诗"可以推见，古人作诗纯系性情发抒，其中存在"淫放""好色""怨诽"而不合正统儒者脾胃的作品也是十分正常的事情。至于用以附会政教、训诫之作，又何尝不出于性情？"民禀天地之灵，含五常之德，刚柔迭用，喜愠分情。夫志动于中，则歌咏外发。……虽虞夏以前，遗文不睹，禀气怀灵，理无或异。然则歌咏所兴，宜自生民始也"④，此说恰切描述了文学发生的本然面目。同时，也应该清楚，"所谓性情者，不必义关乎伦常，意深于美刺，但触物起兴，有真趣存焉耳"⑤。

"诗三百"只是冰山一角，具现了古人的审美趣味、诗性思维，其背后则是深广的文学"山体"。类似情形也表现于其他时期，比如，20世纪以来考古发现出土的大量墓志文献，极大地丰富了中古文学的内容以及学界对中古文学的认识。⑥此前对中古文学的认识是比较单薄、片面的。文学在生成、演变中，不是人人都能成为专

---

① ［元］杨维桢：《吴复诗录序》《李仲虞诗序》，见李修生编：《全元文》卷一三〇〇《杨维桢》，凤凰出版社2004年版，第238、240页。

② ［宋］郑樵：《删诗辨》，见《六经奥论》，清文渊阁《四库全书》本。

③ ［宋］黎靖德编，杨绳其、周娴君校点：《朱子语类》第一卷，岳麓书社1997年版，第488页。

④ ［梁］沈约撰：《宋书》，中华书局1974年版，第1778页。

⑤ ［清］乔亿：《剑溪说诗》，见郭绍虞编选：《清诗话续编》上，上海古籍出版社1983年版，第1098页。

⑥ 胡可先：《新出墓志：中古文学研究的重要载体》，《光明日报》2016年4月7日。

业的文学家，也未必每篇诗文都工整、精巧，然而就偌大群体中擅长文学之作者言，自具创造、发现便于表情达意之文学式样的能力，其要在于性情自然之适切。

2.回归性情："凡情之至者，其文未有不至者"

"情"首先是情感体验，心有所动，如韩愈言下"不平则鸣"的不平。白居易言"感人心者，莫先乎情，莫始乎言，莫切乎声，莫深乎义。诗者，根情，苗言，华声，实义"（白居易《与元九书》），亦形象描述了文学的发生、运思过程。"根情"是文学发生的感兴冲动，"文章之于人有满心而发，肆口而成，不待思虑而工，不待雕琢而丽者，皆天理之自然而性情之至道也"（张耒《贺方回乐府序》）。

钱穆《读〈文选〉》说，"建安时代在中国文学史上乃一极关重要之时代，因纯文学独立价值之觉醒在此时期"，又认为第一篇纯文学作品是屈原《离骚》，而枚乘、相如诸家赋作亦然。钱先生从"作意"出发，认为屈原无意为文人；枚乘、相如们并非有意创造文学作品，而是"特以供某种特定之使用"。因此，又均不能视之为"自觉"[1]。在钱先生的自觉观念中，这是对的，却又有未尽处。屈原《离骚》和枚乘、相如诸家赋作，既属于"纯文学"，那么因"作意"而废"文学"似乎不妥。性情自然的文学发生，与被附益的"作意"、功用，二者不是一回事。与诸"自觉说"的逻辑一样，钱先生谈的仍是观念中"我以为"的中国文学，而不是文学本体自性视点中衍生、演变的中国文学。"大氐诗之作也，兴上也……我初无意于作是诗，而是物是事适然触乎我，我之意亦适然感乎是物是事，触先焉，感随焉，而是诗出焉。"（杨万里《答建康府大军库监门徐达书》）杨万里所言"兴上、触先、感随、诗出"道出了文学的自性。刘师培说"文章构成，须历命意、谋篇、用笔、选词、炼句五级"（刘师培《汉魏六朝专家文研究》），若无"兴上"之情，无从谈及五级之事。文学情思不尽同于"作意"，感兴而发与理性之思交相为用，本无关乎"自觉"。

此种情形亦可与书法、美术诸艺术形式参合而观。韩愈在《送高闲上人序》评张旭草书："喜怒、窘穷、忧悲、愉佚、怨恨、思慕、酣醉、无聊、不平，有动于心，必于草书焉发之。……天地事物之变，可喜可愕，一寓于书。"这是无待自觉的

---

① 钱穆：《读〈文选〉》，见氏著：《中国学术思想史论丛》3，生活·读书·新知三联书店2009年版，第101页。

自然发抒，与"言发于心而冲于口，吐之则逆人，茹之则逆予，以谓宁逆人也，故卒吐之"（苏轼《录陶渊明诗》）相仿。"情"也影响书法风格，"喜则气和而字舒，怒则气粗而字险，哀则气郁而字敛，乐则气平而字丽。情有轻重，则字之敛舒险丽，亦有浅深"（祝允明《离勾书诀》）。"书"缘性情与文学正可相互发明。近代金天翮则提出，文学者之心深具美术性，首先是表心之感，"故夫肺脏欲鸣，言词斯发，运之烟墨，被之毫素者，人心之美感，发于不自已""以其感之美，将俪乎物之美以传"，又认为"诗者尽人所能为"，贵在诗人之心因时世而变，"出幽入明，控古勒今，不局限于当前之境，恒与造化者游处，其心哲，其思虑沈，其德愔愔"。[①]"文学上之美术观"揭示了文艺生发的普遍情形。

罗宗强认为，文学的自觉是"从文学思想发展的主要潮流考虑"，"它自身意识到它应该是一个什么样子，是它追求自身的完美，是它自身特质的充分发展"，并总结了魏晋六朝文学思想的内容：重文学抒情特质、重文体表达功能、重创作过程独特性、重文词美学特征、重表现技巧丰富与完善。[②]这些完全适合描述魏晋文学思想。但是，倘若特质内容不能标举对象的独有个性，相反具有普适的特点，其理据意义也会大打折扣。观照此前诗、骚、赋、文，其中不乏符合这些"内容"的大量文本[③]，各自一以贯之的文学风貌，自在地昭明独立的"自身意识、特质"。倘若必须要用"自觉"一词，至多只能说是文学思想、理论、观念的自觉。至于创作实践中，讲求遣词造句、章法韵律、意象构境之类问题，并非一定要等到某个特定的时间节点才会出现"自觉"。每个具体的创作过程，或多或少，都会存在对修辞、技术的处理。即使谓之"自觉"，这种自觉又有多少解释力度可言？"自觉说"中的"自觉"，也在批评的话语中，逐渐成了一种惯用的套语，楚辞是相对"三百篇"的自觉，抒情小赋是相对体物大赋的自觉，唐传奇是相对魏晋小说的自觉，宋诗是相对唐诗的自觉，如此等等，"文学自觉"不再具有作为批评、阐释术语的理论品格。

胡朴安论"诗经之文章学"，说"诗者、为上古发表性情之文章"，并特别提出文章与文章学的区别，"文章者：感于中，发于外，有不自知其然而然者；宇宙

---

① 参金天翮：《文学上之美术观》《梦苕盦诗存序》，转引自黄霖：《近代文学批评史》，上海古籍出版社1993年版，第458、461页。

② 罗宗强：《魏晋南北朝文学思想史》，中华书局1996年版，第337—338页。

③ 按，两汉众多文学文本要是能够保存下来，其数量将会更多。

间至优美之文章,往往存于闾巷歌谣之间,出于妇人小儿之口;十五《国风》之诗,后世文人所以不能几及也。文章学者:则据古人优美之文章,分析其思想,推寻其条理,用以为后人之法则",道出了文学"径情直遂"的特点。他也说"先有意而后属文,非属文时而始立意也",按其行文逻辑,其言下之"意"即"外感于物,内动于情"之性情不得已。[1]"自觉说"的命题,运用移花接木的手法,以类似文章学的理论、思想范畴界说文学的发生、演变,预设谬误下的理论逻辑置换、销蚀了文学本体自性的事实自在逻辑。诸"自觉说"的出现也就不足为怪。被建构的"自觉说",可施之于评述历史上每一次文学思想、观念的新造。面对时刻皆有可能发生的观念突破,不宜视"文学有其自觉"为理所当然的理论命题,也不宜过度赋予"文学自觉"一词以理论术语的解释力。

三

学界否定"自觉说"的文章就"自觉说"的问题已经作了相当充分的解构,诸"自觉说"之间的歧义、辩难也是"自觉说"无法内在自洽的表征,均不复赘。但是,并不能因此认为诸"自觉说"的存在毫无价值。在观念史的意义上,中国文学的部分形象正是在此过程中塑造的。检讨"自觉说"之底层蕴含的文学知识、文学认知,其意义或许大于中国文学究竟自觉于何时的聚讼纷争。"春秋""汉代""魏晋""宋齐"乃至各种高度泛化的"文学自觉"诸说,就各自视域内的文学事实作了十分详尽的阐释,也给文学史研究提供了有益的思想资源与批评经验。

胡应麟在《诗薮》中说,"四言变而《离骚》,《离骚》变而五言,五言变而七言,七言变而律诗,律诗变而绝句,诗之体以代变也",并认为文学一代不如一代。公安派"代有升降"说认为代变未必代卑,袁宏道《雪涛阁集序》就六朝、盛唐、中唐、晚唐、宋各时期文学的因革、长短析论审慎,也揭橥文学演变中因陈出新、各体自律的特征。李贽《焚书》中谓"诗何必古选,文何必先秦,降而为六朝,变而为近体,又变而为传奇,变而为院本,为杂剧,为《西厢曲》,为《水浒传》,为今之举子业,皆古今至文,不可得而时势先后论也,故吾因是而有感于童心者之自文也",其说亦称允当。无论代降抑或代变中的文学,都是文学自身演变中古与

---

[1] 胡朴安:《诗经学》,岳麓书社2010年版,第99—100页。

今、文与质等多重关系综合作用的自然结果，谓之"自觉"不具有任何理论的解释力度。否则，中国文学"自觉"又岂止"春秋""汉代""魏晋""宋齐"可以尽之？至于文体、风格诸多方面的新变，势必也会划分出各式各样的"自觉"①。

前文已及，"自觉说"是预设谬误在时空维度上的文学批评实践。默认文学由不自觉而自觉的线性思路，线性思维令文学演变具有规律、条理可循，但是，"线"也意味着限制，是对个性的、繁复的文学事实的化约。以"魏晋说"为例，魏晋文学精神获得彰显，却无法遮覆之前的文学个性，也没有开启魏晋式文学的持久状态。诸"自觉说"的出现，说明"魏晋说"言下的文学表现在其他历史时空中也可找到相同内容。中国文学演进是正变、文质、雅俗、新古之间冲突激荡又相济相维的过程，含括主流与新变的张力、文与道的对立统一、大传统与小传统的互动、革新与复古的交锋诸多内涵。焦循《易余籥录》说"一代有一代之所胜"，胡小石指出其所举"历朝代表文学作品，如楚骚、汉赋、唐诗、宋词、元曲等，均属于纯文学一方面"②。一代（时）有一代（时）之所盛，是文学风尚的自然转型。各个时期某种文学类型内部，或者同一体裁于不同时期的表现，容或存在技法、水准上可能的优劣，各时期文学的特异部分之间，实难用进步与退化、自觉与不自觉评断。诚如傅斯年之言，"文学无所谓进步，成一种有机体之发展则有之"③。"有机体"的形成，是文学演变在经验累积的连续过程中的渐次塑形，不是与此前文学处于断裂意义上的"自觉"树立。

"自觉说"只是"观念的旅行"，不具有文学史意义上的事实"认定"功能，主要在于接受了近世西方"纯文学"观念的影响。如或"把到了现代才'被构成'的对事物的看法当作理所当然的前提条件，闭眼不见艺术在广阔的语境中生存的事实"④，其自律就是自限。"自觉说"命题的预设谬误性质，正是如此形成的。中国文学向来体、用意识明确，文、质双美是它的一贯追求。体—用、文—质之际均是因时变化的，彼此之间相反相成的动态平衡是中国文学发展的基本规律。其间不乏与西方某个文学观念契合的文学样式，但是，若反过来以之衡准中国文学的整体，试

---

① 木斋：《论中国文学的三次自觉——以建安曹魏文学自觉为中心》，《学术研究》2010年第7期。

② 周勋初编：《胡小石文史论丛》，南京大学出版社2008年版，第39页。

③ 傅斯年：《傅斯年古典文学论著》，上海书店出版社2011年版，第159页。

④ ［日］岩城见一：《感性论——为了被开放的经验理论》，王琢译，商务印书馆2008年版，第289页。

图以某种理念将中国文学整齐化、均质化,不仅有"言必称希腊"的失语之嫌,也不免削足适履而失范。

鲁迅谈建安文学"为艺术而艺术",已经自觉限以"用近代的文学眼光"。一些"自觉说"论者秉持"为艺术而艺术"的标准,则落入纯文学的"圈套"之中。"纯"相对于"不纯"而言,主张文学回归非功利的审美本位,不该承担政治、道德等其他的功能。但是,在理论、创作的双重层面,越是揄扬这种充满张力的"纯"观念,越是充满了政治的、道德的"不纯"意味。"蚕茧自缠萦。"纯文学立场之一是去功利化,而对一种政治、道德秩序的疏离,却是在构建另一种政治、道德话语,"一旦到了要创造一种纯文学的标准的时候,要具体地实施纯文学的理想的时候,它就会变得软弱无力,矛盾百出,甚至会起到消极的作用"①。纯文学理念,更多的只是作为批判、对照意义存在,是对过于强调文学实用的规约,而这始终没有超越中国文论中"文以救质"的思路。"纯文学"的讨论大约始于20世纪80年代初,其后获得普遍认同,于20世纪90年代形成主流,其中不乏抗争性和批判性。②其间,学界火热讨论"中国文学自觉",与之或有一定的关联。诞生于特定的话语体系和历史语境,纯文学内在规定性的无法落实,决定了它终究无法成为"文学自觉说"的理论前提。

四

中国文学承载了诸如社交、说理、教化诸多方面的功能。西方观念造作下的"文学自觉说",在一定程度上窄化以至弱化、轻视了中国文学的力量。相反,运用直观、诗性以及易于体悟的文学方式表达政治、道德、哲学问题,更容易实现深入浅出、深婉便宜抑或言约义丰、主文谲谏的效果。古人称举文以载道,"首先被接触的不是道,而是传递道的媒介或说体现道的素材:文,这媒介或说素材若没有相当的感染魅力,所欲引荐、彰显的道再高明,也会令人因文不文而中辍,不复寻绎咀嚼"③。又如,道家老庄意识到了语言的局限,而他们并非不需要语言,"他们需要全部文学艺术的可

---

① 陈国恩:《"纯文学"究竟是什么》,《学术月刊》2008年第9期。

② 李陀、李静:《漫说"纯文学"——李陀访谈录》,《上海文学》2001年第3期。

③ 朱晓海:《汉赋史略新证》,陕西人民出版社2004年版,第449—450页。

用资源，这就是为什么哲学的道家的所有经典（《老子》《庄子》与后来的《列子》）都在中国文学史上居于重要的一席"[①]。中国文学经典实践了政治、道德的功能，"美"的文本即使"不愿意"，在事实层面往往也自在实现了上述意义。

在历史脉络建立的意义上，"一切的思考与文学创作以及人类之所能，在形式上都是旧工作的整理、新创，在材料上也绝大部分衍生自过去的成绩"[②]。设若历史上每个阶段相对之前的"传统"而言意味着"现代"，那么，"现代"的观念是从"传统"中树立而来的，人们的观念中同时保留了历史知识与当下经验，"个人说话时使用的语言不是他自己的语言，而是他的同时代者和为他做好了铺垫的前辈们的语言"[③]。在传统与现代交织、激荡中，后者必然从前者那里汲取了经验和养分，并在传统中走向现代，在"现代"观念比重的一步步扩大中实现一次次的突破，又构成新的"传统"，如此赓续。文学思想的突破时时有之，思想始终是自在突破意义上的思想。文学之本体自性无谓乎自觉，只是基于已有知识、经验的性情自然而已。西方的文学观念也是变动不居的。检讨"自觉说"蕴含的外来观念以及批评界借以讨论中国文学的文学知识、文学认知，要比先在默认文学有其自觉的预设、将其作为评断文学演进的工具更有意义，有待将来细致的脉络梳理与更加沉实的理论思辨。

本文系中央高校基本科研业务费中南财经政法大学2017年创新项目（编号：2722017JC007）的阶段性成果。

（作者单位：中南财经政法大学新闻与文化传播学院）

---

① ［英］葛瑞汉：《论道者：中国古代哲学论辩》，张海晏译，中国社会科学出版社2003年版，第234页。

② ［德］德罗伊森：《历史知识理论》，胡昌智译，北京大学出版社2006年版，第116页。

③ ［德］卡尔·曼海姆：《意识形态与乌托邦》，姚仁权译，江西教育出版社2014年版，第2页。

认知语言学视域中的审美范畴与审美概念

——以优雅为例

李鹿鸣

摘　要：在认知语言学视域中，范畴是认知主体运用认知能力对认知对象进行的分类。与实体范畴相比，审美范畴的独特性体现在它指向认知主体与认知对象之间的关系、其内部成员关系更松散、文化模型发挥的作用大于认知模型。概念不是抽象的逻辑演绎，而是认知主体以整体感知的方式将对象范畴化后，拆解出的对象的诸种特征。审美概念具有"暗示—表现"和"级差—语境"两种模式，核型理论中的家族相似性、核型成员和语境依赖与这两种模式相结合，共同构建了人们对审美概念的理解。自然科学、社会科学和人文学科都是人自我认识的反映，认知语言学既关注自然事实与规律，也关注社会因素。将认知语言学的成果同现有人文学科的研究相结合，有利于人类理解自身及其所创造的世界。

关键词：认知语言学　核型理论　审美范畴　审美概念

　　范畴与概念经常出现在各学科的体系建构中，但人们经常未经反思批判便使用二者，即使有人试图厘清二者，也往往只说前者比后者更抽象，双方可以互相转化。如果再给范畴和概念前加上限定，如审美范畴、审美概念，其含义就更模糊不清了。界定是对经验事实的抽象把握，故要界定范畴与概念，进而理解审美范畴与审美概念，还应从对其有相对深入思考的维度进行探究。

　　具体学科主要关注学科内的具体问题，而哲学作为一切学科的基础，它研究的是各种基本而普遍的问题，当其他学科对一些词的使用不加反思时，哲学会关注这反思的空白地带。另外，20世纪以来随着哲学发生"语言学转向"，人们普遍认识到语言不是透明的中介，语言与认知能力密不可分。如果说哲学是对思考的思考，那么认知语言学研究的就是我们的认知行为何以可能。认知语言学关注共时的认知行为，研究范畴的分类功能，这一功能为各种具体范畴的生成提供了理解的基础。所以在界定范畴与概念时，最重要的两个维度是哲学维度与认知语言学维度。

一、重新理解范畴：从经典理论到核型理论

范畴是英语中category的汉译。《哲学大辞典》的定义是："人们对客观事物的本质和关系的概括。源于希腊文Kategoria，意为指示、证明。汉译系取自《尚书·洪范》中'洪范九畴'一语。因基本概念既有'洪'（即'大'）意，又各成其类，故译为'范畴'。"①不过该定义将范畴与category直接对应恐失考证。《汉语外来词词典》有"范畴"词条："范畴，哲学用语，人的思维对客观事物本质的概括和反映。源：日　範疇hanchū（意译英语category或德语Kategorie）。"②虽然范畴的意义来源很可能就是《尚书》，但汉语中的"范"与"畴"、日语词"範疇"、转译汉语的"范畴"以及英语category之间是何关系还有待研究，本文为简化问题，暂将范畴等同于category，对可能存在的意义差异存而不论。

如前所述，范畴被界定为人类思维的结果，但正如朱立元在《西方美学范畴史》中所言，这一定义将范畴对象看作人之外的客观事物，遗漏了"人自身及人的心理、精神活动和现象"③。于是朱立元从以下八方面界定了范畴：

> 它是人们用以思考、掌握和认识世界（包括自然界、社会和人自身的物质、精神等各方面活动、现象）的思维形式（手段）和逻辑工具；同时，又是人们对这种思维和认识成果的基本陈述方式和语言表达方式。
>
> 范畴是过程，是不断发展、变化的，而不是固定不变的。

---

①　冯契主编：《哲学大辞典》（分类修订本），上海辞书出版社2007年版，第105页。

②　刘正埮、高名凯、麦永乾、史有为编：《汉语外来词词典》，上海辞书出版社1984年版，第97页。

③　朱立元主编：《西方美学范畴史》第一卷，山西教育出版社2006年版，第8页。（以下所引仅注明书名、页码。）

它应是能反映对象世界（无论整体还是部分）本质和关系的基本概念。

作为思维的逻辑形式和工具，它至少具有指示（谓）、证明、分类、表述四个基本功能；这四大功能又相互联系、相互依存、相互推动、相互渗透。

无论从其本质特性，还是从其四大功能来看，范畴的涵义都是多层次的，毫无疑问它首先是知识论层次的，同时又指向本体论（存在论）层次，最终须落实于逻辑语言论层次。

范畴的多层次性，还体现在学科层次上。

范畴一方面是在不断发展变化的，另一方面在一定时期内又有相对的稳定性。

范畴既是人类思维的手段、工具，又具有制约、引导、规范人类思维的能动作用。①

由此看出，目前对范畴的界定还是以亚里士多德确立的经典范畴理论为依据。这一理论将范畴看作由必要和充分条件来定义的有限集合，这些条件被认为是"边界明确、具有'离散'的特征〔或者本质特征（essential features），我们也会这样称呼它们〕，这些特征可以出现或不出现"②。朱立元的界定考虑到了范畴的使用，但他对范畴的生成缺乏关注。他虽然指出范畴是动态的，但这种动态是历时的，即同一范畴在不同历史时期有不同的区分标准，事实上，范畴的动态在共时的认知行为中也有体现，而这一点对于我们理解范畴有着更为重要的意义。

认知语言学的研究表明，经典范畴理论是一种以哲学先验思辨为依据得出的主张，它与实际认知情况不尽符合。通过研究焦点色、生物分类，认知语言学提出了更符合人类认知特征的核型理论。核型理论是由认知模式界定的、以核型（prototype）为基础的范畴理论，它认为范畴成员以家族相似性原则建立起来，其中的成员具有等级差异，有好成员（即核型），也有差成员，还有范畴成员身份不确定的边缘样本。如果我们可以信任我们的基本层次的感知能力和运作能力，相信我们的知识有可能相对稳固而可靠，那么认知语言学研究所取得的成果就应当被纳入范畴研究，因为这些成果会让我们意识到目前对范畴的界定并不充分，那些看似不言

① 《西方美学范畴史》第一卷，第10—11页。

② ［德］弗里德里希·温格瑞尔、［德］汉斯－尤格·施密特：《认知语言学导论》（第二版），彭利贞、许国萍、赵微译，复旦大学出版社2009年版，第27页。（以下所引仅注明书名、页码。）

· 171 ·

而喻的真理大有可质疑之处，我们需要根据已有事实重新理解范畴。

二、范畴与概念

概念通过项（term），特别是谓项（predicate）得以理解的，获得概念是以下判断的方式表达展开一个项，这种展开与运用项时的认知以及对其运用结果的理解有关。①概念是认知模式的要素。每一个这样的概念，都可以有一种相应的范畴——其概念（由认知模式来描述其特征）与特定话语域中的一个实体相符合。②认知主体在进行认知时，具有统一把握的能力，这与完形心理学的观点相似，人们是先整体感知对象，然后凭总体印象进行分类，而不是先经过逻辑推演，再将其纳入某一范畴的。认知主体只有经过进一步的思考，才能将作为判断依据的特征指认出来，这一点在认知科学中已经得到证实。

图表1

1993年，汉斯－尤格·施密特（Hans-Jörg Schmid）利用图表1研究范畴化过程。在测试中，12个被试者中有10个人不把图（c）叫作农舍，只有2个人把它叫作农舍。当要求说明作出他们范畴化决定的原因时，被试者们解释说，他们是根据对图画的总体印象来判断的。选择农舍，对于图（a）而言，似乎是受了质料（"石头造的"）和其简单却又坚固的结构的影响，而对于图（b）来说，则是受了其茅草屋顶的影响。对于图（c）这一建筑物，它异常的宽度/高度比例（"太大"）和众多的延伸部

①　Simon Blackburn, *The Oxford Dictionary of Philosophy*, Oxford: Oxford University Press, 2016, p. 94.
②　［美］乔治·莱考夫：《女人、火与危险事物：范畴显示的心智》，李葆嘉、章婷、邱雪玫译，世界图书出版公司2017年版，第294页。（以下所引仅注明书名、页码。）

分，可能帮助大多数被试者排除了将农舍作为它合适的名称。①

虽然该实验旨在说明范畴化过程中的完形原则对确立范畴内核型的作用，但它也可用来理解范畴和概念的关系。早期认知科学对焦点色的研究证明，认知结果可以取得相对一致，而且它在一定程度上脱离语言而存在。虽然人类的一切思考都是在语言中进行的，人类所认识的"真实客观"的世界都经过了人类加工，但这种加工不只有语言参与，还有前概念结构（preconceptual structure）做基础。前概念结构是我们完形感知、心理意象和肌动运动能力（motor movement）的结果，我们的经验至少已经以某种粗略的方式在各种经验领域中构建起来。范畴是认知主体运用认知能力对认知对象进行的分类，概念则是认知主体基于认识能力作出的对这一分类的归纳与描述，因此概念是认知主体在整体感知对象并将其范畴化后，又将整体拆解为诸多特征或属性的结果。

三、审美范畴与实体范畴

迄今为止，认知语言学对范畴的论述主要集中于具体事物，如焦点色、生物等，这类范畴与审美范畴有一定区别，因此如果我们要理解何为审美范畴，还要界定何为审美。

《牛津哲学词典》（ *The Oxford Dictionary of Philosophy* ）对审美（aesthetic）的定义是："在希腊语中指感觉，康德沿用了古希腊的用法，只要涉及感觉就可称为审美，这个词更早时被鲍姆嘉滕专指对审美属性或审美价值的感知。"② 以它为词根的美学（aesthetics）就是研究人类运用各种感觉器官所得到的认知，以及"人们在感知这种属性或产生这种体验时，是否涉及一种特殊的态度"③。西方美学自古希腊以降，便致力于寻找美的本质，直到英国经验主义美学才将审美主体在进行审美活动时发生的心理过程作为关注重点，于是美学研究从美的本质转移到了美感，而美感、心理过程与审美范畴的生成有着密切关系。审美范畴（aesthetic category）是指当人类

① 《认知语言学导论》（第二版），第39页。

② Simon Blackburn, *The Oxford Dictionary of Philosophy*, Oxford: Oxford University Press, 2016, p.9.

③ Berys Gaut and Dominic McIver Lopes eds., *The Routledge Companion to Aesthetics*, London: Routledge, 2001, p.181.转引自程相占：《朱光潜的鲍姆嘉滕美学观研究之批判反思》，《学术月刊》2015年第1期。

运用各种感觉器官时所形成的范畴，朱立元在《西方美学范畴史》中使用"美学"而非"审美"来指称这些范畴，是从学科层面上强调这类范畴是"美学这门学科的思维与表达的工具"①，但审美范畴是更准确的翻译。

因此依据审美的含义，实体范畴与审美范畴的区别有三。第一，实体范畴和审美范畴都与认知行为相关，但前者指向实体，后者指向认知主体与认知对象之间的关系。第二，和经典范畴理论将范畴定义为所有成员的共有特性的集合不同，以家族相似性为原则的核型理论所形成的范畴更松散，但审美范畴比这样的实体范畴还要松散。如果说鸟这一范畴可以将人们所认为是鸟的生物聚到一起，那么审美范畴不具备这种号召力。在我们的认知中存在音乐的优雅、科学的优雅、生活方式的优雅，但我们往往不是以"优雅"这一审美范畴理解音乐、科学或生活方式，而是在音乐、科学或生活方式的范畴中理解优雅的，审美范畴依附于实体范畴存在。第三，文化模型在审美范畴的认知中发挥更重要的作用。认知模型（cognitive model）与文化模型（cultural model）在范畴的形成过程中共同发挥作用。"认知模型"这一术语强调这些认知实体的心理性质并考虑到了个体间的差异，而"文化模型"这一术语则强调了其为许多人集体共有的统一性的一面。②实体范畴围绕对某一实体的认知展开，认知模型发挥的作用更明显，认知主体对某一领域的认知与自然科学有着更为紧密的关联，因而它具备定量分析的潜质；审美范畴更偏向于文化现象，它固然有生理、心理基础，但更多受到文化模型的制约，更难做定量分析。为分析审美范畴、审美概念与人的认知之间的关系，本文将以优雅为例，说明认知语言学中的假说如何应用于美学研究之中。

四、审美概念的模式——以优雅为例

优雅对应的英文是elegant、graceful、in good taste。③由于这三个词彼此相近、相互联系但又有细微差别，本文在此仅以elegant作为优雅的对应词，而暂时将翻译造

---

① 《西方美学范畴史》第一卷，第32页。

② 《认知语言学导论》（第二版），第56页。

③ 北京外国语大学英语系词典组编：《汉英字典》（修订版缩印本），外语教学与研究出版社1997年版，第1515页。

成的语义差异悬置起来。

"优雅"一词的历史发展见于《优美的美学》(*The Aesthetics of Grace*)一书:"优雅是经常出现于美学中,特别是文艺复兴时期的一种属性,不过没有人将这一审美范畴看作与精神相关的原则,也就是说没有人将其作为一种具有深远意义的、能影响作品或风格的构成性质的形式。它通常被看作是一种流于表面的特点,但新古典主义将其提升为一种精神。"[1]从词源学角度说,"在拉丁语中,ēlegāns用来指称作出谨慎、讲究的选择的人。它是ēlegāre的现在分词,ēligere的衍生词,意为挑出、选出,最初它似乎有贬义,指挑剔的、矫饰的,但到了古典时期,其意义更偏向褒义,指做出有教养的选择,而且意义还转移到选择的对象上,指精选的、有鉴赏力的,该词可能是经由法语传入英语的"[2]。《罗杰特21世纪近义词词典》(*Roget's 21ˢᵗ Century Thesaurus*)[3]收录的优雅的近义词60个,反义词21个,其名词形式elegance的近义词11个,反义词2个(详见附录)。这些词语从不同层面描述优雅,这些描述中的概念模式与范畴认知有密切关系。不过这种属性收集具有明显的经验归纳痕迹,它可能出现残缺不全或互相交叉的情况,因此它只能作为描写工具,而不能当作人类思维的反映,但如果我们能将其与认知语言学的成果相结合,或许能加深我们对某一概念的认识。

词典中显现的优雅的特征可从认知过程与社会文化两方面认识:从认知过程方面说,优雅不是认知对象的固有属性,它存在于主客关系中,指(认知主体)有鉴赏力或(认知对象)有吸引力;从社会文化方面说,优雅既是一种外在的修饰性的风格,如装饰华丽的、精致小巧的,也是高尚精神修养的外化,如彬彬有礼的、得体的。当然,因为认知都具有一定语境,因此这两方面也是彼此联系的。当我们说某个认知对象有吸引力时,这不是基于认知的简单判断,它也受到社会文化影响,反之亦然。认知过程与社会文化这两方面因素构成了优雅这一审美概念的模式,本文据此归纳为"暗示—表现"模式和"级差—语境"模式,这两种模式与范畴认知密

---

① Raffaele Milani, *The Aesthetics of Grace*: *Philosophy Art and Nature*, Corrado Federici, trans. New York: Peter Lang, 2013, p. 149.

② John Ayto, *Words Origin*: *The Secret Histories of English Words from A to Z, London*: A & C Black, 2005, p. 188.

③ The Princeton Language Institute ed., *Roget's 21ˢᵗ Century Thesaurus* (*3rd Edition*), New York: Bantam Dell, 2005.

切相关，影响着人们对优雅的概念描述。

1."暗示—表现"模式

在英语中，暗示（implication）的词缀"im-"指从外向内，表现（expression）的词缀"ex-"指由内而外，从暗示到表现蕴含着视点的转换。X is elegant 是认知主体依据某些外部特征作出的判断，这一判断将这些外部特征认定为内在状态的暗示，而这一认定又包含了一个假设，即认知对象的内在状态可以表现于外在。优雅中侧重主客体关系和精神修养外化的含义都与这一模式相关。我们会用优雅形容某个动作，仿佛这个动作本身就是优雅的，然而这其中包含一个前提，内在状态与外在特征是一体两面的，文化教养能通过外在表现出来，对身体的规训又能实现对精神的规训。这些观念的逻辑基础就是"暗示—表现"模式。当人们判断某物是否优雅时，还要将这一模式同人的认知方式相结合，在此可以以宋美龄的故事为例。宋美龄访美时曾用手划过喉部表示杀人的含义，依据常理，如果我们认定这一动作是优雅的，那就说明优雅与形式有关，与内容无关，但这一解释又与"暗示—表现"模式相悖。然而如果我们将范畴的认知维度叠加进来，便不存在这一悖论。

范畴的形成具有家族相似性。家族相似性可以解释：为什么即使属性不是为全部范畴成员所共有，也就是说即使根据正统观它们不是本质属性，这些属性也参与到范畴的内部结构？[①]外表与内在一致是优雅这一范畴内的核型之一。[②]范畴成员依据外在与内在形成的反差大小确立等级，这种依据又与下文将论述的"级差—语境"模式相关。在这一例子中存在两种知识：一种是已有的关于优雅特征的知识，如优雅是一种存在于内部并能表现于外部的特征，我们能从外部特征推测其内部状态；另一种是描述个体的知识，这种知识即概念，是认知主体以整体感知（holistic perception）的形式把握认知对象，而后对其进行分解的结果。人们对两种知识进行

---

① 《认知语言学导论》（第二版），第33页。正统观即经典范畴理论。

② 当认知对象是有自我意识的主体或他的创造物时，认知主体才会将内在精神修养与外在行为举止的一致认定为优雅的核型，如人的优雅是此人内在修养的外显，一幅画、一首乐曲的优雅与其创作者的精神境界相关。如果认知对象是没有自我意识的物，那么与前者相比，它是优雅的边缘成员，但在它自己的领域中也存在核型与边缘成员，对这一类对象的认知具有转喻性质。认知主体在认识无自我意识的对象时，会有意无意将其同主体及其创造物作参照，说天鹅优雅是以人的优雅为参照，但这一判断并不考虑天鹅的内在特质，而只关注天鹅的姿态与优雅之人举止之间的相似。

比较，并且注意两者重合和相异的情况。人们需要这样一种概念，使自己的理想认知模式与对某一既定情况的理解相符合，同时注意到两者不相符合的方面。[①]符合程度越高，认知对象在范畴内部的典型性就越强，反之就越弱。而且在比对过程中，人们根据完形原则把握认知对象，探讨优雅与人性、形式的关系是在完成范畴认知后对结果的判断依据进行指认。

因此当我们认为这一行为优雅时，其实是将她的举动与血腥的屠戮作对比，前者既未造成现实中的杀人行为，其动作也极其克制有度，只不过依照范畴成员的合格性等级，它处于边缘位置。然而如果人们将认知结论与认知过程割裂开来，那么便会陷入上述悖论，因为在非认知理论中，一个概念要么与实际相符，要么与其相左。但事实上，我们对概念的描述往往以范畴内的核型成员为依据，描述产生的过程是认知主体先以整体感知确定核型成员，而后运用逻辑推演的方法，借用一套或几套概念，从核型成员中拆解出种种特征。

2."级差—语境"模式

语言是一个差异的系统，在孤立状态下，词和句子并不获得其意义，它们的意义源于在同一语言系统中它们与其他词和句子的关系，在这些关系中，对立或对比是最基本的关系之一。格雷马斯认为："我们感知差别，借助这种感知，世界在我们面前和为我们'形成'。"[②]因此要认识优雅，就不能孤立地理解其意义，而要在它与相关词的关系及具体语境中认识，在此可以用格雷马斯的符号矩阵进行说明：

如图表2所示，实线联结的两个义素是矛盾关系，两者之间是意义的绝对真空；虚线联结的两个义素是反义关系，两者在内容层形式的层面上相反。在这一符号矩阵中，"自以上四项的任意一项，我们都可以通过取其反义项和取其矛盾项而获得其他三项。它们的定义是纯形式的，

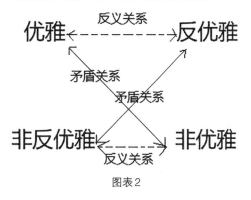

图表2

① 《女人、火与危险事物：范畴显示的心智》，第76页。

② ［法］A.J.格雷马斯：《结构语义学》，蒋梓骅译，百花文艺出版社2001年版，第21页。

先于意义的，即尚未承载任何实际内容"[1]。然而我们对一个语言符号的理解往往和它自身的规定性有关，并不完全由它在符号学矩阵中的先验位置所决定，而且在具体运用中情况要更复杂。第一，优雅、反优雅、非优雅和非反优雅不能通过反义关系和矛盾关系得到明晰界定。依据矩阵关系，优雅与非优雅所处的位置是矛盾关系，两者非此即彼，但勋伯格的无调性音乐就是一个反例。勋伯格的音乐是向听惯了"优雅音乐"的贵族耳朵发起挑战，他的风格与优雅是矛盾关系，然而勋伯格也由此确立了现代主义音乐的优雅，所以非优雅中也可以包含优雅。第二，范畴是以家族相似的原则确立的，相邻范畴的边界是相互渗透的，因此作为对范畴内成员特征的归纳与描述，概念也是模糊可变的。优美（grace）、微妙（delicate）等概念无法依靠逻辑关系将其与优雅区分开来，而且在很多情况中，相似比相异具有更重要的意义。当然，格雷马斯符号矩阵也有其意义，对范畴的认知、对概念的描述总是在对比中进行的，不过这种对立不同于符号矩阵中的对立，它是级差的对立。

级差（gradable）的对立（例如，"热的"和"冷的"、"友好的"和"不友好的"）就像这样的对立物，断言其中一个就必然包含对另一个的否定。相比之下，非级差（nongradable）的对立（例如，"雄性的"和"雌性的"、"已婚的"和"未婚的"）就像矛盾，如果它们在原则上适用于一个对象，那么，不但断言其中一个必然包含对另一个的否定，而且对其中一个的否定必然包含对另一个的肯定。[2]级差的对立意味着其中包含了就一个可变标准而言的分等或比较，对这一可变标准的划分标准则是语境。在历时语境中，是否具有鉴赏力、吸引力总是由一定历史时期的特定人群决定的，这些人掌握政治、经济、文化领域的话语权，所以他们能将原本只属于一部分人的趣味以及他们所确定的级差式对立推而广之，使其成为这一时期的代表，《西方六大美学观念史》等书梳理的词语含义变迁正是将这些代表进行提炼的结果。在共时语境中，对概念的描述存在不同维度，每个维度都是一个语境。如前所述，勋伯格的作品是一种非优雅的优雅，虽然它也可以冠以优雅之名，但此处优雅

———————————

① ［法］A. J. 格雷马斯：《论意义：符号学论文集》（上册），吴泓缈、冯学俊译，百花文艺出版社2011年版，第143页。

② ［美］理查德·舒斯特曼：《表面与深度：批评与文化的辩证法》，李鲁宁译，北京大学出版社2014年版，第141页。

的内涵和外延与它要颠覆的那种优雅还是有所不同，这两种优雅具有指称性的一致，但它们的相异与一致不能从同一维度理解，也就是说两者的语境不同。至于这种指称性的一致是如何达成的，还有待认知语言学做进一步研究。

范畴具有语境性，人们总是在一定的语境中认知范畴，通过在语境中确立级差式标准，概念才得以理解。因此在引入范畴的认知模式后，我们不应当再问"优雅是什么"，而要问"在什么情况下，什么人在什么样的意义上、以什么样的方式界定了优雅"。

五、从区分走向交融

塔塔尔凯维奇指出："美学史的形成，并非将相同的定义和学说一代一代地传承下去；两者都是逐渐在形成，并且也逐渐在改变。……属于原始阶段的概念，很不容易跟后起的观念相协调。"[①]列举这些美学主张"一则作为它们的巨大数目的提示，一则作为它们形成的渐进过程的提示。也许在将来，在致力于建立美学的概念、观念以及学说的纲要上，它会产生出更好、更完备、更有系统的成果"[②]。文献梳理是研究的基础，但罗列事实就像研究已死的珊瑚礁，而忽略了珊瑚礁过去是珊瑚虫，它也曾是活的生命体。以往的概念结构、认知方式虽然被看作是静止的、形而上学的、非认知性的，但它们最初也是从人的认知行为中产生的，也是一种动态的认知，只是这种认知（借用海德格尔的说法）把认知本身遗忘了。厘清某一概念的历史有利于将其与当下的情形作对比印证，但发展脉络不能替代认知过程。

我们无法直接进入认知现象，因此关于概念、范畴的一切都只是假设，但这种假设不是空想，通过生理解剖、语言学实验等证据可以使种种假设获得不同程度的证实。认知语言学对认知过程的关注能让我们意识到之前对认知本身的遗忘，从而促使我们将它的研究成果同现有的美学研究相结合，为美学乃至人文学科的发展提供新思路、新方向，而这种结合同样也会促进认知语言学乃至自然科学的发展。乔治·莱考夫（George Lakoff）认为："关于范畴化的大多数论述集中于具体事物——

---

① ［波兰］瓦迪斯瓦夫·塔塔尔凯维奇：《西方六大美学观念史》，刘文潭译，上海译文出版社2013年版，第12页。（以下所引仅注明书名、页码。）

② 《西方六大美学观念史》，第397页。

植物、动物、人工制品和人。把积聚这些论述的范围扩大，使之可以包括一些非物质领域的范畴十分重要。这些非物质领域——情感、语言和社会制度等，或许是心智研究最重要的领域。由于这种领域的概念结构不能被视为仅仅反映自然的镜子，所以对这种领域的研究，可能会为心智活动提供较为清晰的指导原则。"①

　　一切学科皆人学，所有知识都是关于人的知识，自然科学、社会科学、人文学科都是人类自我认识的反映。为了更好理解人类自身及其创造的世界，这三者不仅要共享研究成果，还要共享研究方法。认知语言学作为语言学的分支，综合了自然科学和社会科学的成果，具有很明显的学科交叉性，如果将认知语言学的研究成果和思路引入人文学科，或许正是一种从区分走向交融的尝试。

附录1　　　　　　　　　　　elegant的近义词与反义词②

近义词	elegant	释义	近义词	elegant	释义
aristocratic	+1	privileged, elegant aloof	clumsy	−1	not agile; awkward
artistic	+1	beautiful, satisfying to senses	coarse	−1	not fine, rude
awkward	−1	clumsy, inelegant	courteous	+1	gentle, mannerly
beautiful	+1	physically attractive	courtly	+1	refined manner
charming	+1	captivating	crass	−1	coarse, insensitive
chaste	+1	pure, incorrupt	crude	−1	vulgar, unpolished in manner
chic	+1	fashionable	cultured	+1	well-bred, experienced
classical	+1	simple, chaste	dainty	+1	delicate, fragile, fine
classy	+1	stylish, having panache	dashing	+1	bold, flamboyant
clean	+1	not dirty; uncluttered	debonair	+1	charming, elegant
decorous	+1	appropriate, suitable	natty	+1	dapper
delicate（1）	+1	careful, tactful	neat（1）	+1	arranged well, uncluttered
delicate（2）	+1	dainty, weak	neat（2）	+1	clever, practiced

---

①　《女人、火与危险事物：范畴显示的心智》，第189页。

②　"+1"指elegant的近义词，"−1"指elegant的反义词，即inelegant的近义词。

（续表）

近义词	elegant	释义	近义词	elegant	释义
deluxe	+1	superior, plush	oafish	−1	clumsy, stupid
dressy	+1	formal, fashionable	ornate	+1	fancily decorated
earthy	−1	unsophisticated	plush	+1	luxurious, rich
elaborate	+1	intricate; involved	polite	+1	mannerly, civilized
exclusive	+1	unshared, restricted	posh	+1	luxurious, upper-class
exquisite	+1	beautiful, excellent, finely, detailed	pretty	+1	attractive
fancy	+1	extravagant, ornamental	rare	+1	precious, excellent
fine	+1	excellent, masterly	raw	−1	vulgar, nasty
finished	+1	cultivated, refined	refined	+1	cultured, civilized
gauche	−1	tactless, unsophisticated	rich	+1	abundant, well-supplied
genteel	+1	sophisticated, cultured	risqué	−1	improper, referring to sex
gentle	+1	of noble birth	ritzy	+1	elegant, luxurious
gross	−1	crude, vulgar	rough	−1	rude, impolite
glamorous	+1	sophisticated in style	rude	−1	crude, primitive
gorgeous	+1	beautiful, magnificent	rustic	−1	crude, uncouth
graceful	+1	agile, charming, lovely	select	+1	excellent, elite
handsome	+1	attractive	shapely	+1	well-proportioned
interesting	+1	appealing, entertaining	smart	+1	stylish, fashionable
lacy	+1	delicate, netlike	splendid	+1	luxurious, expensive
low	−1	crude, vulgar	spruce	+1	stylish, neat
magnificent	+1	glorious, wonderful	stately	+1	dignified, impressive
maladroit	−1	tactless	sumptuous	+1	luxurious, splendid
superb	+1	excellent, first-rate	tasteful	+1	nice, refined
swish	+1	fashionable, elegant	tasteless	−1	cheap, vulgar
tacky	−1	cheap, tasteless	uncouth	−1	clumsy, uncultivated
wooden	−1	stiff, inflexible	unseemly	−1	improper; in bad taste

（续表）

近义词	elegant	释义	近义词	elegant	释义
willowy	+1	graceful, slender	urbane	+1	civilized
winsome	+1	charming			

附录2 **elegance 的近义词与反义词**

近义词	elegance	释义
bad form	−1	bad style
classism	+1	simple style
flair	+1	talent, style
gallantry	+1	bravery, civility
impropriety	−1	bad taste, mistake
manners	+1	polite, refined social behavior
poise	+1	self-composure, dignity
pulchritude	+1	beauty
polish	+1	cultivated look, performance
sophistication	+1	culture, style
refinement	+1	cultivation, civilization
style	+1	fashionableness
taste	+1	judgment, propriety

（作者单位：山东大学文学院）

量词"张"的产生、发展及其
与名词的制约关系

毛丽佳

摘　要：本文根据北京大学中国语言研究中心CCL语料库，简单梳理并归纳汉语名量词"张"的发展脉络以及在此过程中名量词"张"与其后名词的制约关系，从而帮助汉语使用者准确掌握"张"的使用。另外，从历时角度统计并分析了量词"张"所修饰名词的语义特征并将其归纳为四个基本范畴：弓弩及与其性质类似的范畴；表"拉张开"的范畴；表"铺张开"的范畴；二维平面具功能性范畴。

关键词：量词　张　演变　范畴　搭配　制约关系

名量词"张"在先秦时期出现，宋代以后开始广泛运用，到了现代，名量词"张"的运用更加普及。"张"的本义是"拉开弓"，"一张一弛""张弓"中的"张"都使用本义，是动词，后来，"张"进一步由动词虚化为量词，如"桑弓一张"。那么，"张"是如何由动词发展为量词的？"张"后面的名词又是怎样从弓扩展到其他名词（如"嘴""床""纸"）的？另外，就同一类名词来说，"张"可以修饰"嘴"和"脸"，却不能修饰"鼻子"。针对此类问题，本文拟根据北京大学中国语言研究中心CCL语料库，简单梳理并归纳汉语名量词"张"的发展脉络以及在此过程中名量词"张"与其后名词的制约关系。

一、上古汉语中的"张"

《说文·弓部》："张，施弓弦也。"本义为拉开弓。又由"张弓"义引申为"张开（其他）"，"张"的对象随之由"弓"扩展到其他，如：

（1）"合谋也。""张幕矣。"（《左传·成公十六年》）

（2）于是乎处不重席，食不贰味，琴瑟不张，钟鼓不修，子女不饬，亲亲长长，尊贤使能。（《吕氏春秋·先己》）

（3）非贵我名声也，非美我德行也，用贫求富，用饥求饱，虚腹张口，来归我食。（《荀子·议兵》）

（4）譬之如张罗者，张于无鸟之所，则终日无所得矣。（《战国策·东周策》）

春秋时期"张"开始由动词虚化为量词，其最早称量的是幄、幕："子产、子大叔相郑伯以会，子产以幄、幕九张行，子大叔以四十，既而悔之，每舍，损焉。及会，亦如之。"（《左传·昭公十三年》）李明敏认为汉语当中的大部分名词或动词都可以演变为量词，而名词、动词的本义所具有的典范特点，将会在这些名词、动词发展成为量词之后成为其语义特征，那么这些特征就会变成选择名词的标准之一。[①] "幄、幕"的语义特征如下：

表1　　　　　　　　　上古汉语量词"张"所修饰名词及语义特征

事物名称	定义	语义特征
幄、幕	帐幕。[②] 覆盖在上面的大块的布、绸、毡子等；帐篷。	［+可拉张开］ ［+二维平面］［+延展性］

量词"张"之所以能够称量幄、幕，是因为这些事物都与"张"的引申义"张开"有密切关系，即它们都能够张开而后使用。另外，不管是弓弩还是幄、幕，它们都具有延展性，也就是说它们都有一个从收缩到展开的过程。孟慧娟、汪银峰认为"张"的本义是"拉开弓"，弓弦和弓臂在拉开之后，其间形成一平面，具有了"平面性"[③]，因此量词"张"所称量的对象也应具有二维平面的特点，故幄、幕具

---

① 李明敏：《表物体形状的量词的语义特征》，《绵阳师范学院学报》2015年第12期。

② 本文所用释义采自中国社会科学院语言研究所词典编辑室编：《现代汉语词典》（第7版），商务印书馆2016年版。

③ 孟慧娟、汪银峰：《认知语言学视角下多义词"张"的词义演变》，《沈阳工程学院学报》（社会科学版）2017年第1期。

有二维平面性。

二、中古汉语名量词"张"

东汉、魏晋南北朝时期，量词"张"所称量的事物不再局限于"幄""幕"，而是出现新的称量对象"纸""弓弩""屏风""琴"和"白叠"，如：

（1）五色同心大结一盘，鸳央万金锦一匹，琉璃屏风一张，枕前不夜珠一枚。（《赵飞燕外传》）

（2）临死，告妻以纸三十张，笔十管，墨五挺，安墓中。（《全汉文》卷六十三）

（3）逃亡不可得。即选精兵骑弩四十张。（《前汉纪》）

（4）渊明不解音律，而蓄无弦琴（一作无弦素琴）一张，每酒适，辄抚弄以寄其意。（《全梁文》卷二十）

（5）说佛在世时，有一长者，梦见一张白叠（棉被做成的巾）毛，忽然自为五段，惊诣佛所，请问其故。（《全梁文》卷七十一）

表2　　　　中古汉语量词"张"所修饰新名词及语义特征

事物名称	定义	语义特征
屏风	普遍放置于屋子里来挡风或隔断的家具，能够折叠。	［＋可拉张开］ ［＋二维平面］［延展性］
纸	可在其上进行书写、作画等。	［＋可铺张开］ ［＋二维平面］［延展性］
弓、弩	弓，指的是在射箭或者发射弹丸时经常使用的东西。于弧形的木条（通常有很大弹性）中间系一根弦，当把弦拉开的时候，迅速将手放开，箭或弹丸正是通过木条和弦的弹力而射出。 弩，一种利用机械力量射箭的弓。	［＋可拉张开］［＋延展性］
琴	乐器之一，通过拨动琴弦而发出动听的音乐。	［＋二维平面具功能性］
白叠	棉布。	［＋可铺张开］ ［＋二维平面］［＋延展性］

我们认为，因"张"的本义是"拉开弓"，所以量词"张"可以称量弓弩。量词"张"之所以也能称量屏风、纸、和白叠，是因为它们和幄、幕一样，都具有延展性，

而且都可以张开。三者的不同之处是，屏风需要拉张开，而纸和白叠需要铺张开来使用。另外，我们认为琴的语义特征为二维平面具功能性。二维平面具功能性指的是某物的二维平面具有某种功能。琴最重要的特征是琴弦所在的这一二维平面，可以认为正是人们通过拨动琴面上的弦，才使得琴具有乐器这个功能，也即琴的二维平面具有发出某种音乐的功能，因此我们认为琴具有二维平面具功能性的语义特征。

（一）近代汉语名量词"张"

1. 唐

与前代相比，唐代未见"张"称量"屏风""白叠"的用例，但也出现新的称量对象。如：

（1）每于驿边起店停商，专以袭胡为业，赀财巨万，家有绫机五百张。（《朝野佥载》）

（2）于露处高叠八十张床，铺设精彩，十二时行道祭天尊。（《入唐求法巡礼记》）

（3）坛上敷一张五色采丝毯，亦八角造，阔狭共坛恰齐。（《入唐求法巡礼记》）

（4）屏风十二扇，画障五三张，两头安彩幔，四角垂香囊；槟榔豆蔻子，苏合绿沉香，织文安枕席，乱彩叠衣箱。（《游仙窟》）

（5）渔子与舟人，撑折万张篙。（李白《下泾县陵阳溪至涩滩》）

表3　　　　　唐代量词"张"所修饰新名词及语义特征

事物名称	定义	语义特征
绫机	织绫的机具。	［＋二维平面具功能性］
床	人们用以休息、睡觉的家具。	［＋二维平面具功能性］
丝毯	丝制地毯。	［＋延展性］ ［＋二维平面］［＋可铺张开］
画障	画屏。	［＋延展性］ ［＋二维平面］［＋可拉张开］
篙	撑船的竹竿或木杆。	［＋实用性］［－张开］

通过语义特征分析,"张"量"丝毯"是因为它可以铺张开;画障与屏风类似,二者都可拉张开。那么,为什么量词"张"能够修饰床和绫机呢?孟繁杰、李如龙认为,"床""机"这类事物自身无须"铺张开",这是因为床、机的"平面"是在"铺张开"后形成。①所以我们可以将床、绫机、琴归为一类,都是铺张开的结果。另外,石毓智使用"隐喻"(metaphor)这一理论来分析、归纳表示事物形状的量词。他认为在语言当中,我们通常采用的是事物最明显或者是最重要的特点来称量、代指事物的全部。②比方说"床"最明显、最实用的地方是它的面,人们是坐或躺在床面上睡觉、休息,量词"张"则通过称量床的平面来指代整个床。因此,我们认为琴、床、绫机都具有二维平面具功能性。

至于"篙"如何能作为量词"张"的称量对象,尚存疑问,通过搜索语料,我们仅发现这一例称量用法。因此,我们有两个猜想:第一,随着社会的发展,人们大量运用"张"来称量各类事物从而造成量词的滥用现象。第二,"篙"是"张"称量"弓"这类器具的进一步演化。

2.宋

"张"做量词的用法在宋朝更为多见,除了称量"纸"(36例)、棉布(9例)、弓弩(20例)、琴(9例)、床(1例)、步障(1例)之外,还出现了新的称量对象:兽皮(10例)、口(2例)、槊(2例)、匙(2例)以及鼓(1例)。如:

(1)十一月吐蕃朝贡,使辞人赐虎皮一张。(《册府元龟》)

(2)我有一张口。临事无可说。我有一双眼,和盲悖诉瞎。(佛语录《古尊宿语录》)

(3)威仪有鼓角金钲,弓箭一具,("具"原作"门",据明抄本改)载二枚,槊五张。(《太平广记》)

(4)头边有半碗稀粥,一张折柄匙,插在碗中。(《太平广记》)

(5)神兵四临,天纲宏掩,衡翼千里,金鼓万张,组甲贝胄,景焕波属,华夷百濮,云会雾臻,以此攻战,谁与为敌?(《册府元龟》)

---

① 孟繁杰、李如龙:《量词"张"的产生及其历史演变》,《中国语文》2010年第5期。
② 石毓智:《表物体形状的量词的认知基础》,《语言教学与研究》2001年第1期。

表4　　　　　　　　　　宋代量词"张"所修饰新名词及语义特征

事物名称	定义	语义特征
兽皮	野兽的表皮。	［+延展性］ ［+二维平面］［+可铺张开］
口	人类或动物用来吃饭、喝水、发出声音的器官，也称"嘴"。	［+可拉张开］［+延展性］
槊	槊指的是古代兵器的一种，是一种长杆儿的矛。	［+实用性］［-张开］
匙	用来舀水等流动液体或粉末物的勺子。	［+实用性］［-张开］
鼓	乐器的一种，通过敲击鼓面而发出声响，鼓面大多由兽皮制成。	［+实用性］［-张开］

兽皮可铺张开；"鼓"与"床"，其平面具有某种功能；口（嘴）在张开时，上下两唇形成平面，且有张嘴和闭嘴的延展轨迹，与弓弩、幄幕类似，可拉张开；至于"槊"和"匙"，我们认为它们与弓性质相似，也可能是量词"张"称量事物的滥用。

3.元

与宋朝相比，"张"做量词在元朝的记录并不十分丰富，但也有了一些新的用例，如：

（1）却说鸨儿一见了许多东西，就叫丫头转过一张空桌。（《元代话本选集》）

（2）只见徐爷将一张交椅，置于面南，请苏爷上坐，纳头便拜。（《元代话本选集》）

（3）却说刘志仁与玉姐写了一张冤状，暗藏在身。（《元代话本选集》）

（4）这上面若签个押字，使个令史，差个勾使，则是一张忙不及印赴期的咨示。（《西厢记杂剧》）

表5　　　　　　　　　　元代量词"张"所修饰新名词及语义特征

事物名称	定义	语义特征
桌	用于吃饭、写字等的家具。	［+二维平面具功能性］
椅	一种供人坐在上面的家具，大都有靠背。	［+二维平面具功能性］
冤状	陈述冤情的文书。	［+可铺张开］［+二维平面］ ［+延展性］［+纸制］
咨示	告示、榜单。	［+可铺张开］［+二维平面］ ［+延展性］［+纸制］

桌、椅和床应归为同一范畴,因为它们都具有实用性,且具有实用性的地方是它们的某一平面。而冤状、咨示都是在纸上书写而形成的,它们可铺张开且具有延展性。

4. 明

"张"做量词的现象更为普遍,其范畴进一步扩展,出现了新的称量对象。

（1）黑踢塔一张阔脸,狠粗疏两道浓眉。(《英烈传》)

（2）小道人道:"不妨,不妨。"就取出文房四宝来,磨得墨浓,蘸得笔饱,挥出一张牌来,竖在店面门口。〔《二刻拍案惊奇(上)》〕

（3）佛画塔图一幅,菩提树叶十张。〔《三宝太监西洋记(四)》〕

表6 明代量词"张"所修饰新名词及语义特征

事物名称	定义	语义特征
脸	从额头到下巴称为脸。	［+二维平面具功能性］
招牌	商铺的标示,上面通常写有店铺的名称。	［+可铺张开］ ［+二维平面］
树叶	树木的叶子。	［+二维平面］［+可铺张开］

用"张"称量脸的用法一直沿用至今,杜艳指出:"'脸'可以归为功能与平面融为一体的突显二维特征的物体。"[①] "牌"具有平面性,我们将其与纸制品归为一类。"树叶"与纸类似,都可以铺张开且具有二维平面,元末明初文学家陶宗仪"积叶成书"的故事表明,对于古人来说,树叶和纸的作用相似,除了不易于书写之外,树叶完全可以被当作纸。因而我们认为,树叶与纸应归为同一范畴,故可用"张"量树叶。

5. 清

"张"在清代做量词的现象也较普遍,出现了更为多样的新称量对象。

（1）只看那面低坡下正是个人肉作坊,壁上绷着几张人皮,梁上挂着人头许多,腿数条,两三个人正在那望切一只人腿。〔《侠女奇缘(下)》〕

（2）母亲大人耳帽一件,膏药一千张。(《曾国藩家书》)

---

① 杜艳:《量词"张"的语义认知分析》,《海外华文教育》2010年第2期。

（3）长保在旁，便说："可惜一张油饼，却被它吃了。"〔《七侠五义（上）》〕

（4）这是通天教主最凶最毒的道法，名曰"诛仙网"，双手高举即作一张大网之形，口中念咒，其网便合，虽然无形无质，却是无论哪个神仙妖怪，一入其中，休想越雷池一步。〔《八仙得道（上）》〕

（5）这东家奶奶听是生意上门，随即男的也起来了，女的也出来了，一手提了一张竹篝灯，就来开门。〔《续济公传（下）》〕

（6）宝玉道："我可有什么可送的？若论银钱吃的穿的东西，究竟还不是我的，惟有我写一张字，画一张画，才算是我的。"〔《红楼梦（上）》〕

（7）遂下了马，坐在一张马鞍上，令海安进去通报。（《海公大红袍传》）

（8）公子闪进来，竟到璇姑房口，用手去推那门，并没门闩，却有一张竹台靠住。（《野叟曝言》）

表7 清代量词"张"所修饰新名词及语义特征

事物名称	定义	语义特征
人皮	人身上的表皮。	［+延展性］［+二维平面］［+可铺张开］
膏药	把炼成膏状的药涂抹在兽皮或布的一面，将其贴在疼痛处从而消肿减痛。	［+延展性］［+二维平面］［+可铺张开］
饼	一种面食，常为扁圆形。	［+延展性］［+二维平面］［+可铺张开］
网	大多用绳子做成，用于捕鱼、捕鸟的工具。	［+延展性］［+二维平面］［+可拉张开］
马鞍	放在骡马背上供骑坐的器具，两头高，中间低。	［+二维平面具功能性］

竹台可与床归为一类，都具有二维平面具功能性；以"张"量"字"的用法则可以看作是"张"称量"纸"的虚化，字写在纸上，当强调纸上的字时则说一张字了。而以"张"称量"灯"，我们尚存疑问。在北大CCL语料库中，我们发现有50条以量词"盏"来称量灯的说法，而以"张"量灯的说法只在清代出现一例。我们猜想可能是由于清代大量新事物出现，而造成了"盏"和"张"混用的现象。

三、名量词"张"在现代汉语的发展

现代量词"张"的使用非常频繁，这是社会迅猛发展、各国文化相互借鉴交流的结果。通过搜索现代汉语语料，我们发现与前代相比，"张"所称量的事物更加广泛且多样。

在"张"的本义及相应引申的范畴当中，随着大量旧事物的消失和新事物的产生，弓弩类在现代已经不是人们所常用的工具，所以人们用"张"量"弓"的现象变得没有古代那么普遍；与弓弩类似的兵器、农具也是如此，用"张"量"犁"的现象仍然存在，"张"量"刀、剑、镰"的现象仅有几例，而"张"量"槊、匙"在现代汉语中则完全没有用例。

在"拉张开"这一语义范畴中，以"张"量"幄幕、屏风、画障"这类古代常用事物的现象已不多见，但至今人们仍以"张"量"网"。

在"铺张开"这一语义范畴中，社会中涌现出的大量新事物填充进来，尤其是铺张开的纸制品这一类，出现了以"张"称量"月份牌、海报、广告、飞机票"等一系列新事物。

在二维平面具功能性这一范畴中，绫机这类在古代常用而现代不常见的事物用"张"称量的现象减少甚至不再出现。

另外，我们注意到，现代人们普遍用"张"来称量"蚕种"。《天工开物》："解脱之后，雄者中枯而死，雌者即时生卵。承藉卵生者，或纸或布，随方所用（嘉、湖用桑皮厚纸，来年尚可再用）。一蛾计生卵二百余粒，自然粘于纸上，粒粒匀铺，天然无一堆积。"我们认为，人们之所以大量使用"张"来称量蚕种，是由于雌蛾所产下的蚕卵是粘在纸或布上的，而最初人们就用"张"来称量纸、布，所以相应的，用"张"来称量"蚕种"也就不足为奇了，因此我们将"蚕种"归为可铺张开的纸的范畴。

此外，人们使用"张"来称量树叶的现象在明代只有一例，清代未见，到了现代，以"张"称量树叶再次出现：

（1）阳光在上面跳跃，从一张树叶跳到另一张树叶上。（余华《夏季台风》）

（2）文人往往多愁善感，一张树叶飘下会生出许多感慨。（来自网络）

现代生活中，大家常说一片树叶而非一张树叶。这是因为在修饰"树叶"时，"张"在口语和书面语上表现各不相同。书面语用"张"修饰"树叶"是沿袭明代用法，而口语用"片"来修饰"树叶"是因为"树叶"同时具有"片"所修饰名词的语义特征。在现代汉语当中，"片"作为量词来使用时，通常用来修饰成片的事物（如一片树叶），风景、声音、心意等（常表示为"一片"，如一片美景），某一平地（如一片草地）。

综上，在量词"张"使用的总量上，现代汉语远远超过古代汉语，这是量词"张"完全发展成熟的表现。在"张"所修饰事物的范畴上，现代汉语与明清两代相比，基本没有发生很大变化。每一范畴中"张"可修饰的对象也随着人们交谈中的需要而发生转变。

（作者单位：北京语言大学国际学生教育政策与评价研究院）

黄孝纾年表（上）

李振聚

按：2018年山东大学文学院编辑《黄孝纾文集》。余奉命至山东大学档案馆查阅摘录黄孝纾先生档案，就档案所载，杜泽逊师命撰《黄孝纾年表》。

1900年（清光绪二十六年庚子），一岁

八月二十三日生。《国立山东大学教职员履历表》（1951年）出生日期一栏填"民前十四年八月廿三日生"。《自传》（1955年9月28日）云："生于一九〇〇年八月。"《国立山东大学教职员履历表》（1947年）云："己丑年八月廿三日生。"《高等学校教师登记表》（1952年9月6日）出生年月一栏填写："1900.8.23。"

黄孝纾，字公渚，号颡士、匑厂、匑庵，见《自传》（1951年9月20日）。别号霜腴，民国二十八年王则潞排印本《匑厂词乙稿》，卷端题"霜腴黄孝纾"。《碧虑簃印存》书名下署"霜腴"。辅唐山民，崂山，一名辅唐山。《崂山志序》末有"癸巳（1953）夏日辅唐山民黄公渚匑庵氏拜撰"。劳人，见《春游琐谈》。沤社词客，曾参加沤社。天荼翁，《东海劳歌》卷端题"福唐天荼翁"。《劳山集自序》末题"天荼翁黄匑厂"。甘龙翁，《辅唐山房猥稿》卷端题"甘龙翁"，等等。福州驻防汉军正黄旗人，有印章云"辽海军侨"。以父辛亥后去官流寓山东。《国立山东大学教职员履历表》（1951年）云："福建闽侯人。"《烟沽渔唱》"社外词侣题名"有："黄孝纾，字公渚，号匑厂。汉军驻防。"父黄曾源，母支氏。吴郁生《黄曾源行状》。《国立山东大学教职员履历表》（1951年）云："母支氏，年七十八岁。"

其先世可考者：

远祖黄希宣，以军功编入汉军旗籍，官至副都统。《黄曾源朱卷》。吴郁生《黄曾源行状》。

驻闽始祖黄文元，清康熙十九年由京奉调入闽，以军功授正黄旗领催。《黄曾源朱卷》。

二世祖黄鼎臣。《黄曾源朱卷》。

三世祖黄中极，清雍正七年挈眷移驻福州三江口洋屿水师旗营。由骁骑校历官左翼佐领，署本营协领。乾隆五十一年统带满汉骑兵赴厦防剿台匪，军功奖赏一等功牌。《黄曾源朱卷》。

四世祖黄怀信，左翼佐领，署本营协领。《黄曾源朱卷》。

高祖黄春鳞，字重本，号六庵。由清字外郎保举以县丞归部选用。《黄曾源朱卷》。

曾祖黄恩贵，字锡勋，号石卿。清道光十七年丁酉科举人，知州衔广东候补知县。以留办福州省城团练，奉旨赏戴蓝翎。历署遂溪、新宁等县知县，有治绩。清同治九年卒于新宁县知县任上。《黄曾源朱卷》。吴郁生《黄曾源行状》。（光绪）《新宁县志》卷三："黄恩贵，正黄旗汉军福建驻防。举人。九年二月任。卒于任。"

祖黄运昌，字愫存，号星樵。福建候补同知，随同大军克复漳州、南靖。以全省肃清，奉旨赏加知府升衔。历署长汀、连城、龙溪等县知县，清光绪三年十二月任云霄抚民同知，到任未及三月而去世。《黄曾源朱卷》。吴郁生《黄曾源行状》。（光绪）《长汀县志》卷二十："正黄旗监生，同治五年四月署。"同治六年重刊乾隆《汀州府志》列名有："署长汀县知县候补同知加十级纪录十次黄云昌，汉军正黄旗，监生。"（民国）《云霄县志》卷十三"云霄同知"下列："黄运昌，光绪三年十二月。"《自传》（1951年9月20日）："我的上代系读书人家，到了祖父时，因为做云霄厅同知，到任未三月逝世。死后，亏空累累，家遂破产中落。"

父黄曾源，字石孙、石荪，号立午，晚号槐瘿。福州驻防汉军正黄旗崇全佐领下人。清咸丰八年（1858）三月初八日生。由附生中式光绪十四年（1888）戊子科福建乡试举人，清光绪十六年（1890）庚寅恩科成进士，改翰林院庶吉士。《黄曾源朱卷》（光绪庚寅恩科）。吴郁生《黄曾源行状》。光绪十八年（1892）散馆授职编修。光绪二十年（1894）大考三等第三十六名。光绪二十一年（1895）充国史馆协修官。光绪二十三年（1897）充直省乡试磨勘官。光绪二十四年（1898）三月奉旨以御史记名，十二月充协办院事本衙门撰文官，功臣馆纂修官。光绪二十五年（1899）充镶红旗管学官。光绪二十六年（1900）京察一等。光绪二十七年（1901）二月传补山东道监察御史，七月署督理街道御史，八月署礼科给事中，九月署江南道监察御史，十一月转掌四川道监察御史。光绪二十八年（1902）二月调河南道监察御史，三月京察覆带引见，奉朱笔圈出，四月十九日蒙召见一次，奉旨记名，以道府用。本月二十一日奉旨补授安徽徽州府知府。《清代官员履历档案全编》。光绪三十三年（1907）任青州府知府。（光绪）《益都县图志》卷十八。宣统元年（1909）任济南府知府。（宣统）《山东通志》卷五十四。辛亥革命去职，因福建原籍无产业，无家可归，遂流寓青岛。黄孝纾撰，《自传》（1951年9月20

日）："先父石荪，幼年因债务逼迫，出外谋生，靠教家馆为生活。在封建社会中读书人唯一出路是科举，先父亦不例外，辛苦挣扎，由秀才而举人而进士，光绪庚寅年入翰林。是时外患日迫，清廷政治日趋腐败，同榜中如文廷式、夏曾佑、廖平、蔡元培诸氏，思想皆趋向维新，因此我父亲亦具有政治改革思想。在御史任内，虽有敢言直谏之名，但为时代意识所限，亦仅属于改良主义。后因好直言，被亲贵排挤，外调徽州知府，后转青州、济南知府。辛亥革命去职。因福建原籍无产业，无家可归，遂流寓青岛。"著有奏议及诗文集若干卷，藏于家。吴郁生《黄曾源行状》。传于世者有《义和团事实》一卷稿本，存南京图书馆。《石孙诗稿》一卷。有潜志堂藏书数万卷。与刘廷琛的潜楼、于式枚的潜史楼并称三潜藏书楼。配史氏、王氏，前卒。继配支氏。子四人，孝先，王夫人出。孝纾、孝平、孝绰俱支夫人出。吴郁生《黄曾源行状》。《国立山东大学教职员履历表》（1951年）云："母支氏，年七十八岁。"

1901年（清光绪二十七年辛丑），二岁

1902年（清光绪二十八年壬寅），三岁

1903年（清光绪二十九年癸卯），四岁

1904年（清光绪三十年甲辰），五岁

1905年（清光绪三十一年乙巳），六岁

1906年（清光绪三十二年丙午），七岁

1907年（清光绪三十三年丁未），八岁

1908年（清光绪三十四年戊申），九岁

1909年（清宣统元年己酉），十岁

1910年（清宣统二年庚戌），十一岁

1911年（清宣统三年辛亥），十二岁

1912年（民国元年壬子），十三岁

春，在青岛，从薛肇基（淑周）教授治学。因薛氏来青岛赫兰大学任教，黄孝纾就进了该校旁听了一个时期。一直到民国三年（1914）秋至益都（今山东省青州市）避乱，始在该校肄业。《自传》（1951年9月20日）："我从小因体弱在家延师课读，因我的塾师后来在赫兰大学任教，因此也就进了该学校旁听了一个时期。一九一四年德日战争起，由青岛徙益都避乱。"《国立山东大学教职员履历表》（1951年）学历填写："赫兰大学肄业。"《1949年教职员登记表》："1912年至1914年，青岛赫兰大学肄业。"《高等学校教师登记表》（1952年9月6日）："1912年春至1914年秋，在青岛从薛淑周教授治学，证明人杨伯冈，青岛工商局职员。"

1913年（民国二年），十四岁

在青岛赫兰大学读书。

1914年（民国三年），十五岁

秋，自青岛赫兰大学肆业。日德战争起，青岛卷入旋涡。全家避乱，遂内徙益都。在家自修，同时开馆授徒，补助生活。一直到延续到民国十一年（1922）年冬。《自传》（1951年9月20日）："一九一四年德日战争起，由青岛徙益都避乱。"又云："一九一四年至一九二二年，皆在益都居住，家境非常艰苦，无力上大学，在家自修，同时开馆授徒，补助生活。"《自传》（1955年9月28日）："从一九一四年至一九二二年，皆在益都居住。家境非常艰苦，无力上大学，在家自修。同时开馆授徒，补助生活。那时治学的方向，走的是乾嘉汉学家的路子。对于东原戴氏、高邮王氏、元和惠氏、金坛段氏诸人的书，我非常崇拜。思想因受廖平、康有为所著书的影响，憧憬大同，趋向空想的社会主义。同时又研究词章，笃好汉魏六朝文，因为少年记忆力相当好，好写辞赋和骈体文。其间正值五四运动，对于时局非常愤慨，希望有个改革。当时对于社会性质认识不清，不知资产阶级，不能领导革命，反以北洋军阀攘窃革命成果，走向反动道路，认为革命是少数人夺取政权的阴谋手段，挂羊头卖狗肉，换汤不换药，国家机构，是暴力机关，任何政治，都是以暴易暴，谈不到什么民意民主。因此对于政治，起了厌恶的心情。只希望有一技之长，苟全性命于乱世，做个自食其力的文人。因此从事研究绘画、美术、篆刻、书法等等。在这时期，由于学习过劳，得了肺病及心脏病，经过休养一个期，才获到了恢复。"刘廷琛《青岛侨寓记跋》云："叙述甲寅避乱情景，历历如绘。"

1915年（民国四年），十六岁

春，在益都任家庭教师，主要是教学兼卖文生活。《高等学校教师登记表》（1952年9月6日）："1915年春至1922年冬，在益都任家庭教师，从事教学兼卖文生活。证明人杨伯冈，青岛工商局职员。"《自传》（1955年9月28日）。黄孝纾《青州侨寓记》居在益都始末："一为卫街住二年，一为中所营住三年，最后为西营二衢。岁在乙卯，为吾家自胶澳迁青之始。"同时者"则有刘潜楼、商云汀、叶鹤巢诸丈，薛淑周夫子、李建侯表叔，以次来莅"。最后所居为都护延公别业，"前为厅事，家大人款客所也。旁有小室，贮书其中，微风入帏，牙签答响，颜其榜曰枕葅轩。北侧问影轩、延嬉室，余兄弟读书所也"。

1916年（民国五年），十七岁

1917年（民国六年），十八岁

在益都，任家庭教师。《一九五一年思想工作总结》："我出身在没落官僚家庭，父亲罢官后流寓山东，以卖文教书为生。我十八岁旧当家庭教师，经济来源始终是靠薪水来维持生活。"《高等学校教师登记表》（1952年9月6日）。《自传》（1955年9月28日）："我十八岁当家庭教师。"

1918年（民国七年），十九岁

1919年（民国八年），二十岁

仍在益都，撰《庄子大同书》成。《其他》（1950年7月23日）："我生在光绪末年，正值戊戌变法高潮，我的业师又系研究《公羊》经学者，因此康、梁大同学说书籍，少年看了不少。记得二十岁时曾经写了《庄子大同书》一个小册子，博得老辈们称许。"

1920年（民国九年），二十一岁

1921（民国十年），二十二岁

1922年（民国十一年），二十三岁

二月，清明日游范公祠。黄孝纾撰《清明日游范公祠记》，载《匑厂文稿》卷四。

夏，逭暑青岛，觌陈彦清，得见清道人诗十余什。后撰《清道人遗集佚稿序》。序末题"癸酉良月，匑厂黄孝纾序于墨谑厓"。

1923年（民国十二年），二十四岁

1924年（民国十三年），二十五岁

一月二十六日，自青岛至上海。经章梫介绍，任吴兴刘氏嘉业图书馆秘书、干事兼编辑主任。《国立山东大学教职员履历表》（1951年）。《教师及职员登记表》（1951年1月）云："1924年1月至1935年12月，在上海嘉业图书馆任编辑主任。"《教职员登记表》（1949年）："1924年至1935年，在上海嘉业图书馆，任干事兼编辑主任，主管人为刘承幹。"刘承幹《求恕斋日记》（正月二十六日条）："晚黄公渚（孝纾，石荪太守之子，一山荐在余处主记者也。今日上午自青岛坐轮到此，至是来谒焉）来谈。"刘承幹《求恕斋日记》中此日之后，多有记载黄孝纾者，多为事笔札者，此不备录。又刘承幹《匑厂文稿序》云："甲子（1924年），匑厂谋鬻画上海，因章一山左丞之介，来主嘉业堂。"按：任职上海嘉业堂之开始时间，《高等学校教师登记表》（1952年9月6日）作"1923年春"。《自传》（1955年9月28日）、《自传》（1951年9月20日）皆作1923年。当是误记。《高等学校教师登记表》（1952年9月6日）："1923年春至1936年春，上海嘉业图书馆秘书，主要从事编辑提要、考订板本。章梫介绍。证明人张元济，中国人民政治协商会委员。"《自传》（1951年9月20日）："一九二三年至一九三六年，为就业住上海时期，担任南浔刘氏嘉业堂图书馆编辑职务，月薪从一百元至一百五十元，帮助整理图书，考订板本，编制藏书提要。张菊生、刘聚卿、董授经、朱古微、陈散原、罗雪堂诸氏，皆在该时所认识。"《自传》（1955年9月28日）："一九二三年至一九三六年，为就业上海时期。担任刘氏嘉业堂图书馆编辑职务和私人秘书，月薪从五十元至一百五十元。帮助整理图书，审核板本，编写提要，校勘古籍。张菊生、况蕙风、刘世珩、徐乃昌、董康、罗振玉、朱彊村、陈三立、郑太夷、陈仁先、程颂万、李审言诸氏，皆在该时认识。"

夏，偕依隐、罃弟（黄孝绰）等登劳山绝顶巨峰，有《青房并蒂莲》词。载《东海劳歌》。《劳山集自序》亦云："甲子、丙寅间，始偕友就力之所胜，间一游劳山。"

十二月十八日，陈三立在塘山路寓所宴饮，坐中客有郑孝胥、林开暮、黄公渚等人，并作诗消遣。《郑孝胥日记》云："于伯严坐间晤黄石荪之子，字公渚，闻著作甚富，今就刘翰怡馆。"《郑孝胥日记》。

冬，获交钱塘徐珂（仲可）。黄孝纾《纯飞馆填词图序》："甲子仲冬，客游沪渎，获交钱塘徐仲可舍人。"

1925年（民国十四年），二十六岁

是年，经吴昌硕介绍，在上海参加淞社。《高等学校教师登记表》（1952年9月6日）："一九二五年在上海参加淞社，会员吴昌硕介绍。"

二月十二日花朝日，淞社举行第五十七集于沪上周氏园圃，同集者有吴昌硕、金蓉镜、朱锟、陶葆廉、徐珂、徐乃昌、刘世珩、夏敬观、陈诗、恽毓龄、恽毓珂、张钧衡、罗振常、褚德彝、曹春涵、孙德谦、张尔田、沈焜、黄孝纾。主人为刘承幹、周庆云、周鸿孙。以学圃嬉春为题。同时曹春涵、黄孝纾分绘《学圃嬉春图》以纪其盛。刘承幹《求恕斋日记》。黄孝纾撰《乙丑二月花朝日集周氏学圃记》。《吴兴周梦坡先生年谱》。

十一月十一日，赴刘承幹之约至南浔。二十一日回沪。刘承幹《求恕斋日记》。

1926年（民国十五年），二十七岁

是年，因曾熙（农髯）介绍，被聘上海市中国画会委员。《高等学校教师登记表》（1952年9月6日）："一九二六年被聘上海市中国画会委员，曾农髯介绍。"

重阳日，与友人至华安楼举行重九登高会雅集。参预者有王秉恩（雪澄）、秦炳直（子质）、陈三立（散原）、余肇康（尧衢）、王乃征（病山）、朱祖谋（古微）、金蓉镜（甸丞）、汪洵书（颂年）、潘飞声（兰史）、吴昌硕（缶翁）、曾熙（农髯）、程颂万（子大）等，黄孝纾撰《丁卯九日集华安高楼记》记此次盛事。《翦厂文稿》卷四。

1927年（民国十六年），二十八岁

二月，担任上海正风大学中文系兼任教授。《教师及职员登记表》（1951年1月）："1927年2月至1928年7月，在上海正风大学任教授。"《国立山东大学教职员履历表》（1951年）。《自传》（1955年9月28日）。《教职员登记表》（1949年）："1927年至1928年，上海正风大学教授，担任古籍校读、韵文课，主管人王蕴章。"《高等学校教师登记表》（1952年9月6日）："1927年秋至1928年夏，上海正风大学教授，担任读书指导、韵文选等课程。王西神介绍。证明人夏敬观，上海文物保管委员会委员。"《自传》（1951年9月20日）："一九二七年即在正风大学中文系任教授，月薪二百元。"

冬，为周肇祥题《篝镫纺读图》。

1928年（民国十七年），二十九岁

六月，游崂山外九水，有《哨遍》一词纪其事。词载《东海劳歌》。

秋日，与弟黄孝平（璕厂）过崂山观川台小憩洪氏别业，有诗记之。诗载《劳山纪游集》。按黄孝平，字璕厂，见《雅言》壬午卷一（1942年1月）："璕厂，黄孝平，闽侯。"

八月与朱祖谋、梅泉、病山、伯夔等至吴淞见海。陈三立有《戊辰八月，梅泉招彊村、病山、伯夔、公渚汝舟至吴淞见海》。

1929（民国十八年），三十岁

三月，游苏州，与朱祖谋等集顾氏怡园。黄孝纾撰《征招》一首，题云："庚午三月，薄游姑苏，彊村丈招同夷叔、苍虬、慎先、笠士诸公集顾氏怡园，苍虬有词，余亦继声。"

十月初七日，叶恭绰、赵尊岳访刘承幹，欲选有清一代诗余，定名《清词钞》，约一百卷，推刘承幹与黄孝纾为总干事。刘承幹《求恕斋日记》。

十月二十七，朱祖谋、徐乃昌、黄孝纾等以《清词钞》事集议于觉林素菜馆，推黄孝纾等任《清词钞》编纂处干事，负责编次。《教职员登记表》（1949年）："1929年至1934年在上海《清词钞》编纂处任副总干事，主管人朱孝臧、叶遐庵。"《己巳十月廿七号清词钞编纂处议决事》："己巳十月廿七号，海上同人以清词钞事集议于觉林，到者如下：朱彊邨、徐积余、金甸丞、董授经、潘兰史、周梦坡、夏剑丞、易由甫、吴湖帆、陈彦通、陈鹤柴、易大庵、况又韩、刘翰怡、叶玉甫、黄公渚。议决事项如下：一、暂定名《清词钞》。其办事处定名《清词钞》编纂处。二、海上同人各将所藏清人词务请于半月内钞目交来并任搜辑。三、通函各地同人，分任搜辑，并将藏词不论总集、专集、选本、稿本，一律钞目寄沪。四、推朱彊邨为总编纂。五、推程子大、徐积余、王书衡、陈石遗、卓芝南、易由甫、夏闰枝、赵菱生、夏剑丞、董授经、冒鹤亭、袁伯葵、金甸卿、许守白、潘兰史、阚鹤初、何梅生、王西神、刘翰怡、赵叔雍、叶玉甫、黄公渚为编纂。六、推邓孝先、马夷初、张缄若、胡幼胹、陈佩忍、柳翼谋、袁淑和、顾颉刚、金松岑、李范之、吴瞿庵为名誉编纂。七、推刘翰怡、叶玉甫、赵叔雍、黄公渚为干事。八、编次推黄公渚、刘纪泽，并须附索引。九、审定推朱彊邨。十、同人函件稿籍均寄上海爱文义路八十四号刘宅，归黄公渚先生收存管理。十一、各地同人征得词稿，如卷帙繁重，不便邮寄者，即请选钞寄沪，但务请附列集名、卷数、版本及名号、爵里等。十二、凡借用之书籍稿本，同人均负妥慎保全之责，如购买邮寄钞写等费用较巨者，可商由本处负担。十三、本书期以一年观成，任选择者，务请每次定立程限，以免延误。十四、编纂诸君同时请负采访之责，其编纂之任务可于各地行之，但宗旨办法请与本处接洽，以期一贯。十五、会计庶务由干事任之。"又《清词钞编纂处征求书籍简则》："一、本处为编纂《清词抄》求有关各书籍，凡以清代词集等见寄者，均所欢迎。一、海内藏家，自接函后，请以半月中将所藏各种词集或附见古人总集中词集均请先抄目寄本处审查，再行接洽或借或抄办法，以免重复而省手续。一、凡海内人士先代词稿，或已刻或未刻，如肯惠寄，得由本处选登。一、海内词家生存者不收。一、承假各书，本处当负保管之责，如系孤本，或附见总集，不便单行惠寄者，拟请代钞，钞费由本处任之，其详细办法，临时互商决定。一、归还假书以半年为限，如有特别情形，得通融办理，但必先期函商，通函酌定。一、要函及寄书皆须挂号径寄本处，收到时当以本处印戳为信。一、来函及寄书藉务请详细注明地址日期，以便稽核兼备裁答。一、本处设立上海爱文义路八十四号。"

与夏敬观、吴湖帆、徐桢立、陈灜一、马寿华等成立康桥画社。任康桥画社主任，教授国画。《教职员登记表》（1949年）："1929年至1937年，上海康桥画社主任，教授国画，主管人夏剑丞。"陈衍《石遗室诗话续编》："黄公渚（孝纾）工画、骈文，流寓上海，卖文卖画自给，与夏剑丞诸人结康桥画社。与朱古微诸人，结词社。"按：《夏敬观年谱》系此事于民国十九年（1930）。

是年，海上诗钟社集于晨风庐。黄孝纾与潘飞声、夏敬观、李宣龚等先后入社。《吴兴周梦坡先生年谱》。

1930年（民国十九年），三十一岁

任商务印书馆特约编辑。《国立山东大学教职员履历表》（1951年）。

夏六月，识张镜夫于青岛，并约张至南浔嘉业堂为刘承幹整理藏书。张镜夫《涵芬楼志书目录跋》："共和第一庚午（1930）夏六月，识黄公渚先生于青岛，并约予往南浔嘉业堂为刘翰怡先生整理藏。翰怡于前年来青岛，和蔼长者，以家变而懊丧过甚。"

八月，任中国公学中文系任教授，担任词选、诗选、《文心雕龙》等课程。《国立山东大学教职员履历表》（1951年）。《自传》（1955年9月28日）。《教师及职员登记表》（1951年1月）：

"1930年8月至1931年7月，上海中国公学任教授。"《教职员登记表》（1949年）："1930年至1931年，上海中国公学教授，词、诗文批评，主管人马君武。"《高等学校教师登记表》（1952年9月6日）："1930年夏至1931年夏，上海公学教授。担任词选、诗选、文心雕龙等课程。介绍人夏敬观。证明人夏敬观，上海文物保管委员会委员。"《自传》（1951年9月20日）："一九三十年又在中国公学任教授，月薪二百二十元。"

初冬，与夏敬观、周庆云倡立沤社。社长朱祖谋。每月一集，集必填词，以二人主之。题各写意，调则同一。社员有潘飞声、程颂万、洪汝闿、林鹍翔、谢抡元、林葆恒、杨玉衔、姚景之、许崇熙、冒广生、刘肇隅、高毓彤、袁思亮、叶恭绰、郭则沄、梁鸿志、王蕴章、徐桢立、陈祖壬、吴湖帆、陈方恪、彭醇士、赵尊岳、龙沐勋、袁荣法等。有《沤社词钞》一册，中收黄孝纾词十八首。潘飞声《沤社词钞序》。马强《沤社研究》。周延祁《吴兴周梦坡年谱》庚午旧历九月条云："九月夏丈剑丞、黄君公渚倡词社会于海上，名曰沤社。"《词学季刊》创刊号"词坛消息"一栏有"沤社近讯"："沤社成立于十九年冬，为海上词流所组织。每月一集，集必填词。初有社员二十余人，以后续见增益，亦有散之四方者。自前年彊邨先生下世，一时顿失盟主，又值淞沪之变，颇现消沈气象。近时时局稍稍安定，社集照常进行，盛况不减于往日。"按：《高等学校教师登记表》（1952年9月6日）云："一九二六年参加沤社，会员朱孝臧介绍。"当为误记。

1931年（民国二十年），三十二岁

三月七日，溥仪召见黄孝纾、郑垂。溥仪《召见日记簿》。

七月二十四日，黄孝纾与夏敬观（映庵）、徐绍周书画展在宁波同乡行举行。

任国立中国公学教授。《国立山东大学教职员履历表》（1947年）资历一栏云："国立中国公学教授，民国二十年，薪额三百。"

是年《金钢钻报》发表题亚凤（朱大可）所撰《近人诗评》，连载于1931年5月1日至9月15日《金钢钻报》。中云："黄孝纾。近日，少年诗人与旧都诸老相唱和者、有黄公渚，其卖文市招自号匑盦者是也。公渚能为骈体文、长短句，而其诗笔亦复研炼于散原、海藏二家者不浅，如《和缦葊海溃记游诗》云：'栖迟江介动经春，风鹤残惊接枕茵。千里传书从疾置，九能济胜属闲人。海涛阅世群喧起，山阁看云万态新。政欲相从分一壑，醉携鸥鹭作比邻。'此诗春、茵两韵，力避尘俗，颇似散原；而海涛、山阁一联，高唱入云，又似海藏。大抵散原好用重字，海藏喜作豪语；散原每见至情，海藏时露高致。至其愤世嫉俗之念，则又殊途同归也。因论公渚诗，辄涉笔及之。"朱大可撰《近人诗评》。

1932年（民国二十一年），三十三岁

三月初二日，在上海，夜黄孝纾与刘承幹谈。第二日，黄孝纾回青岛转长春，刘承幹将贺折两件托黄氏进呈溥仪。黄氏此次回青岛，亦因三月初八日为其父黄曾源七十五岁生日，往祝寿。刘承幹《求恕斋日记》。

春，黄孝纾觐见溥仪。四月初八日，黄孝纾自青岛致函刘承幹云前上溥仪贺折两件，已奉批回。刘承幹《求恕斋日记》载刘承幹、秦炳直贺折皆有溥仪批云："谕刘承幹所陈均颇切要，并据黄孝纾面奏，具见悃忱""谕秦炳直等，览奏具见休戚与共之忱，并召见黄孝纾，询知卿等均各安好，良慰朕怀"。

暮春，携路朝銮、弟黄孝平（墅庵）登崂山明霞洞观海，用白石韵填《一萼红》词纪其事。载《东海劳歌》。

为龙榆生题《授砚图》，云："片石犹余泪点鲜，马塍花发忽经年。死知化鹤犹无地，生忆批鳞语彻天。词苑宗风谁嗣起，礼堂定本待君传。搜图貌取思悲阁，神理还应百刲绵。榆生仁兄世大人属题，即希郢正。壬申，匑厂黄孝纾。"张晖《龙榆生先生年谱》。

夏，与袁荣叜（道冲）、张子厚、弟黄孝平（墅厂）、弟黄孝绰（翆厂）崂山龙潭观瀑，有《龙潭观瀑记》一文。文载《辅唐山房猥稿》。按，黄孝绰，字翆厂，见《雅言》壬午卷三（1942年3月）："翆厂，黄孝绰，闽侯。"

八月十五日，与袁荣叜（道冲）、吕美荪、弟黄孝平（墅厂）同游石老人，有《石老人游记》。文载《辅唐山房猥稿》。

秋，与赵录绩（孝陆）、张栋铭（季骧）、胡陔云、邹允中（心一）游崂山华楼宫，有《游华楼宫记》。文载《辅唐山房猥稿》。

八月，任上海暨南大学中文系教授，任文学史、汉魏六朝文、诗选等课。《国立山东大学教职员履历表》（1951年）。《高等学校教师登记表》（1952年9月6日）。《自传》（1955年9月28日）。《教师及职员登记表》（1951年1月）："1932年8月至1934年7月，上海暨南大学，任教授。"《教职员登记表》（1949年）："1932年至1934年，上海暨南大学教授，任文学史、韵文课，主管人郑洪年、沈鹏飞。"《高等学校教师登记表》（1952年9月6日）："1932年秋至1937年冬，上海暨南大学教授，担任文学史、汉魏六朝文、诗选等课。介绍人朱孝臧。证明人徐杏贞，山东大学外文系讲师。"《自传》（1951年9月20日）："一九三二年又任暨南大学中文系教授，月薪二百八十元。所教的是纯文学韵文方面。并为商务印书馆编辑书籍，兼以卖画卖文维持生活。任中国画会会员。并与友人创办康桥画社。"

九月初十日，与刘承幹至大东旅社贺徐乃昌之子完姻。刘承幹《求恕斋日记》。

十一月十五日，《青鹤》杂志创刊于上海，创刊号首页列有特约撰述，黄孝纾列名其中。《青鹤》杂志创刊号。

是年，重订润例。民国二十二年（1933）四月一日，《词学季刊》创刊号刊载《匑厂黄孝纾润例壬申年重订》。《匑厂黄孝纾润例壬申年重订》："画例：堂幅三尺四十元，每增一尺加十元，不足一尺以一尺论。屏条三尺三十元，每增一尺加十元，不足一尺以一尺论。册叶每开见方十二元，过一尺作两开算。手卷每尺二十元。扇面每页十二元。集锦扇每格十元。以上山水润例，画松减半，工细加倍，点品加倍，青绿加倍，金笺加倍。文例：寿文二百元，千字以上每百字加二十元。碑铭传志三百元。行述、诔、祭文二百元。记、序、跋，每百字三十元。诗词每件三十元。书例：楹联，四尺六元，五六尺八元。堂幅，四尺八元，五六尺十二元。屏幅，四尺每条四元，五尺六元，六尺八元。扇面册页，每页五元。横幅整幅同堂幅，半幅同屏条。寿屏碑版另议，笺纸加半。润赀先惠墨费一成。收件通讯处：上海爱文义路八九九号刘宅；极司非而路三十四号康桥画社；青岛湖南路廿四号。"

1933年（民国二十二年），三十四岁

元月，吴大澂有日记评当日书画鉴评诸家之言，于黄孝纾题云：黄公渚，少经验，且自信。此为后日因书画鉴评而致祸以陨身之伏笔也。

秋，为蔡莹《连理枝杂剧》撰序。按《连理枝杂剧》凡四折，末有："题目：赵二官私寄同心结。正名：孙三娘自挂连理枝。"蔡莹《味逸遗稿》卷三。

冬，所著《匑庵文集》六卷，民国二十二年江宁蒋氏湖上草堂丛刊排印印行。《高等学校教师登记表》（1952年9月6日）。半页十行，行二十字，白口，四周双边，上单鱼尾。卷端题"闽县黄孝纾頵士"。前有岁在乙亥冬武进董康序、岁在乙亥新建映厂夏敬观序于康桥窈窕释伽室序、岁在乙亥拔可李宣龚序于墨巢序、岁在端蒙大渊献嘉平月桐城浦孙叶玉麟序、乙亥冬十一月湘潭蘉厂袁思亮序、乙亥冬日吴兴翰怡刘承幹序于吴门寄庐序、乙亥嘉平闽侯曾克端序、乙亥辜月蒋国榜序。卷一为赋，十三篇；卷二为序，十一篇；卷三为序、跋、赠序，十一篇；卷四为记，十篇；卷五为碑、传、墓志铭、诔文，十二篇；卷六为书、颂、杂文、揭、启、引，十篇。

十二月，选注《晋书》《黄山谷诗》《欧阳永叔文》由商务印书馆列入《万有文库》出版，题黄公渚选注。

除夕，改号霜腴。梁鸿志（众异）《癸酉除夕匑庵以匑之近穷也，改号霜腴，有诗奉和》一诗，载《青鹤》。

是年，仍任国立暨南大学教授。《国立山东大学教职员履历表》（1947年）资历一栏云："国立暨南大学教授，民国廿二年，薪三百四。"

是年，仍任上海商务印书馆特约编辑。《国立山东大学教职员履历表》（1947年）资历一栏云："上海商务印书馆特约编辑，民廿二至现在。"

1934年（民国二十三年），三十五岁

三月一日，陈夔龙为溥仪上贺表，列名有前山东济南府知府臣黄曾源，前笔帖式臣黄孝纾。秦翰才《满宫残照记·零缣断简中的秘密》："康德元年（1934）三月一日，溥仪开始作满洲帝国皇帝，满洲和日本各界人士都有贺表，陈夔龙等久为上海寓公，亦有贺表，奏太子少保北洋大臣直隶总督臣陈夔龙等跪贺皇上天喜。康德元年三月一日。下署十二人名字，其中列有前山东济南府知府臣黄曾源，前笔帖式臣黄孝纾。"

五月，所选注《玉台新咏》一书，由商务印书馆列入《学生国学丛书》出版，题黄公渚选注。

五月，与冒广生合写扇面送与汤定之。题自作诗曰："坐看鸦外日平沈，换世钟声直到今。一往荒寒情不灭，山重木落见初心。甲戌五月抚柯敬仲笔意，定之先生法家教正。霜腴黄孝纾作。"冒书录自作词曰："触暑山城来见女，乍惊耶发已成斑。当时远嫁真非计，却顾诸孙又破颜。弱质强教掺井臼，有夫常是梦刀环。九京王母偏怜惯，卒怪衰翁不涕清。萧县视珂女。定之道兄哂正。弟冒广生。"

五月，与冒广生、林子有、梁鸿志（众异）赴常熟，由杨无恙、瞿旭初任导游，游白鸽峰、拂水山庄。后赴湖甸观龙舟竞渡。晤张璚隐，观看所藏《风怀手稿》。宿虞山旅馆。次晨出北门，游赵氏北墅、破山寺。宋人手植之梅已枯死。再游大小石洞、中峰、三峰、报国维摩寺。林子有返沪后，作《忆江南·四月二日偕鹤亭、众异、霜腴游常熟、虞山，承杨君旭初导游，归填此解八阕》。杨无恙作《冒鹤亭、林子有、梁众异、黄公渚来游虞山，别后寄诸君子》。《冒广生先生年谱》。

五月，又因冒广生三子冒孝鲁景璠妻即将赴莫斯科，冒广生命其作画赠友，计有：汤定之《召西村舍》两图、夏剑丞《康桥居图》、黄公渚《墨谑顾图》又《延榛阁琴趣图》、林子有《讱庵填词图》、李拔可《墨巢图》。《冒广生先生年谱》。

是年十月，冒广生赴沪，拟转去广州，晤夏剑丞、陈灝一、黄公渚、卢冀野。《冒广生先生年谱》。

夏，与赵录绩（孝陆）、张栋铭（季襄）、邹允中（心一）、沈治丞、路朝銮（金坡）、弟黄孝平（璽厂）同游崂山明霞洞，有《明霞洞游记》一文。文载《辅唐山民猥稿》。此年夏又与袁荣叟（道冲）、张子厚、沈治丞、弟黄孝平（璽厂）同游崂山华严寺，有《华严寺游记》一文。文载《辅唐山民猥稿》。同年夏与吕美荪、路朝銮（瓠厂）游崂山外九水，有《外九水游记》。文载《辅唐山民猥稿》。

十一月十三日，黄孝纾与夏敬观（眏庵）、陈瀻一作品展览会在湖社举行。

1935年（民国二十四年），三十六岁

是年初，撰写《周秦金石文选评注》一书成。序云："此书创稿于甲戌初秋，阅时半年。其间析疑问难，敦复商订，得诸钱塘王莼赋先生之力为多。书成，余将归青岛，王君亦将返西泠。岁月忽忽，离合不常，而此一段文字因缘，不可不附识于此。黄公渚识于南浔刘氏嘉业堂。"按《周秦金石文选评注》及《两汉金石文选评注》乃王有宗代撰，见李军《〈周秦金石文选评注〉、〈两汉金石文选评注〉撰者发覆》。

四月一日，《艺文》杂志创刊，夏剑丞主编，黄公渚、卢冀野助编。上海杂志公司发行。民国二十六年四月十日终刊，共出六期。《艺文》第一卷第一期登《匑厂黄孝纾润例》《匑厂文摧》。《匑厂文摧》第一章为《汉魏六朝沈博绝丽之文合于文之古训》，或即《六朝文摧》。按"艺文"二字系黄孝纾集张迁碑字。是年借吴兴刘氏嘉业堂藏钞本《绿窗新话》，刊于《艺文》杂志上。1957年周夷据《艺文》杂志本加以整理校补，由上海古典文学出版社出版，1991年上海古籍出版社又有周楞伽（即周夷）笺注本。

四月，袁伯夔邀冒广生及黄公渚听鼓儿词。《冒广生先生年谱》。

夏，撰《两汉金石文选评注》成。序云："余前此有《周秦文选》之辑，既削稿。窃以为导河昆仑，使不穷源竟委，无以极浩淼之观，两汉金石文字，周秦之支流，而六朝之先导也。爰以暇日，赓续草此稿，发凡起例，择其文字尤雅驯者，钩稽考证，务明大义，阅半年而始成。其间商榷疑难，则友人王莼甫、王彦行之助为多，识之以著文字因缘焉。乙亥夏日，闽县黄公渚草于上海真茹暨南大学讲舍。"

夏，养疴九水，得以其隙；穷极幽隐，成《劳山百咏》。《劳山集自序》。

秋，游崂山佛耳崖访周志俊，有诗纪其事。诗载《劳山纪游集》。又与袁荣叟（道冲）、赵录绩（孝陆）、胡陔云、弟黄孝平（璽厂）、黄孝绰（毳厂）同游崂山鱼鳞峡，有《鱼鳞峡记》及《鱼鳞口潮音瀑记》。文载《辅唐山民猥稿》。

六月十八日，在上海夏敬观宅，与夏敬观、高毓浤、叶恭绰等成立声社。《京沪词坛近讯》："其在上海者曰声社，以本年六月十八日成立于沪西康家桥夏眏庵宅。主其事者为夏敬观眏庵、高毓浤潜子、叶恭绰遐庵、杨玉衔铁夫、林葆恒讱庵、黄浚秋岳、吴湖帆丑簃、陈方恪彦通、赵尊岳叔雍、黄孝纾公渚、龙沐勋榆生、卢前冀野，亦以十二人为限云。"

八月，选注《司马光文》一书，由商务印书馆列入《学生国学丛书》出版，题黄公渚选注。

九月，商务印书馆出版《周秦金石文选评注》《钱谦益文》，题黄公渚选注。

十一月，商务印书馆出版《两汉金石文选评注》，题黄公渚选注。

任，国立广东中山大学教授。《国立山东大学教职员履历表》（1947年）资历一栏云："国立广东中山大学教授，民廿四，薪三百四。"

黄氏潜志堂印行《汉魏六朝文学史》。《高等学校教师登记表》（1952年9月6日）云："《汉魏六朝文学史》，1935年潜志堂印行。"

1936年（民国二十五年），三十七岁

夏，与张子厚、路朝銮（金坡）、沈治丞、弟黄孝平（塈厂）、黄孝绰（罜厂）同游崂山上清、下清宫，有《二宫游记》一文。文载《辅唐山民猥稿》。

是年夏，郭则澐在北京倡立蛰园律社，集唱于蛰园之松乔堂，亦称松乔堂社集。见《郭则澐自定年谱》："是夏，踵榕荫堂律集之例，复举蛰园律社。曾与前集者，惟陈征宇、周熙师、黄嘿丈尚在，自余同乡郑稚辛、薛淑周、方策六、陈莼衷、黄公渚、君坦伯仲外，乐此者甚鲜。"《蛰园律集后编同人姓氏》中有"黄孝纾公渚"。《松乔堂律集》中"明武宗豹房""文选楼""竹帘""新柳""冯益都万柳堂"题下各有黄孝纾诗一首。《蛰园律社春灯诗卷》中"慈仁寺顾祠"下有黄孝纾诗二首，"灯影梅花"下有黄孝纾诗一首。《春游琐谈·近五十年北京词人社集之梗概》："及卢沟桥事变后，郭啸麓由津移居北京，又结蛰园律社及瓶花簃词社。每课皆由主人命题备馔。夏枝巢仁虎、傅治芗岳棻、陈莼衷宗藩、张丛碧伯驹、黄公渚孝纾、黄君坦孝平、关颖人、黄嘿园，皆为社中中坚。"

八月，经叶恭绰介绍，接受山东大学林济青校长之聘，任山东大学中文系教授，任目录学、汉魏六朝文、词选、先秦古籍等课。《国立山东大学教职员履历表》（1947年）资历一栏云："国立山东大学教授，民廿五，薪三百四。"《国立山东大学教职员履历表》（1951年）。《高等学校教师登记表》（1952年9月6日）。《自传》（1955年9月28日）："到了一二八以后，上海经济市场，受帝国主义严重的摧残和破坏，普遍表现不景气，即笔墨生活，也都受到了影响，居停主人破产，全家迁往苏州，我也闹肿脚病，须易地疗养，青岛是我全家根据地，遂在一九三六年回岛，接受山东大学林济青校长的聘书，任中文教授，月薪三百二十元。"《教师登记表》（1953年）云：一九四六年来校。《教师及职员登记表》（1951年1月）："1936年8月至1937年12月，在青岛山东大学，任教授。"《教职员登记表》（1949年）："1936年至1938年，青岛山东大学教授，诗词、先秦古籍，主管人林济青。"《高等学校教师登记表》（1952年9月6日）："1936年秋至1937年冬，青岛山东大学教授，担任目录学、汉魏六朝文、词选等课。介绍人叶恭绰。证明人童第周，山东大学副校

长。"《自传》（1951年9月20日）："上海卖稿卖画生涯在一二八以前，收入尚不恶。到了一二八以后，上海经济市场受到帝国主义更重之压迫，普遍的表现不景气，即笔墨生涯都受了影响。居停主人破产，迁住苏州。我也闹肿脚病，须易地疗养。又因这时我家久已迁居青岛，遂在一九三六年回岛，接受山东大学中文系聘书（月薪三百二十元）。"

九月，选注《周礼》一书由商务印书馆《学生国学丛书》出版，题黄公渚选注。

九月十一日，董康在日本接到黄孝纾信。《书舶庸谭》云："是日，古屋主人转青岛黄公渚函来，内附《刘幼云敦煌卷子目》，摘佳品存于后。"

十月二十四日，父黄曾源卒。吴郁生《黄曾源行状》。

1937年（民国二十六年），三十八岁

六月，在山东大学指导中国文学系第四届毕业生毕业论文。有朱绍安，男，山东博平人，《元曲考略》；赵新坡，男，山东临沂人，《王渔洋诗研究》；袁绪曾，男，河南中牟人，《杜诗研究》；严曙明，男，安徽寿县人，《谢康乐诗研究》；张裕光，山东菏泽人，《韩文研究》。《国立山东大学中国文学系第四届毕业生毕业论文一览》（1937年6月）。

卢沟桥事变起，北京先期沦陷，青岛战争空气紧张，便同梁漱溟之兄凯铭，拟往邹平避难。到了周村，得悉梁漱溟已先离开邹平，不得已携同老弱二十余口，狼狈折回益都，住了两个月。后悉青岛日侨撤退，沈鸿烈高唱保卫大青岛，林济青校长筹议山大恢复开学，又回到青岛。《自传》（1951年9月20日）。

夏，王则潞排印《匑庵词乙稿》成。《匑庵词乙稿》又名《碧虑簃词乙稿》《碧虑商歌》版心下题"袥海楼丛刻"。卷端题"霜腴黄孝纾"。封面夏孙桐题签，扉页陈曾寿题"碧虑商歌"。前有夏孙桐、张兰思、汪曾武、张尔田、夏仁虎、张伯驹、郭则澐题辞。《民国名家词集选刊》十五册据以影印。又有一九六九年王则潞据黄氏手稿影印本，卷端题"碧虑簃词乙稿"，次行题"闽县黄孝纾颉士"。后有王则潞跋云："《匑厂词乙橐》一册，三十年前曾用仿宋刊行。乙巳春，匑厂先生病逝济南，龙榆生先生检寄其手写原稿，嘱为付印，因重刊以饷世之知音者。惜乎，榆生先生亦已去世，不可得而睹矣。己酉初夏，门人王则潞谨识。"

是年，郭则澐结瓶花簃词社。成员有夏仁虎、傅岳棻、陈宗藩、张伯驹、黄孝纾、黄孝平、关赓麟、黄默园等。

1938年（民国二十七年），三十九岁

春，任北京司法委员会秘书，编纂清代法典，兼管文牍。《高等学校教师登记表》（1952年9月6日）："1938年春至1940年春，北京伪司法委员会秘书，编纂清代法典、兼管文牍。介绍人

董康。证明人刘志扬，北京大学法学院教授。"《教师登记表》（1953年）背后有文字云："一九三八年秋至一九四〇年在北京司法委员会任秘书。"《自传》（1951年9月20日）："一九三八年一月十日，青岛沦陷。沈鸿烈先期溜走。日军登陆，治安不佳，尤其对于无职业知识分子，特别注意。人心惴惴不安。是时青、京交通恢复。董康德悉我家仍住青岛，来信言及汤尔和要恢复北京大学，希望旧山大教员到北京去。我时全家失业，人口众多，又因中央银行事先撤退，通货枯竭，在此不得已情形下，遂到了北京。哪知北大文学院沙滩校舍因日军占住，一时不能恢复，家居旅馆，进退维谷。董康坚邀到其司法委员会任秘书。当此时期，不了解抗日战争局势，国共合作后，中共持久战策略起了骨干作用，只看见国民党军队节节败退，又从后方传来速战速决之妥协消息，遂认为国民党是无希望，终不免有战败构和之一日。又因司法委员会独无日本顾问，同事中多旧日文学界熟人，因此遂就秘书职务。因不懂法律，只好写写应酬文字，校刻古籍，在《法典》编纂委员会搜辑《清实录》各书中有关清代修订法律史料。因事清简，不须按时上班，同时友人瞿兑之让半个教书位置，遂在师范学院中文系任讲师，此为在师范任教开始。次年转女子师范学院任教。其后两院合并，改为师范大学，遂在师范中文系任教授，月薪四百五十元，一直到一九四五年春，始离该校，有本校李良庆教授可证。"

秋，经瞿兑之介绍，任北京师范学院教授，担任目录学、词选、汉魏六朝文等课。《高等学校教师登记表》（1952年9月6日）："1938年秋至1942年秋，北京伪师范学院讲师、教授，担任目录学、词选、汉魏六朝文等课。介绍人瞿兑之，证明人莫东寅，山东大学教授。"

十二月，所撰《岛上流人篇》一卷刊载《司法公报特刊》上，题黄颓士撰。又载《雅言》卷四，1941年第4期。序云："辛亥世变，海宇骚然，青岛一隅，遂为流人翕集之地。假息壤于仙源，拟华胥之酣梦。冠盖辐辏，称极胜焉。乃不数年，兵氛荐及，风流云散，人世沧桑。余亦奉亲辟地青州，追理畴曩，爰述斯篇，窃附虞山吾炙之意，用申永嘉板荡之思云尔。"共有张安圃制军、陆元和相国、吕镜宇尚书、周玉山制军、劳玉初尚书、于晦若侍郎、李惺园大令、王爵生侍郎、陈贻重侍郎、胡星舫中丞、童次山观察、徐友梅观察、商藻亭太史、赵次珊制军、邹紫东尚书、吴蔚若枢相、刘潜楼侍郎、章一山左丞、叶鹤巢宗丞、萧绍庭观察、薛淑周夫子、李健侯表叔、丁容之观察、易蔗农大令、叶文伯大令二十五人二十二首诗。

经关赓麟（颖人）介绍，参加秭园诗社。《高等学校教师登记表》（1952年9月6日）："一九三八年参加秭园诗社，会员关颖人介绍。"

是年，黄孝纾、黄孝平官京师，觅宅不得，郭则沄借以蛰园之东之小鄂跗堂、结霞阁居之，初拟于此结社论画，既而不果。《郭则沄自定年谱》。

所撰《词范》一书印行。《高等学校教师登记表》（1952年9月6日）。

1939年（民国二十八年），四十岁

正月，与蛰园律社灯集。《蛰园律社春灯诗卷》中"慈仁寺顾祠"下有黄孝纾诗二首，"灯影梅花"下有黄孝纾诗一首。

八月，任北京中国大学教授。《教师及职员登记表》（1951年1月）："1939年8月至1940年7月，任北京中国大学教授。"《教职员登记表》（1949年）："1939年至1940年，北京中国大学教授，目录校勘，主管人何克之。"

任北平大学教授。《国立山东大学教职员履历表》（1951年）。

任中国画会理事兼导师。《国立山东大学教职员履历表》（1951年）。《教职员登记表》（1949年）："1939年至1944年北京中国画会理事兼导师，主管人周兆祥。"

1940年（民国二十九年），四十一岁

春，北京国学书院讲座导师，担任经学、词学、目录学、骈文等课。《高等学校教师登记表》（1952年9月6日）："1940年春至1944年冬，北京国学书院讲座导师，担任经学、词学、目录学、骈文等课。介绍人瞿兑之。因院务结束离职。证明人黄宾虹，中国人民政协委员。"《教师及职员登记表》（1951年1月）："1940年8月至1945年7月，在北京国学书院任教授。"《教职员登记表》（1949年）："1940年至1946年，北京中国书院教授，任古籍整理课，主管人郭蛰云。"《自传》（1951年9月20日）："一九四〇年春司法委员会解散，国学院成立，第二院院长为瞿兑之，约我为导师及讲座。嗣以书院立案，伪教署未批准，不能成为正规学院，经费拮据，所有教员，多有兼差。我也于是年秋天兼内务总署秘书，后调参事，在礼制讨论委员会任编订冠婚礼仪工作。因事不多，时间多在国学书院及师大教书上。"

秋，北京内务总署秘书参事，在礼制讨论委员会办事。《高等学校教师登记表》（1952年9月6日）："1946年秋至1942年冬，北京伪内务总署秘书参事。在礼制讨论委员会办事。介绍人瞿兑之。因机构改组离职。证明人刘志扬，北京大学法学院教授。"

是年，与郭则澐、袁毓麐、夏仁虎、陈宗蕃等，在北京成立延秋词社。1940年年底出版之《同声月刊》创刊号："北京方面，近有延秋词社。作者为袁文薮（毓麐）、夏枝巢（仁虎）、陈莼衷（宗蕃）、郭蛰云（则澐）、张丛碧（伯驹）、林笠似（彦京）、杨君武（秀先）、黄碧虑（孝纾）、黄缃庵（襄成）、黄君坦（孝平）诸人云。"

是年，《中和月刊》第1期、第2期、第3期连载《延嬉室书画经眼录》。题黄颚士撰。按：此书又载《故都旬刊》1946年第1卷第1期、第2期。题"匑庵"。又有《美术丛书》第五集排印本，题"黄颚士"撰。

2019年2月14日重订

（作者单位：山东大学文学院）

葛晓音教授访谈录（三）

杨阿敏采访整理

采访人：杨阿敏（《中华瑰宝》杂志编辑）

时间：2018年9月9日

地点：葛晓音教授北京家中

本期主要内容：《杜诗艺术与辨体》和杜诗研究

此文稿经葛老师审定授权在《山东大学中文论丛》发表。

杨阿敏：作为一个普通读者，您觉得杜诗最打动你的是什么？最喜欢杜诗中的哪几首？请您介绍一下自己的读杜经验。

葛晓音：对于一个普通读者来说，杜诗最能打动人的，当然还是他那些忧国忧民的作品，这是我们必须承认的。我最早接触杜诗大概是初一的时候，那时我们还读不到杜甫那么深的作品，就是读些"两只黄鹂鸣翠柳"之类的短篇。但是我参加了学校的语文兴趣组，语文老师在给我们讲《兵车行》的时候，将整首诗抄下来，整整一黑板，第一次读这首诗歌，真是非常震撼。老师的讲解更是让我深受感动。我就自己找了一本冯至的《杜甫诗选》，希望多读一些杜诗。作为一个初中生，虽然并未完全看懂，但我觉得杜甫诗歌最能打动我的是那种真挚的情感。他的《兵车行》、"三吏三别"是用他的血泪凝结而成的。在"三吏三别"中，我们一般选择的是《石壕吏》，但我觉得《垂老别》和《无家别》也特别感人。这些诗是你合上书本也忘不掉的！

如果让我说最喜欢哪几首，那还是他在安史之乱期间的那些名篇。还有像《赠卫八处士》这样的作品，他真的是能够把人生很多特别深刻的感悟提炼出来。这其实是唐诗的一般特点，但他总是能够给你提炼得特别警策，特别感人。所以人们遇到类似的情境，自然就会想起杜甫的一些诗句。尤其是在离乱中写给家人、朋友的那些诗歌，是我最喜欢的。以前有人称其为"情圣"，他的深挚动人之处，确是其他人所不及的。

杜甫诗在艺术上的好处，我是后来在研究中才慢慢地体会出来的。五律当中那些名作，比如《春夜喜雨》《旅夜书怀》这样的，也就是大家都熟悉的那几首，我也是很喜欢的，因为它确实是好。七律当中，最喜欢的是草堂时期的一些作品，还有夔州诗里的《登高》《阁夜》等等，《咏怀古迹五首》中最好的，我觉得是咏昭君这一首。

总的来说，我读杜诗全集，认真细读大概有三遍。当然，我是为了写《杜甫诗选评》，后来又写这本《杜诗艺术与辨体》，从不同的角度去读。但是，我觉得杜甫不是很容易看懂的。所以只能说每读一遍，就好像向他走近了一步，但仍然不敢说已经很理解他。你说有什么经验，我现在也谈不上，就是对照各种注本一首一首地去读，用心去体会，把前前后后的背景都搞清楚了，然后弄明白每首诗它究竟要说什么。有些比较难的诗，尤其是他的五言排律，形式上的创新，加上很多的典故，还不能说我全部读懂了。我觉得一个伟大的诗人或者作家，要真正理解他，你必须要有跟他相对等的那种才力、见识和胸怀，而我只是一个普通的研究者，离他的时代又那么远，只能说希望能多理解他一点吧。

对于初学者而言，怎么读杜诗？其实，古人早就讲过，读杜甫"十首以前较难入"，因为他的诗歌很深。那么作为一个普通的读者，还是从他最浅显的东西开始。杜诗是博大精深，无所不有的，可以从一些短篇开始，短篇并不只是指五律，因为五律中也有难懂的。歌行短一点的也可以读，有一些特别好的长篇歌行，还是应该读的，像我刚才讲的《兵车行》《哀江头》等，总之还是从名作入手。因为杜甫选本很多，有些名篇是大家公认的。所以我觉得从普通读者来说，先读名作，然后如果想要多了解他一点，那么你可以集中去读他某一时期的作品，这样一点点地了解。再有更多的余力，我建议读杜甫的评传。其实陈贻焮先生的《杜甫评传》最好读，只是部头比较大，还有莫砺锋的《杜甫评传》，这都是进入杜诗的途径吧。

杨阿敏：提到杜甫及其诗歌，我们总是最先想到"诗圣"和"诗史"这两个关键词，您如何理解这一评价？

葛晓音：古人讲"诗圣"，是从圣贤之心这个角度去讲的。但实际上，我觉得今天说他是"诗圣"，也不为过。什么是圣贤之心？就是那种仁爱之心吧，那种博大的胸怀，这一点他真的是达到了一种圣人的境界。我们现在老讲《茅屋为秋风所破歌》，他确实是能够推己及人，就是能够从自己的困苦，看到更多人的痛苦。像《自京赴奉先县咏怀五百字》里边，他从长安千辛万苦走回家，一进门就遇到儿子去世的伤心事，他立刻就联想到还有一些人比他还苦："默思失业徒，因念远戍卒。"自己还是个做官的，家里还免了租税，他的儿子居然还在秋天庄稼登场的时候饿死了，那其他的人将会怎么样？天下可能就会大乱。唐代诗人有很多哭儿子的诗，像顾况、孟郊等，老年的时候死了儿子，是很痛苦的。但没有人能像杜甫想到这些，这真是一般人不可能有的情怀。《茅屋为秋风所破歌》，也是这样的一种精神。还有《凤凰台》，他在同谷的凤凰村的时候，知道附近有一座凤凰山，他就想到凤凰山上可能有小凤凰，因为凤凰是儒家理想中天下太平的祥瑞，他就想象可以用自己的心和血把小凤凰喂大，让它变成祥瑞。这意思就是为天下太平和苍生的安宁，他愿意贡献出自己的生命。这当然就是一种圣人的胸怀了，真有这种胸怀的人，可以称得上是圣。

从艺术上说，"圣于诗"，指的是他艺术水平最高。杜甫是集大成的，显然后面再也无人超过杜甫。那么他到底圣在哪里？就在于他的博大精深，无所不有。这是大家都公认的，元稹、秦观早已对此作了概括。所以我觉得"诗圣"包含两个内涵，一是他本身那种伟大的情怀，一个就是他代表中国诗歌的最高成就，这两点加起来，才是"诗圣"。在写《杜诗艺术与辨体》的时候，我强调"诗圣"其实并不是大家所想的那种高高在上、俯瞰苍生的样子，其实杜甫并不觉得自己有什么神圣的地方，他从内心觉得自己就是一个腐儒，从他的处境来说，他就是一个野老。他基本上就是从这两方面刻画自己的。正因为平凡而且潦倒，所以他才更了不起。

"诗史"的问题呢，我觉得这是诗歌史上的一个比较老的公案了。在唐代的时候，"诗史"的说法就已经提出来了，最开始提出时，是将他和李白作比较的，就是说他一生在离乱中度过，善于把安史之乱中的这段历史表现出来，也包括他自己的经历，是这样一个意思。从宋代开始，"诗史"就提得相当高了，而且在宋代，杜甫"诗史"的说法是没人否认的。到了明代，杨慎就提出了一个与众不同的见解，认为诗和史不是一回事，这其实是从不同文体的角度来说的。他认为杜甫的一些诗，批判现实、直刺当局的东西写得太直露了，而诗不应该这样。他就拿《诗经》里面一些比较含蓄的比和兴来和杜诗相比。杨慎的说法呢，有一部分说得有道理，关键是说诗有诗的功能，史有史的功能。但是，他也有逻辑漏洞，《诗经》三百篇里有赋比兴，你拿《诗经》里比兴和杜甫的赋相比，这不公平，因为《诗经》里也有很多直接批判的，所以很多人都为杜甫辩护。到了清代的时候，尤其是清初的遗民，他们自己亲身经历了家国的变乱以后，对杜甫"诗史"的意义就看得更加清楚了，认为杜甫的诗和史是不能分开的，诗产生于史。

大致说来，关于"诗史"是两种意见，一种基本上认为杜甫以诗反映史，这个意见是一边倒的。一种是杨慎的意见，没有太多的人肯定他。但我觉得从辨体的角度来看，杨慎是有一点道理的，如果把诗和史等同起来，这样来看杜甫的诗，其实还是对他的诗的价值评价不够，你不能把它仅仅看作记录史实的一类韵文，它首先是诗，一般的史都是客观地记录，要求实录，不虚美，不隐恶，正史里边，除了司马迁的《史记》我们说它是"无韵之离骚"，灌注了自己的感情，一般的史都要求史家很客观冷静地记录历史。杜甫的诗固然是真实地反映了历史，但他所关注的，主要是在历史大变乱中人们的生存环境、人的命运的变化以及内心的痛苦，这是诗人才有的情怀。

看杜甫"三吏三别"中的《新婚别》，古代的女子刚结婚，身份三天后才能明确，她连拜见公婆的资格都没有，丈夫就走了。那这个女子对自己的命运是怎么想的呢？这首诗完全是用新妇自己的口气在诉说内心的怨痛。《无家别》里，战士好不容易回家了，母亲已经去世，这时他还没有失去生活下去的希望，还想着现在是春天了，应该收拾田园了，结果呢，官府又把他给征去当兵。就连这点正常农作的可怜愿望都被剥夺了。那个《垂老别》不也是吗？他写的是老人家马上就要上战场送死去了，但是看到可怜的老妻躺在路边哭，身上衣服单薄，只得勉强安慰她：等死不如战死，何况死期还宽。这些诗千古之下仍能催人下泪，就在于能深入人性的深处，写出普通老百姓对人生和亲情的留恋，为国家承担责任的勇气。这种强烈的感染力是任何史书都比不上的。所以我说杜甫的"诗史"绝不仅仅是用诗的形式实录历史事件的史，而是以史实为背景观照人生的诗。这样你才能够真正理解杜甫诗史的价值所在。杨慎看到了诗和史的差别，但是没有说清诗跟史的差别究竟在哪里。

杨阿敏：您认为"乾坤一腐儒"是诗人对自己一生最准确的概括，这一命题对诗人及其诗歌艺术而言，意义何在？

葛晓音：我老师曾经说过，"乾坤一腐儒"这句诗从艺术而言，不算是佳句。后来我想他为什么这么构句，这个乾坤那么大，腐儒那么小，把这两个大小反差这么强烈的意象，组织在一句诗里头，我觉得这不是偶然出现的，所以就注意到他类似的诗句，比如"天地一沙鸥""江湖满地一渔翁""乾坤一草亭"等等，这样一种大小悬殊的组合，把自己一个人渺小的形象，放在一个特别广阔的空间当中来作比较，来凸显自己的孤独感和无力感，好像是杜甫从秦州以后才逐渐有的一种尝试。虽然他早期也常常有这种孤独感，比如他干谒不成处境很潦倒的时候，也有这种感觉，但越到后期，他的孤独感就越来越强烈，而且在很多的诗歌境界当中把它凸显出来。我后来写过一篇论文《论杜甫的孤独感及其艺术提炼》，就是探讨这个问题的。这也算我自己的一点体会吧。

杜甫不少脍炙人口的名作都是跟这种孤独感有关系的，他很善于在一个空阔高远的意境中，提炼出自己渺小孤独的形象。比如说《旅夜书怀》，"星垂平野阔，月涌大江流"是何等壮阔的境界，大江流是时间的流逝，而星月令人感觉到时空的永恒，而对比之下，"细草微风岸，危樯独夜舟"又是这么细小孤独。这就让他想到自己这么一个渺小的人在这个世界上到底有什么意义。所以后面就紧跟着"名岂文章著，官应老病休"，自然想到自己是功不成，名不就。他并不希望依靠文章来获得生前身后名。那么生前呢，又老又病，做不成官，也谈不上建功立业。所以觉得自己就好像天地之间的一只沙鸥一样到处飘零。这首诗比较早地以广阔的空间境界来凸显他的渺小。

后来他继续提炼这类诗歌意境。比如《白帝城最高楼》，他站在白帝楼最高的地方，观望下面的三峡，看到大江的流逝，想到人世间的龙争虎斗。而他的形象则是"泣血迸空回白头"，一个白发苍苍的老头，风吹着他的头发，血泪迸射到空中。《登岳阳楼》也是，"亲朋无一字，老病有孤舟"，太渺小无力了。而他面对的是一个那么广大的洞庭湖，"吴楚东南坼，乾坤日夜浮"，还有"戎马关山北"，整个动乱不息的北方。像《登高》就更明显了，这首诗是我比较喜欢的。全诗有意用音节和意象的组合，营造出一种秋气在大江上空回荡的氛围，所有的猿、鸟、包括落叶都被秋气席卷。"无边落木萧萧下，不尽长江滚滚来"，独自面对这样高远的境界，诗人的形象却是一个潦倒多病的白发老翁。所以到《江汉》这首诗里，就把"乾坤一腐儒"提炼出来了。乾坤在杜甫心目中不仅仅是大自然，它也是整个社会，整个世道，所以这是一个天道和人事组合在一起的巨大的概念。汉高祖曾说，为天下不用腐儒，杜甫觉得自己就是这样一个没用的腐儒。但是在如此广大的乾坤中，只有他这个腐儒始终心存天下，又让后人从他的孤独中看到了诗人的生命必将永恒的信念。《江汉》这首诗是他去世前一年写的，他用这句诗给自己的人生做了定位。

以前我们在读杜甫的时候，只注意到他作为一个诗圣，是如何具有民胞物与的情怀，如何去关怀大众，其实杜甫对他自己的人生意义有非常深刻的思考，这点以前的人都不太注意。事实上这一点也不是杜甫独有的，这是盛唐或者说建安以来，凡是有思想的诗人都关注的一个问题。建安诗人追求"三不朽"的人生价值：太上立德，其次立功，其次立言。陶渊明不也是这样吗？陶渊明追求的是立德，所以他躬耕田园，不为那五斗米折腰。从魏晋南北朝到盛唐，很多诗人都会考虑生命的永恒价值在哪里。盛唐诗人在这方面想得更多。人人都想建功立业，这不仅是为了功名富贵，而且是为了人生价值的实现。他们都相信，一个人的意义不仅在他生前，更在他的身后。也就是说他死了以后，在历史上能留下什么，杜甫也是同样。

我觉得杜甫在这方面考虑得比他们更加深入。杜甫说自己是"乾坤一腐儒"，他是很悲哀的。一方面，腐儒在他那个时代根本一点用处也没有。另一方面，他其实内心也有一种自豪，因为他始终相信儒家才可以拯救天下，使天下太平。这里也有一种对自己信念的坚持，对自己的定位。所以我觉得"乾坤一腐儒"虽然没有什么特别的美感，但是如果看到他这个理念形成的过程，就会逐渐体会到这句话的深意，就能体会到杜甫晚年的时候，其实对于自己的生命到底能不能获得永恒是有过深入的同时又很痛苦的思考。所以从这个角度可以对杜甫的思想了解得更加全面，对他一些名作的创作内涵也会有更清晰的理解。

杨阿敏：历来杜诗研究浩如烟海，您为什么要写《杜诗艺术与辨体》？您觉得本书与一般杜诗研究著作有何不同之处？通过您的研究，能带给读者什么新的认识？

葛晓音：其实，我是不太敢写杜甫的，因为我的老师也是到了晚年，有了一生研究唐诗的心得，才来写杜甫。杜甫是不容易写的，因为他的博大精深。如果你不懂杜甫之前那些诗，你根本就读不懂杜甫。那我为什么还要写呢？因为我前面写了一本《先秦汉魏六朝诗歌体式研究》，还有一本《诗国高潮与盛唐文化》，主要是从内因和外因两方面去研究初唐到盛唐诗的演变、唐诗繁荣的原因。后来我就想，初唐、盛唐做得差不多了，我就应该去做中晚唐，所以我一开始写了几篇关于大历诗人的论文，如《唐诗流变论要》里面收的《刘长卿七律的诗史定位及其诗学依据》，其他还有两篇，我没收进去。后来我做着做着，觉得不行，想绕开杜甫无论如何也是不行的，之前我写过一本《杜甫诗选评》，选了80多首诗。多少做了点准备，所以就想试一试。

从什么角度来写呢？因为前面刚写完先秦到六朝的诗歌体式研究，我在重读杜甫的时候，就会不由自主地关注他怎么处理诗歌体式的问题。古人评杜甫的诗很多都是从分体的角度来谈的。比如他的七律怎么样、五古怎么样，而我们今天的研究，即使是专论他的五古或者七律、歌行，也都是大同小异，语言艺术讲得最多，怎么用词怎么提炼字句，怎么讲究声律对仗，再就是风格，不管什么诗体都是沉郁顿挫之类的，不曾注意不同的诗体有不同的表现原理。我前面对各种诗体已经研究这么长时间了，有了一些积累，在这种情况下，我很容易看出杜甫对前人继承了什么，发展了什么，创造了什么。所以我想从这个角度去讲，或许能够讲出一些新意来。杜甫其实是一个对诗歌体式非常自觉的诗人，盛唐很多诗人的诗体意识都没有杜甫明确。他对各种诗体区分得非常清楚，而且有意识地探索创新，拓展各种诗体的表现功能。历代诗论中很多关于杜诗的争议，也是与他们对杜甫在体式上的创新意义理解不够有关的。这就是我写这本书的最初动机，也是和一般著作不太一样的地方。我先发了八篇系列性论文，得到了学术界比较好的反响。书是在论文基础上改写的，增加了不少诗例，希望能说得更充分些。至于能够带给读者什么新的认识，那我想主要就是希望大家能够从诗体的角度进一步读懂杜甫。实际上杜甫所有的艺术创新都是跟各种诗体的表现原理结合在一起的。另外对于古人评论杜甫的分歧也可以有一个新的认识。

杨阿敏：您之前做过杜诗的选评，现在又出版了研究专著，在杜诗研究领域深造自得，请您评价一下当今的杜诗研究现状。进一步开拓的空间在哪儿呢？

葛晓音：我觉得现在的杜诗研究还是比较繁荣的。两部杜诗全注都出来了，一部是山东大学萧涤非先生主编的《杜甫全集校注》，一部是清华大学谢思炜教授的《杜甫集校注》。最近陈尚君教授写了一篇文章《近期三种杜诗全注本的评价》，比较三种全注本，他那篇文章讲得很到位，我觉得非常好。这是杜诗的注解方面。还有就是对杜甫整个生平思想的研究，像陈先生的《杜甫评传》可以说是集大成的。还有莫砺锋的《杜甫评传》，写法跟从前不一样，他是按照生平、思想、艺术等方面，条理清晰地对杜甫作了一个比较全面的研究。总的来说，我觉得这些年来杜甫研究的总体成果还是挺辉煌的，成都杜甫草堂的《杜甫研究学刊》也一直在办，刊登了大量杜诗研究论文，我有时候也看那个刊物。应该说杜甫的研究确实是非常细致的，不管哪个角落几乎都研究到了。一个大作家，这么多年研究下来，再想出新很不容易了。我就恰好钻了一个自己做体式研究的空子，这个角度我是有所创新的。从杜甫出发，我们再看中晚唐以后诗歌体式的变化，也可以看得比较清楚了。

杜诗研究今后到底要怎么样开创新局面，这一点我现在还真是预见不到。最近我参加了青年教师的一个研究杜甫的研讨会，他们提交了八九篇论文，其中有一半是做杜诗注释的研究，特别是宋本的杜注研究，做得非常细。但是他们也有一种感觉，因为材料有限，好像有点做不下去。所以目前一方面是成果极大丰富，另一方面可能大家都对怎样进一步开拓心中无数。

开拓的空间有多大，我现在也不好说。我这个人是从来不去预测将来的。因为我是一个实践派，我总觉得什么事情能不能往下做，最好是先做着看。能做下去了，那就说明这方面还有发展的空间。我以前的很多论文题目都是后面一篇从前面一篇中扯出来的，做的过程中发现问题了，一篇论文解决不了，就引出了后来的课题。事先没有安排，所以我现在无法去预测将来还有哪些方面是可以开拓的。就拿杜甫对后人的影响来说，这好像是一个还可以做的方向。前人说，韩愈专门从杜甫的奇险这一路去开掘，就形成了自己的奇险风格，这是一个大感觉和印象，可是你如何去讲清楚这一点，到底他怎么受杜甫影响的，他哪些方面学的杜甫，如果不细读文本，真的是讲不出来的。我最近在细读孟郊，已经读了三遍，孟郊这么一个复古的人，肯定对杜甫是有所吸收的，但是怎么讲，有多大论证价值，我暂时也不能判断。当然也可以从一些很小的方面去说，比如说古诗的学习这类，但是我觉得光讲这类东西意思不是很大。这算不算开拓的空间呢？就不好说了。所以我的意思还是要做着看，能做到什么地步再说。

杨阿敏：古代文学研究中，文化研究受到普遍关注，而从文学本位出发探究文学自身的审美价值和艺术规律的研究却不太受重视，您的《杜诗艺术与辨体》可说是这方面的力作。您如何看待研究中的这种现象？

葛晓音：目前的研究主要是三大块：文献、文化、文学。文献做得热火朝天，也容易拿到项目，因为有很多资源，要做很多调查，出成果比较实在，容易受人关注。做文化、文学，只要深思就行了，没有什么理由要去花钱。文化研究也很热闹，有的能把文化背景与文学的关系讲得很切实，比如复旦大学查屏球的《唐诗与唐学》，把唐代当时的学术究竟如何具体地影响到唐代诗文的内容、精神等等，讲得很透彻。我觉得很好。

其实从文学本位出发，最近呼声挺高的，很多人都在提倡，就是你说的这句话，"探究文学自身的审美价值和艺术规律"。但是理想的成果还不是太多。以前在很多场合我都讲过了，几年前我和学生的一篇谈话《读懂文本为一切学问之关键——关于回归文学本体研究的若干思考》在朋友圈也转发过，主要的意思我都说了。人们对文学本体研究的理解一般偏重于文学作品的艺术性研究，以及文学内部发展规律的研究。但我认为其实范围可以放得很宽，只要是从文学作品中读出来的问题，我觉得都可以算是文学本体的研究。小到作者在文学作品中表现的思想、情绪、感悟，大到一个历史时段的文化现象，等等，并不限于艺术分析。

今人对于古代诗歌的理解是越来越隔膜，缺乏古人的那种感悟。如果你对这个作品能够有比较透彻的理解，体会到作者的用心，看懂了他到底写些什么，然后分析他是怎么表达的，再归纳出一些规律性的特点来，这就是文学自身的审美价值和艺术规律的研究了。但是对很多人来说，这一点是很不容易做到的。我带研究生，感到最困难的也就是这一点。所以这个东西看起来好像很容易，其实不容易，所以第一要求就是研究者要有良好的文学感悟力。

第二个就是，你看了一些作品，可能有一些感觉了，但能不能用科学的逻辑和比较漂亮的文学性语言把它表达出来，这又是一种能力，这些都是需要训练培养的。现在我们的研究生在这方面都相对比较薄弱，所以觉得做历史文化的研究容易。历史文化方面，一个是史料很多；还有一个，现在历史学界、哲学界都很热闹，很多东西可以借鉴它的，和文学对接一下，选题空间比较大。

可是你做这个文学性研究，所有的东西都是自己在诗里头一首一首读出来的，这要有很大的耐心。直到现在，我读所有的作家，每一首诗都是做卡片的，不是抄资料，主要是记读诗的直觉印象，有类似的现象就把它归纳成一个小观点，再从这一个个小观点里，提炼出一个大观点。这才能说出什么审美价值、艺术规律来。这些都是我们做文学本位研究的困难所在。当然现在大家都在提倡，究竟能够发展到什么程度，我也不好说，要看学生自己的天赋，当然还要看老师是不是有意去培养，是否重视这方面的研究。所以，我现在只能说文学研究相比文献和文化的研究，有它自己独特的难处。其实做这方面研究的人也还是不少的，有一部分研究生，尤其是女生，往往都是有点感悟的，有时候看她们的读书报告、小论文之类的，也能说出一些东西来。可是能不能在这个基础上提炼成一篇大论文，确实有相当大的难度。不管怎么样，大家都已经意识到文学研究的重要性，就一起努力吧。

杨阿敏：怎样才能真正做好文学本位研究，而不是为其他学科做嫁衣裳？

葛晓音：这个关键是要真正理解作品，而且是要下得了决心去一首一首地读诗。首先要避免依赖电子检索，因为电子检索很容易让你忽略很多最重要的东西。所以我觉得要回归文学本位，就是你得先回去读书。还有一个，现在有很多研究生，特别是博士生，特别喜欢从外部因素入手研究文学，像我们唐代凡是所有可以和文学扯得上关系的文化背景，几乎都写到了，像政治制度、哲学思想、教育、仕途、乐舞、园林、寺庙、生活方式，还有科举制度等等。我觉得各种各样的角度都可以去挖，但要注意从解决文学的问题出发，就是由里到外，而不是由外到里。你说的不为其他学科做嫁衣裳，关键就在这里。别人的东西，史学的也好，文化学的研究也好，你是拿它的东西来为你所用，还是你自己弄出了一堆东西，最后去证明了它的论点。如果你去解释它的问题，那就是为他人做嫁衣裳了。这倒还没什么，真能做好嫁衣裳，能解决其他学科的问题，也是很好的。最怕的是什么问题也没解决，只是把两张皮贴在一起。所以关键是要了解文学和外部因素的内在联系在哪里。

比如我那本《唐诗流变论要》里有一篇《"独往"和"虚舟"——盛唐山水诗的玄趣和道境》，我讲到独往与虚舟的问题，这是一个哲学概念。其实我做的时候不是先去看老庄思想里有没有这两个概念，而是先注意到山水诗里有很多"独往"的提法，有的诗里没有"独往"这个概念，但有这种理趣。比如孟浩然的《夜归鹿门歌》，诗里没有"独往"这两个字，但是他写的就是这个独往的意境，我还用杜甫和李白的诗来给他做注解，说明他寄寓的确实就是这个意思。盛唐诗歌里还经常出现"虚舟""扁舟"的意象，这是什么意思？从哪里来的？这个时候我再去看《庄子》，搞清楚唐代诗人在什么情况下写到"扁舟"。这就是从文本存在的问题出发寻找外部的解释，可以帮助我们对这首诗本身有更深的理解。比如说韦应物的《滁州西涧》大家都很熟，"上有黄鹂深树鸣"，宋人说黄鹂是比喻小人，这是穿凿附会。这首诗其实写的是一种独往的境界，同时把独往和虚舟联系在一起，"野渡无人舟自横"，它不就是个虚舟吗？虚舟得大自在的意态中包含着很深的哲学含蕴，这是山水诗内在的精神。这样的话，你就用老庄思想解释了文学的意趣。

钱曾怡教授访谈录

张燕芬采访整理

张燕芬（以下简称张）：钱老师，很高兴您能接受访谈。截至今年，您从事教学研究工作已届六十二周年，您在汉语方言学界辛勤耕耘、建树卓越、著作丰硕，为国内外公认的大家。您于教书育人倾心付出、拳拳若亲、严师慈母，培养出一批在学术界有口皆碑的方言学者。今天很荣幸可以聆听您的人生故事，相信会对后学者有很多启发。

一

张：最近学生在讨论吴越钱氏，问我您是不是也是来自吴越钱氏。您能否给大家谈谈，作为远在千里之外的浙江人，怎么会来到山东求学？您毕业以后一直从事汉语方言研究，当初怎么会选择方言学这一冷门的学科？方言研究这么难，您却坚持了这么多年。

钱曾怡（以下简称钱）：我是吴越王钱镠的三十四世孙。钱王于公元907年建立吴越国后，将子孙派往各州任一方之主，钱氏后裔就在江浙一带分布开来。我们长乐钱氏是钱王九世孙钱值从天台迁徙来的，长乐钱氏称钱值为"长乐太公"。钱氏堂号"遗经堂"，祖祖辈辈重教兴学。

20世纪50年代，高考是全国统一分配。我们那个时候都强调个人要服从国家分配。我1952年高考被山东大学中文系录取，主攻汉语言文学专业。1956年毕业后留校，被派往北京教育部与中国科学院合办的"普通话语音研究班"第二期学习，结业后留班进修，兼任第三期教辅工作。

普通话语音研究班是为汉语规范化服务的，分为甲乙两个班：甲班学员主要是各省市负责推广普通话的干部；乙班多为高校教师，学习方言调查，要求回原单位后承担本地区的方言普查工作。两个班有不同的课程，我们乙班的课程有语音学（老师周殿福）、音韵学和方言调查（老师丁声树和李荣）、北京语音（老师徐世荣）。1957年7月回到山大，除了教学任务以外，其余时间全身心投入山东方言的调查工作。我实地调查的起点是莱阳、莱西等胶东方言，以后陆续扩展到全省各地，与山师的高文达、曲师的张志静、青岛二中的王采芹等，总共调查了山东全省110个县的103个点。1958年，在教育厅组织下，成立了与高文达、张志静三人的普查整理小组，我任组长，总结编写了《山东方言语音概况》（油印本），原计划修改出版，因"文化大革命"开始而终止。

二

张：您觉得汉语方言调查和研究中最难的是什么？最有意思的是什么？

钱：最难的是坚持，最有意思的是有所发现。我生性好奇，因为好奇，就有兴趣探索，坚持探索就会有所发现。

张：山东方言的研究走在全国汉语方言研究的前列，您在以山东方言为基础的官话方言研究和汉语方言学方法论方面作出了突出的贡献，能否跟我们谈谈这两方面的治学渊源和研究心得？

钱：实践出真知，实地调查是汉语方言研究的灵魂、生命之源泉；客观存在的方言事实是检验方言研究真理的标准。

下面具体说说上述体会的来由。

（一）关注官话方言研究。在山东方言调查中，我发现了山东方言的许多特点。1981年参加"全国汉语方言学会第一届年会"，看到学者们提交的论文大多是讨论闽粤吴等东南地区方言的，而官话方言（当时称"北方方言"）却极少。我斗胆提出了要重视官话方言的研究，不想受到了官话地区方言研究者的响应。经过努力，于1997年7月在青岛召开了"首届官话方言国际学术讨论会"，编辑出版了《首届官话方言国际学术讨论会论文集》；又经十余年，组织编写了97万余字的《汉语官话方言研究》，于2010年在齐鲁书社出版。

（二）规律与例外。有位老师的学生问：钱老师方言调查的记音，是不是掌握了语音演变规律后推出来的？这真是天大的误解，趁此机会严正声明：不具体调查发音人每一个字的发音，而按古今演变规律记录，是方言调查之大忌。举二例说明原因：

1.我们知道，语音是一个严密的系统，语音的演变也是成系统的。19世纪青年语法学派强调"语音演变规律无例外"，也就是"类同变化同"。对于这一点，我当初也是深信不疑的。但是，这一论断经不起客观存在的方言事实的检验。无数调查事实说明，"类同变化同"固然是带有普遍性的规律，但也不是绝对。方言的现实是，既有规律，也有例外，规律是一般，例外是个别，个别是超规律的。按语音演变规律推断记音，如果遇到少数例外的字，那就肯定出错。以古开、合口四等与今四呼的关系来说，一般规律是："古开口一二等字今读开口呼、三四等字今读齐齿呼；古合口一二等字今读合口呼、三四等字今读撮口呼。"

但是，北京话中，古二等开口见系字大多读齐齿呼（交效摄开口二等、艰山摄开口二等），古三等合口非组字读开口呼（肺蟹摄合口三等、反山摄合口三等），这些都是成系统的、有规律的例外；还有一些个别字的例外，像"傻"是假摄合口二等字，今北京读开口呼；"吞"是臻摄开口一等字，今北京读合口呼。以前有个研究生记某县的音就是按古今演变规律来推断记录的，我们得知后不得不全部推翻重记。

2.向共同语靠拢是方言演变的一般规律，但是也存在逆向演变的现象，就是说，既有顺势发展的普遍性，也有逆行变化的个别性。1983年在诸城调查，主要发音人是逄大爷。他是地道的老派，声母没有齿间音，但是新派是有齿间音的，我们调查时问他在炕上玩耍的孙子："三明，你几岁啦？""三岁 θã θuei"两字声母的齿间音十分明显。后来据我们了解，诸城方言老派没有齿间音，新派一般在当时50岁上下就开始有了。诸城方言声母由老派的舌尖前音向新派的齿间音演变，就是逆向发展的明证。

在不断的实地调查中，许多事实都启发我们要用辩证的方法来观察、分析各种语言现象。于是陆续写了《汉语方言学方法论初探》《方言研究中的几种辩证关系》《谈谈音类和音值问题》等讨论方言学方法论的几篇论文，结集在商务印书馆和山东大学出版社出版了《汉语方言研究的方法与实践》（2002年）、《钱曾怡汉语方言研究文集》（2008年）。

（三）儿化 "现代汉语"教材关于儿化的定义："普通话的'儿化'指的是一个音节中，韵母带上卷舌色彩的一种特殊音变现象。"

1981年，我与日本高级进修生太田斋调查博山方言，发现博山话有一套成系统的变韵，例如：老伴pɛ、一点点tiɛ、小官kuɛ、大杂院yɛ，出门mei、不得劲tɕiei、掉ɔ（了）魂xuei、说话带刺tshei、大侄tʂei、香炉lou、孙女niou等，都是平舌音，表示小、轻微，其作用相当于北京的儿化。后来在即墨等地调查，又发现即墨话的儿化音变尤其特别，不仅带有闪音，还有声母的变化。两地儿化音变都超出了"现汉"教材所说的内容。汉语的儿化究竟有多少不同的情况？好想知道。经过多方收集资料，写出了《论儿化》一文，1995年发表于《中国语言学报》第5期。

（四）入声消失的途径。1984年，李荣先生为绘制《中国语言地图集》，命我沿山东西线往西调查河北方言的语音，我和罗福腾、曹志耘调查了河北东南部沧州、衡水、邢台、邯郸等地区的39个点的语音。这次调查基本摸清了这些点的音系概况。一个重大的意外收获是在对河北有入声到无入声的方言对比中，我们看到了入声消失的途径：一是由西向东的逐渐扩展；二是以先全浊入、后次浊入、再清入的声母条件；再是入声消失后的调类归向。这使我们尝到了从当代方言的横向比较中探求纵向的历时演变规律的甜头，同时也明确了一个理念，就是：想要寻求某种语音现象消失的途径，你不可能在牢固保留这种现象的方言中求得。就以入声如何消失来说，我们可以在官话方言有入声到无入声的过渡区的对比中看到从有到无演变的轨迹，这在完整保留入声的方言中肯定是看不到的。王力等老一辈语言工作者强调"汉语方言调查对汉语史研究的重要的意义"，确实是至理名言。

（五）方言分区问题。关于晋语的归属，是学术界争议很大的问题。我对晋语了解甚少，本无意介入这场论争。但是，官话方言研究一旦开始，对处于官话地区中心位置的晋语如何处置，你就没法回避，只好硬着头皮研究晋语。

因为有过山东龙山文化与山东方言分区研究的基础，先从学习晋语区人民的历史开始。那一阵子，我恶补考古知识，学习晋语区人民的历史。最后得出结论：晋语属于汉民族共同语的基础方言（官话方言）是跟晋语区的地理位置和人文历史分不开的。

晋语是否独立为与官话、吴、粤、闽等并立的方言区，除了了解晋语区的历史以外，更重要的是讨论晋语的特点。晋语有入声是晋语从官话方言中独立出来的重要依据，但是这解释不了同样有入声的江淮官话，何况江淮官话的入声韵类要比晋语丰富。在此基础上，我们特别加入了词汇、语法特点的比较。词汇用《现代汉语词频词典》的前150词（占4000常用词频58.7943%），删去"她、了、着"等，共80词（占4000常用词频35.2296%），分别将晋语的一个代表点和其他方言区的一个代表点与共同语进行比较。官话方言的相同点都在百分之60%以上，而晋语是百分之65%，比公认是官话方言扬州点60%高出5%；语法特点的4项比较，晋语则完全符合共同语的标准。

三

张：您目前带领大家参加中国语言资源保护工程和山东省语言资源有声数据库的调查研究工作，请您谈谈中国语言资源保护工程的意义，它跟20世纪50年代您所参加的全国汉语方言普查有何不同？

钱：方言调查在我国有优良传统，得到政府重视。据我所知，我国作为政府行为的方言调查有三次。据东汉应劭《风俗通义·序》："周秦常以岁八月遣轺轩之使，采异代方言，还奏籍之，藏于密室。"这是第一次。中华人民共和国成立以来，作为政府行为的方言调查有两次：一次是20世纪五六十年代的汉语方言普查，再就是现在的语保工程。这两次方言调查，都是时代的要求、国家经济文化建设的需要，但其目的、理念和方法都是不同的。

就目的说：20世纪五六十年代的汉语方言普查是为推广普通话（汉语规范化）服务的；这次的语保工程，则是收集记录口头语言文化实态，通过科学整理和加工，建立可持续增长的资料库，以达到传承弘扬中华优秀文化的目的。

就调查内容说：20世纪五六十年代的汉语方言普查以语音调查为主，在单字音（丁声树、李荣《汉语方言调查简表》2136字）记录的基础上，总结方言与普通话的语音对应规律，以达到有效指导方言地区的人们学习普通话的目的；今天的语保工程，是语音、词汇、语法的全面铺开，此外还有故事、对话及地域文化的记录。

就研究方法说：20世纪五六十年代的汉语方言普查，主要是耳听手记，限于纸本记录；今天的语保工程除了纸本记录以外，还利用录音、录像等各种现代化手段，使调查结果更为精确，并达到直观的效果。

四

张：钱老师，您1982年以来共招收硕士研究生12届29人，1994年开始至今共招收博士研究生9届20人，其中论文博士4人。此外还指导过日本、苏联、美国、法国的高级进修生和访问学者5人。很多师兄师姐都做出了很大的成绩，他们在言谈中都表示成果的取得离不开您的悉心培养。您给大家说说培养学生的经验吧，给我们做一个参考。

钱：大家对我的赞誉不敢当，我只做了一个教师应该做的。

作为教师，我有学习的榜样，每每想到他们，我就会感到自己的不足，特别是丁声树先生。难忘丁先生在我第一次方言调查作业上的批改，用红黑两色铅笔写出的意见不下30处。其中一处"声母表"上在ts、tɕ两个声母下分别加了"精""经"两个例子，旁边写"表现尖团"四字。这使我领悟到方言调查声韵调表的例字是不能随便举的，要能够表示这个方言的特点。例如：北京"p"声母的例字，你哪怕举了古"帮"母字的"巴包比边补"等几十个例字，也不如举一个古"帮"母字（如"巴"）、一个古"并"母仄声字（如"别"）更有价值。丁先生"表现尖团"四字，使我终身受益。

说到教学，我运气好，遇到了许多好学生，学生使我成名。要说体会，也有一些，说三条：

首先，对学生寄予厚望，希望学生超过我。我视学生为我学术生命的延续、发扬和光大。从总体看，"青出于蓝而胜于蓝"是客观规律，不然历史就不能前进。一个老师如果教不出超过自己的学生，那这个老师是失败的。当然，有些大师几百年才出一个，常人难以超越，比如我就没法超过我的老师丁声树和李荣先生。但我是很普通的，我把所有的东西无保留地交给了学生，学生是在我的终点起步，他就应该走得比我远。所以，只要努力，超过我还是容易的。我看到学生职务提升了、收入高了，超过我了，就特别高兴，如有不遂心的事，烦恼顿消。

第二，因材施教。每个学生的情况不相同，相处时间长了，对每个学生都会有所了解。他的智力、业务素质、治学风格、能做得怎么样，都会心中有数，按照学生的不同特点对他的研究方向和方法等提出建议，要求他在力所能及的范围内尽量做得好一些。实际上素质好的学生只要稍稍点拨一下就会做得很好，倒是稍差一点的要用更大的力气去提高他。我常跟学生说：聪明的学生不怕把自己的弱点暴露给老师，老师可以对准你的弱点给以帮助。我能够体谅有的学生知识不全面或认识有错误，对他宽容，但是绝不容忍不严谨不实在、弄虚作假、敷衍潦草，作业被退回重做是常有的事，有的反复修改多次，我怕学生烦了，对他说："好文章是越修改越完善，我的文章也是修改了好多次的。"学生的习作和毕业论文我都要反复阅读，而且每章每节都会写出笔记，提出详细的修改意见。为培养学生的识别能力，有时会把写得不好或有明显失误的文稿让学生看，要他们指出存在什么问题。

第三，教学相长，和学生共同走向学术前沿。我视学生为同道、朋友，很反感有的老师像旧社会的学徒一样对待学生，让学生做家务、向学生要礼物，甚至将学生的成果占为己有等等，并常常引以为戒。老师是学生的榜样，包括为人处世。我曾和学生有约：今生我们有缘成为师生，应该相互负责。我不会做坏事影响你，你如做了坏事，也会伤害到我。方言学学科发展很快，老师必须不断学习，站在学术前沿，否则无法指导学生。我喜欢不盲从、有独立见解的学生，即使与我争论，也不会排斥打击他，因为我们的认识总是在不断讨论中提高的。我常在学生的作业或提问中发现一些闪光的东西，这些东西往往启发我对一些问题的思考，他们习作中的许多方言素材也使我的方言知识得以充实。何况我也并不是万全的，跟学生相比，我有保守、迟钝的一面，而学生思想灵活、信息灵通，接受新事物快。尤其这些年，用现代化手段调查研究，如果说我还处在刀耕火种阶段，他们已是宇宙飞船了，自然就成了我的老师。真的，学生们确实给了我好多。

我没有别的，唯有一片真诚；所幸的是，学生也都能以诚待我。

五

张：方言研究盛况空前，您觉得后学者如何做进一步的研究？

钱：全国开展的语保工程，使广大方言工作者都有了施展才华的良机。这项任务繁重，希望都能严格按调查手册的要求踏踏实实地做，更希望能够在实地调查的基础上，根据不同调查实况探讨方言学的一些理论问题。我们在实际调查中，总会发现某种方言一些特别的现象，如音系特点、音变现象、构词法规则、特殊句法等等。这需要在手册的内容之外补充调查材料加以总结，写出论文。如果这个方言有普查时期或更早的记录材料，还可以将其与当前的调查材料进行对比，总结这种方言的演变规律，像鲍明炜先生的《六十年来南京方言向普通话靠拢情况的考察》。

对于初学者来说，基础要打好。李荣先生说过，"（方言）麻雀虽小，五脏俱全"。所以想做好方言，应具备全面的现代汉语知识，语音、词汇、语法不可或缺。方言调查第一关是语音，语音调查的基础有二：一是语音学的常识。首先，国际音标训练必须过关，分不清不同辅音或不同元音的区别、辨不明声调的高低升降，就无法进行方言调查，或者调查结果不符合方言实际，这很可怕；二是音韵学，没有音韵学常识做不好方言。以下推荐几种书：《普通语音学纲要》（罗常培、王均），《汉语音韵学导论》（罗常培），《汉语语音史》（王力），《汉语音韵讲义》（丁声树撰文，李荣制表），《汉语方言调查字表》（中国社会科学院语言研究所），《现代汉语八百词》（吕叔湘主编），《现代汉语语法讲话》（丁声树等）。

附录：（已出版专著18种，发表论文80余篇，以下择要罗列）

著作

1.《学习字典》（合作），山东人民出版社1974年11月，758页（20.5万字）。

2.《烟台方言报告》，齐鲁书社1982年11月，287页（20.4万字）。

3.《山东人学习普通话指南》（主编），山东大学出版社1988年9月，293页（20.5万字）。

4.《中国语言学要籍解题》（主编），齐鲁书社1991年11月，657页（40.5万字）。

5.《博山方言研究》，社会科学文献出版社1993年6月，195页（32.4万字）。

6.《济南方言词典》，江苏教育出版社1997年12月，403页（54.4万字）。

7.《山东方言研究》（主编），齐鲁书社2001年9月，442页（61.1万字）。

8.《汉语官话方言研究》（主编），齐鲁书社2010年11月，538页（97.2万字）。

9.《商子汇校汇注》（合作），凤凰出版社2017年10月，438页（58.9万字）。

10.《汉语方言研究的方法与实践》（论文集），商务印书馆2002年7月，326页（22.9万字）。

11.《钱曾怡汉语方言研究文选》，山东大学出版社2008年12月，406页（32.1万字）。

12.《山东方言志丛书》（主编），分别由语文出版社、齐鲁书社、山东大学出版社等于1990—2015年出版，共26种：利津、即墨、德州、牟平、平度、潍坊、淄川、荣成、寿光、聊城、新泰、沂水、金乡、诸城、宁津、临沂、莱州、汶上、定陶、郯城、沂南、章丘、苍山、宁阳、泰安、无棣。

论文

1.《胶东方音概况》，《山东大学学报》（语言文学版）1959年第4期。

2.《济南话的变调和轻声》，《山东大学学报》（语言文学版）1963年第41期。

3.《谈现代汉语教学中的几个问题》，《文史哲》1979年第4期。

4.《文登、荣成方言中古全浊平声字的读音》，《中国语文》1981年第4期。

5.《对编写山东省方言志的认识和初步设想》，《文史哲》1983年第2期。

6.《山东诸城、五莲方言的声韵特点》（罗福腾、曹志耘合作），《中国语文》1984年第3期。

7.《平度方言内部的语音差别》（曹志耘、罗福腾合作），《方言》1985年第3期。

8.《山东方言的分区》（高文达、张志静合作），《方言》1985年第4期。

9.《段玉裁研究古音的贡献——纪念段玉裁诞生250周年》，《文史哲》1985年第6期。

10.《汉语方言学方法论初探》，《中国语文》1987年第4期。

11.《河北省东南部三十九县市方音概况》（曹志耘、罗福腾合作），《方言》1987年第3期。

12.《嵊县长乐话语法三则》，《吴语论丛》，上海教育出版社1988年9月。

13.《简评〈语文研究〉创刊10年来的方言论文》，《语文研究》1990年第4期。

14.《山东肥城方言的语音特点》（曹志耘、罗福腾合作），《方言》1991年第3期。

15.《山东诸城方言的语法特点》（罗福腾、曹志耘合作），《中国语文》1992年第2期。

16.《汉语方言调查中的几个问题——从山东方言调查中所想到的》，《中国语文研究四十年纪念文集》，北京语言学院出版社1993年10月。

17.《论儿化》，《中国语言学报》1995年第5期。

18.《世纪之交汉语方言学的回顾与展望》，《方言》1998年第4期。

19.《回忆丁声树老师》，《方言》1999年第3期。

20.《长乐（浙江嵊县）话的特殊语序》，日本《中国语学研究·开篇》第18期，日本好文出版1999年1月。

21.《济南方言词缀研究》，《济南教育学院学报》1999年第3期。

22.《官话方言调查研究对汉语史研究的意义》，收入《首届官话方言国际学术讨论会论文集》，青岛出版社2000年3月。

23.《从方言看汉语声调的发展》，《语言教学与研究》2000年第2期。中国人民大学书报资料中心"语言文字学"2000年第11期全文转载。

24.《山东地区的龙山文化与山东方言分区》（蔡凤书合作），《中国语文》2002年第2期。

25.《山东方言研究方法新探》，《山东大学学报》（人文社会科学版）2002年第2

期。《高校文科学报文摘》2002年第4期摘登。

26.《官话方言》，收入《现代汉语方言概论》，上海教育出版社2002年10月。

27.《嵊县长乐话的一二等群母字》，《吴语研究》，上海教育出版社2003年1月。

28.《济南方言的句法特点》（岳立静合作），《济南文史论丛》，济南出版社2003年10月。

29.《长乐话音系》，《方言》2003年第4期。

30.《方言研究中的几种辩证关系》，《文史哲》2004年第5期。中国人民大学书报资料中心"语言文字学"2004年第6期全文转载。

31.《古知庄章声母在山东方言中的分化及其跟精见组的关系》，《中国语文》2004年第6期。

32.《推广普通话和保护方言》，《关于公布〈汉字简化方案〉的决议和〈关于推广普通话的指示〉50周年》纪念文集，2006年教育部语言文字应用管理司编。

33.《谈谈音类和音值问题》，《语言教学与研究》2007年第1期。

34.《"假借"辨》，《澳门文献信息学刊》第6期，2012年4月。

35.《从现代山东方言的共时语音现象看其历时演变的轨迹》，《汉语学报》2012年第2期。中国人民大学书报资料中心"语言文字学"2012年第9期全文转载。

36.《口语高频词比较方言分区意义》（岳立静合作），《文史哲》2012年第3期。

37.《官话方言知庄章声母的读音类型》（高晓虹合作），收入《语言学论丛》2012年第46辑。

38.《汉语只有三个单字调方言的类型及分布（附：只有两个单字调的方言）》，《澳门文献信息学刊》2013年第9期。

39.《山东沂山地区方言简志》（岳立静、刘娟、张燕芬合作），《方言》2015年第2期。中国人民大学书报资料中心"语言文字学"2015年第6期全文转载。

40.《浙江嵊州长乐话的变调》，《方言》2016年第1期。中国人民大学书报资料中心"语言文字学"2016年第6期全文转载。

41.《扬雄"蝇，东齐谓之羊"古今考》，《中国语文》2019年第4期。

（作者单位：山东大学文学院）

黄孝纾自传

黄孝纾撰　李振聚整理

编者按： 黄孝纾先生档案中留存有两篇自传，一作于1951年，一作于1955年。这两篇文字，内容虽皆为自传，但详略有异，今辑录作《黄孝纾自传》之一、之二。

之　一

黄孝纾，字公渚，号頵士，笔名匑庵。年五十二岁（1900年生人）。福州市人，家籍山东，住青岛市观海二路三号。现任山东大学中国语文系教授，青岛市古物保管委员会委员。家庭成分系城市小资产阶级。上代皆在外省服官，因此我兄弟并生长北京、山东，未曾回到福建原籍。先父、先母、先兄、亡弟等，皆葬在本市公墓。

在我一辈，兄弟四人，连未出嫁两妹，共为六房。以无恒产，全家靠薪水所入共同负担，故亦无从分居。长兄、四弟故后，青岛全家生活遂由我这一房担负。住青人口计十四人。妻陆嬿，苏州人。弟妇刘希哲，九江人。妹黄琼，以多年痼疾未出嫁；黄玮，青年会缝纫学校毕业。子为宪，在人民银行文书上供职。为爵，石油公司会计。为詥，出嗣长房，在山大地矿系四年级肄业。女湘畹，在山大注册科供职，现为民盟盟员。靓宜，文德女中教导主任。黄达，山大园艺系四年级肄业。侄为儁，省立一中读书。侄女为健，江苏路小学读书。另有保母顾氏一人。三弟君坦，现居北京，系一公教人员，曾在教育、实业各部任秘书、参事等职。其子为佶，供职北京税务总局。为倬，在天津北洋工学院电机系四年级肄业。为伋，在东北某工学院肄业。

家庭及个人经济主要来源完全靠薪水，量入为出，勉强敷衍，如有婚丧大事，便须举债，或斥卖书籍，旧有书籍，现已所剩无多。六房公有小住宅一所，另有福山支路承租地一亩。

我的上代系读书人家，到了祖父时，因为做云霄厅同知，到任未三月逝世，死后，亏空累累，家遂破产中落。先父石荪，幼年因债务逼迫，出外谋生，靠教家馆为生活。在封建社会中读书人唯一出路是科举，先父亦不例外，辛苦挣扎，由秀才而举人而进士，光绪庚寅年入翰林。是时外患日迫，清廷政治日趋腐败，同榜中如文廷式、夏曾佑、廖平、蔡元培诸氏，思想皆趋向维新，因此我父亲亦具有政治改革思想。在御史任内，虽有敢言直谏之名，但为时代意识所限，亦仅属于改良主义。后因好直言，被亲贵排挤，外调徽州知府，后转青州、济南知府。辛亥革命去职。因福建原籍无产业，无家可归，遂流寓青岛，住了三年。我从小因体弱在家延师课读，因我的塾师后来在赫兰大学任教，因此也就进了该学校旁听了一个时期。一九一四年德日战争起，由青岛徙益都避乱。

一九一四年至一九二二年，皆在益都居住。家境非常艰苦，无力上大学，在家自修，同时开馆授徒，补助生活。那时治学是走的乾嘉汉学家的路子，对于东原戴氏、高邮王氏、元和惠氏诸人的书非常崇佩。思想因受廖平、康有为所著书影响，倾向大同。现在看来，可谓空想的社会主义。当时又研究词章，笃好汉魏六朝文，因为记忆力少时相当好，曾用《哀江南赋》韵做过一篇《哀时命赋》。其间正值五四运动，对于时局非常愤慨，希望政治有个改革。当时对于社会性质认识不清，不知资产阶级不能领导革命，反以北洋军阀攘窃革命成果，走向反动道路，认为国家是暴力机关，一切政治皆系为统治阶级服务，因此对于政治激起了厌恶之心，但愿有一技之长，做个自食其力的文人。在这时期因读书过劳，得了肺病及心脏衰弱病，经过一个休养时期方愈。

一九二三年至一九三六年，为就业住上海时期，担任南浔刘氏嘉业堂图书馆编辑职务，月薪从一百元至一百五十元，帮助整理图书，考订板本，编制藏书提要。张菊生、刘聚卿、董授经、朱古微、陈散原、罗雪堂诸氏，皆在该时所认识。因事无多，一九二七年即在正风大学中文系任教授，月薪二百元。一九三〇年又在中国公学任教授，月薪二百二十元。一九三二年又任暨南大学中文系教授，月薪二百八十元，所教的是纯文学韵文方面。并为商务印书馆编辑书籍，兼以卖画卖文维持生活。任中国画会会员，并与友人创办康桥画社。

当时军阀及国民党不愿学生过问政治，而愿学生研究脱离现实的文学。我因糊口适应需要，遂不知不觉走上纯文学的路子。又因经常和文艺界老辈往来，谈谈板本，鉴赏古物，写写诗词，无形中成了帮闲文学，连早日大同思想也冲淡了。

上海卖稿卖画生涯在一二八以前，收入尚不恶。到了一二八以后，上海经济市场受到帝国主义更重之压迫，普遍的表现不景气，即笔墨生涯都受了影响。居停主人破产，迁住苏州。我也闹肿脚病，须易地疗养。又因这时我家久已迁居青岛，遂在一九三六年回岛，接受山东大学中文系聘书（月薪三百二十元）。

一九三七年卢沟桥事变起，北京先期沦陷，青岛战争空气紧张。便同梁漱溟之兄凯铭，拟往邹平避难。到了周村，得悉梁漱溟已先离开邹平，不得已携同老弱二十余口，狼狈折回益都，住了两个月。后悉青岛日侨撤退，沈鸿烈高唱保卫大青岛，林济青校长筹议山大恢复开学，我又回到青岛。

一九三八年一月十日，青岛沦陷。沈鸿烈先期溜走。日军登陆，治安不佳，尤其对于无职业知识分子，特别注意。人心惴惴不安。是时青、京交通恢复。董康得悉我家仍住青岛，来信言及汤尔和要恢复北京大学，希望旧山大教员到北京去。我时全家失业，人口众多，又因中央银行事先撤退，通货枯竭，在此不得已情形下，遂到了北京。哪知北大文学院沙滩校舍因日军占住，一时不能恢复，家居旅馆，进退维谷。董康坚邀到其司法委员会任秘书。当此时期，不了解抗日战争局势，国共合作后，中共持久战策略起了骨干作用，只看见国民党军队节节败退，又从后方传来速战速决之妥协消息，遂认为国民党是无希望，终不免有战败构和之一日。又因司法委员会独无日本顾问，同事中多旧日文学界熟人，因此遂就秘书职务。因不懂法律，只好写写应酬文字，校刻古籍，在《法典》编纂委员会搜辑《清实录》各书中有关清代修订法律史料。因事清简，不须按时上班，同时友人瞿兑之让半个教书位置，遂在师范学院中文系任讲师，此为在师范任教开始。次年转女子师范学院任教。其后两院合并，改为师范大学，遂在师范中文系任教授，月薪四百五十元，一直到一九四五年春，始离该校，有本校李良庆教授可证。

一九四〇年春司法委员会解散，国学书院成立，第二院院长为瞿兑之，约我为导师及讲座。嗣以书院立案，伪教署未批准，不能成为正规学院，经费拮据，所有教员，多有兼差。我也于是年秋天兼内务总署秘书，后调参事，在礼制讨论委员会任编订冠婚礼仪工作。因事不多，时间多在国学书院及师大教书上。

一九四二年辞内务兼职，专任师大教授及北京大学文学院讲师，又因珍珠湾事件发生后，币制紊乱，生活日紧，售去青岛湖南路老宅，拟将全家搬住北京，以省开支，后因车路拥挤打消前议。

一九四五年春，艺术专科学校校长王石之他调，文教界及中画系教授黄宾虹诸人因我系中国画会及湖社画会理事，希望我去担任校务，遂以教授兼长校务（月薪五百五十元）。该校共中画、西画、陶瓷、雕塑四系。以往因校内不供宿舍，学生走读，负担颇重，学生人数日减。我到校后，始设法将学生迁入，维持一学期。日寇投降后，由临大第八班接收，我就到临大第二班教书，因第二班就是伪北大文学院。

在这阶段，一个素无生产手段，靠薪水维持生活的人，由于家庭包袱所累，阶级意识模糊，误信反动派报纸和平虚伪宣传，更由于小资产阶级动摇性相结合，彷徨歧路，辛辛苦苦教书，想要保存一部分中国民族旧有文化遗产，在现在看来也是麻痹青年意识，为反动政权服务，不知不觉地执行了奴化教育，真是大误特误，对不起祖国和人民。在临大教了一年书，一九四六年遂返回山大，任中文系教授（月薪五百八十元），又在海校兼课。

我是旧社会腐蚀的一个人，有如堕入染缸，浑身尽是污点，一时是洗刷不净的。经过北洋军阀、国民政府，沦陷了八年方才得到曙光。看到共产党领导的人民政府新生，是万分幸运。军阀的混乱，是所痛恶，对于国民党之初期，尚认为比军阀较胜一筹，后来因为内战频仍，丧地辱国节节败退，认为无希望，尤其日寇投降后之劫收贪污，种种反动措施，走向北洋军阀老路，早决其必亡。至于中共，在未解放前受反动派宣传，对于党的本质，甚为模糊。但是一个城市小资产阶级出身的人，对于个人利益总是不肯抛弃，听到李立三路线，"左倾"破坏政策及反动派宣传，共产党是苏维埃式工农政府，知识分子不能存在一类话，是不能不存着顾虑。解放后，通过学习，渐明了中共本质，又经党史学习，看到毛主席纠正党的或左或右的偏向，从实践中得到正确路子（即马列主义与中国实际结合的毛泽东思想），不是硬套苏联式之社会主义，而是符合中国人民大众利益的新民主主义国家。两年来经济建设突飞猛进，使人深深佩服毛主席之伟大，而中国是有了前途。尤其对于统一战线团结四友政策，使我们从小资产阶级出身的人，感到今天能在这里学习改造，是受毛主席的赐予。

回顾以往，无一是处，缺乏正确的人生观，无斗争勇气，是一个小资产阶级气氛浓厚一个人。痛定思痛，觉今是而昨非，从今开始，我们文教工作者，应该全心全意的做毛主席学生，守自己岗位，做个螺丝钉，为人民服务，学习学习再学习，不多述了。

一九五一年九月二十日写于山大

之 二

黄孝纾，字公渚，号頠士，笔名匑庵。年五十六岁。生于一九〇〇年八月。原籍福州市，寄籍青岛市。居住观海二路三号。现任山东大学中国语文系教授，青岛市古物保管委员会常务委员。家庭成分系城市小资产阶级。先代并公教人员，在外省服官多年，因此我兄弟皆生长北方，离开福建原籍，已有六十余年。先父、先母、先兄、亡弟，皆葬在本市公墓。在我一辈兄弟四人，连两个妹妹，一共六房，合组为一个大家庭，以无恒产，全靠做事的人，以所得工资，来共同负担家用，维持生活，故无从分居。长兄亡弟逝世后，青岛全家生活，归我这一房负担。妻陆嬬，苏州人，自幼父母双亡，贫寒出身。弟妇刘希哲，九江人，民主妇联学员，市南区居民委员会街道分会副主任，观海路补习学校副校长。妹黄琼，多年痼疾。次妹黄玮，青年会缝纫学校毕业，在家帮助料理家务。以上都在青岛居住。三弟君坦，久居北京，就养其子处，曾在北京教育、实业各部，任秘书、参事、司长等职，系一公教人员，过去从没有参加任何党派，现以卖稿为生。子女六人，长子为宪，人民银行职员，现派在合营银行储蓄部供职。长媳林曦，福建人，供职人民保险公司。次子为爵，南京石油公司会计。幼子为龙，出嗣长房，山大地矿系毕业，现供职北京科学院地质学院。次媳张梅芳，上海人，北京地质部职员。长女湘畹，辅仁大学毕业，青岛工学院注册科长，民盟盟员。次女靓宜，北京大学毕业，本市第八中学教导主任，民盟盟员，山东全省人民代表。三女黄达，山大农学院园艺系毕业，现任锦州农业学校教员。婿崔伟，宝应人，复旦大学毕业，也是锦州农校教员。侄五人，为佶，北京大学毕业，任职北京市税务局科长。为倬，天津北洋工学院毕业，现在南京某军事工厂供职。为伋，东北富顺矿校毕业，现在山西某煤矿任职。为儁，天津大学三年级肄业。侄女为健，青岛市第二中学肄业。孙二人，毓璋，一岁。毓琳，一岁。

家庭及个人经济主要来源，完全靠工资收入维持。由来已久。先父服官三十年，辛亥罢官归隐，宦囊不及乙万元。一部分是中兴煤矿及大源公司股票，一部分现金，存银行生息，维持全家生计。以故民初第一次来到青岛，无力购买住宅，赁屋而居。直到民国十五年后，第二次来青岛，由于我兄弟四人，皆有职业，收入有余，才变卖股票，腾出一部分钱并借了山左银行四千元购置湖南路五十一号住宅。在沦陷时间，通货膨胀，银行催欠款，家用也感拮据，才把湖南路老宅变卖，除还债外，另购入现住观海二路小住宅一所，作为全家栖止之所。又租赁福山支路公地一亩，预备日后人口增多分居建屋之用（一九五二年因缴不上地租退还房产局）。全家聚居青岛先后将近四十年，所余产业，只此六房共有住宅一幢。比因连遇婚丧事故，家中病人医药费用浩繁，而房保养修缮费，也无着落，乃由杂物等腾出平房一部分出租，月租廿六元，除弟妇两妹医药零用外，并补助一部分房屋修理费。

我出身封建官僚家庭。先世曾隶旗籍。祖父曾官云霄厅同知，因到任未及三月逝世，拖下亏空累累，家遂破产中落。先父幼年因债务逼迫，出外谋生，靠教家馆所得馆谷度日。在封建社会中，读书人唯一出路，是科举，先父亦不例外，辛苦挣扎，由秀才而举人而进士，光绪庚寅入翰林。是时外患日迫，清廷政治日趋腐化，同榜中如文廷式、俞明震、夏曾佑、廖平、蔡元培、江标诸氏，思想皆趋向维新，因之先父亦具有政治改革思想。在御史任内，虽有直言敢谏之名，但为时代阶级意识所限，亦仅属于改良主义。后因好直言，弹劾亲贵，被豪门排挤，外调徽州知府，放调山东青州知府、济南知府，署守道。辛亥革命去职。因福建原籍无田产，无家可归，遂挈全眷二十余口，流寓青岛，住了三年。我从小因体弱多病，在家延师课读。一九一四年，第一次欧洲大战开始，日德战争起，青岛卷入旋涡。全家避乱，遂内徙青州益都。从一九一四年至一九二二年，皆在益都居住。家境非常艰苦，无力上大学，在家自修。同时开馆授徒，补助生活。那时治学的方向，走的是乾嘉汉学家的路子，对于东原戴氏、高邮王氏、元和惠氏、金坛段氏诸人的书，非常崇拜。思想因受廖平、康有为所著书的影响，憬憧大同，趋向空想的社会主义。同时又研究词章，笃好汉魏六朝文，因为少年记忆力相当好，好写辞赋和骈体文。其间正值五四运动，对于时局非常愤慨，希望有个改革，当时对于社会性质认识不清，不知资产阶级不能领导革命，反以北洋军阀攘窃革命成果，走向反动道路，认为革命是少数人夺取政权的阴谋手段，挂羊头卖狗肉，换汤不换药。国家机构，是暴力机关，任何政治，都是以暴易暴，谈不到什么民意民主。因此对于政治，起了厌恶的心情。只希望有一技之长，苟全性命于乱世，做个自食其力的文人。因此从事研究绘画、美术、篆刻、书法等等。在这时期，由于学习过劳，得了肺病及心脏病，经过休养一个期，才获到恢复。一九二三年至一九三六年，为就业上海时期。担任刘氏嘉业堂图书馆编辑职务和私人秘书，月薪从五十元至一百五十元。帮助整理图书，审核板本，编写提要，校勘古籍。张菊生、况蕙风、刘世珩、徐乃昌、董康、罗振玉、朱彊村、陈三立、郑太夷、陈仁先、程颂万、李审言诸氏，皆在该时认识。因事无多，一九二七年，即在正风大学中文系兼任教授，月薪二百元。一九三十年，又在中国公学中文系任教授，月薪二百廿元。一九三三年，又任暨南大学中文系教授，月薪二百八十元，所教的并属纯文学和韵文方面。并为商务印书馆编辑书籍，兼以卖画卖文维持生活，任中国画会会员，并与夏剑丞创办康桥画社。与朱彊邨、叶遐庵创办沤社词社、清词编纂处。当时军阀及国民党，不愿学生过问政治，而愿学生闭聪塞明，从事钻研脱离现实的文学。我为了糊口适应需要，遂不知不觉地走上纯文艺的道路，强调技巧，追求形式。躲在象牙塔里，自我陶醉，生活视野，局限于十里洋场中，文艺内容更显得空虚，连早日大同思想，也冲淡了。到了一二八以后，上海经济市场，受帝国主义严重的摧残和破坏，普遍表现不景气，即笔墨生活，也都受到了影响。居停主人破产，全家迁住苏州。我也闹肿脚病，须易地疗养。青岛是我全家根据地，遂在一九三六年回岛，接受山东大学林济青校长的聘书，任中文系教授，月薪三百二十元。一九三七年，卢沟桥事变起，北京先期沦陷，青岛战争空气紧张。便同友人梁漱溟之兄梁凯铭，拟住邹平避乱，携带老幼二十余口，到了周村，公路汽车中断，不得已中途折回益都，暂住月余。旋悉青市日侨撤退，沈鸿烈高唱保卫大青岛，林济青决议山东大学恢复开学，我又回到青岛。一九三八年一月十日，青岛沦陷，日寇军队上岸，治安不佳，尤其对于无职业的知识分子，特别注意，人心惴惴不安。是时青、京交通恢复，董康得悉我家仍住青岛，来信言及汤尔和要恢复北大，希望旧山大人员，到北京去。我时全家失业，人口众多，又因中央银行事先撤退，通货枯竭，在此不得已情形下，遂到了北京。哪知北大文学院沙滩校舍，为日军占住，不允腾房，一时不能恢复。守居旅馆，进退维谷。董康坚邀到伪司法委员会暂住。以该会同事中多半是文学界的旧人，因此遂就伪司法委员会的秘书。以未曾学过法律，不懂条文，只好写写应酬文字和书牍，办理刻书事务，在法典编纂委员会，搜辑《清实录》中及各书中有关清代修订法律的史料，编纂《清法典》的一部分。因事清简，不须按时上班，同时友人瞿兑之让一伪师范学院教书的位置，遂在该校任讲师，担任文学史、目录学、词学、楚辞等课目。此为在伪师大任教的开始。次年转女子师范学院，其后两院合并，改为师范大学，遂在师范大学任教授，月薪四百五十元。一直到一九四五年春天才离职。一九四〇年春，伪司法委员会解散。已故汉奸王揖唐创办国学书院，自任院长，第二分院院长瞿兑之，约我到该院任讲师及讲座。嗣以国学书院立案伪教署未批准，不能成为正规学院，经费无着，所有教师，多有兼差。我也于这一年秋天兼伪内务总署秘书，后改参事。在礼制讨论委员会，任编订冠婚礼仪的工作。因事不多，时间多放在国学书院及师大教书上。在任秘书期间，庚寅辛卯年，两次派充高等考试华北分区临时评阅国文卷子的委员。一九四二年辞去内署兼职，专任伪师范大学教授，及北大文学院讲师。适值珍珠湾事件发生后，币制紊乱，生活日紧，售出青岛湖南路老宅，拟将全家搬往北京居住，以节省两处的开支，后因车路阻碍，打消前议。一九四五年，伪艺专原任校长他调，悬缺经时，主持无人，文教界及画会黄宾虹诸人，因我系中国画会及湖社画会理事，希望我去担任校务，遂以教授兼长校务，月薪五百五十元。该校分中画、西画、陶瓷、雕塑四系。以前因校内不供宿舍，学生走读负担重，又不方便，以故学生人数日少。我到校后，始设法将学生迁入。维持一学期。日寇投降，由临大第八班接收。我就到临大第二班教书，因第二班的前身，就是伪北大文学院。在这一阶段中，由于家庭包袱所累，阶级意识模糊，遂至丧失了民族立场。卢沟桥事变初起，没有认到人民的力量，片面的看到国民党军队节节败退，汪伪政权也在那里宣传所谓和平，我也认为国民党的腐化，是无希望，还不是依赖德英外交关系，变相的屈服讲和，因此存着苟全性命于乱世的心理，躲在北京比较安定人海地区，靠着封建关系，继续我的文教生活。回想过去，真是罪恶。傀儡政权，系帝国主义奴役中国人民的工具，不管是什么机构，既然是里面成员之一，直接间接都是危害人民，在当时虽有保存国故国粹的主观愿望，实际上也是麻痹青年意志，为反动政权服务，执行奴化教育。在临大教了一年书。一九四六年，山大复校，遂又重新回到青岛，任山大中文系主任一年，同时又在伪海军学校任国文教授。

回溯我的一生，是个被旧社会腐蚀最深的一人。生长清朝专制时代，经过北洋军阀、国民党、沦陷八年，方才得到曙光，看见共产党领导的人民政府的新生，是万分幸运的。三十多年虽然始终没有脱离文教工作岗位，但解放前所服务的对象，都是反动的。在这里我再谈一谈错误思想的根源：主要的是浓厚的封建意识。我虽不是地主，没有参加任何反动党团，但是生长在封建官僚家庭，从小受封建教育的洗礼。先父是研究经学的，所谓正统文学思想，深入我的脑海，轻视白话文，看不起民间文艺。由于先父政治上受到打击挫折而退隐而灰心，希望我兄弟四人有一技专长，自食其力，鼓励我们搞冷门的封建糟粕的骈文和脱离实际的诗词歌赋。正当五四运动转向低潮时期，有一部分文人，脱离革命战斗，走向反动，拿整理国故作掩护，引诱青年脱离实际，古典文学的死灰，重新得到复燃。我正在上海，和陈散原、朱古微、沈乙庵、罗雪堂、冯梦华、郑太夷、张菊生、吴缶庐、况蕙风一班遗老往来，受了他们的影响，从事做做诗词，开开画展，考鉴古物，辨别一些书画板本，在租界里过着散漫自由生活，做了帮闲文人。反动政府教育政策，为了利用封建糟粕脱离实际的文学，来麻痹青年。我糊里糊涂的混入教育界，出卖古董货色，以变相的《文选》学，披上美术文的外衣，来教育青年，并写了十几种册子，由商务印书馆出版，放射封建文学的毒素。由于封建意识的浓厚，对现实不满，思想矛盾得不到解决，憧憬乾嘉经学大师的幸运和所谓太平盛世，便思想消极，受李虚中、万育吾诸人著书的影响，有宿命论的倾向。其间写了不少颓废文字和诗词，发表在《国闻周报》、《青鹤》杂志、《艺文》月刊、《词学季刊》等等。并以这些灰色不健康的作品，向青年提倡，拉着走后退的路子。解放后，经过马列主义文艺理论的学习，开始认识了旧社会旧家庭予我的毒害，极力和旧思想在斗争，而残余的意识，或多或少的仍影响我的教学工作前进。在写作方面，初步认识人民文艺的伟大，开始学习写白话文，从事古典文的译释。这些点滴改造，当然是很不够的，但是在我的治学思想过程中，是一个新的认识。其次我的思想，又受有资产阶级的买办思想的影响：我不懂外国语，西洋资产阶级的教育，当然说不上能直接影响我，但是一个生长商业都市的人，从小长期居住北京、青岛，尤其在上海时间相当的久。过去十里洋场的上海，是帝国主义经济侵略的据点，形成了投机取巧的特殊社会。我虽不是资本家，但来往的亲友，多半属于资产阶级，耳濡目染，经常接触，不知不觉地沾上虚荣好面子的习气，崇拜西洋物质文明，生活方式，力求排场现代化，不习惯农村生活，家无恒产，而好撑空架子，以故不免有些浪费。一旦无事，经济便发生恐慌。年已望六，家中长物，不过廿余箱书籍，和残余的少数碑帖字画。反映在治学方面，存有严重的名利思想，不面对大众，认为纯文艺观点是至高无上的，搞冷门货色，钻牛角尖，躲在象牙塔里，自我欣赏，强调技术观点，拿知识当作商品出卖，鉴订古物，搜罗板本，多少夹杂有"拜物教"的思想成分在内。教育青年，希望他们躲在书堆中，成为专家，做我的声光。这样半殖民地的买办思想，影响我一生治学和教学，假使不通过学习，没有马列主义做我的指南针，怕要迷惑一辈子了。在"三反"思想改造中，我曾痛心的批判，但是旧意识旧思想的作祟，不断在暗中萌动，以后仍须时时刻刻的提防，加倍的警戒。复次我的小资产阶级的自由主意，也是非常浓厚的：这次肃反运动，胡风文件学习中，检查我的思想，最使我感到予敌人以可乘之机的，是自由主义。这是我小资产阶级意识突出的表现，也是与我家庭出身分不开的，我十八岁当家庭教师，后来到上海和住居租界中做名士的遗老们往来，做的是半自由的职业，生活散漫惯了，好逸怕劳。教书总抱一种合则留不合则去的态度，凭主观看问题，凭兴趣教学，不看对象，不考虑进程，当然谈不到集体教学和计划性。解放后经过学习，认识以往的错误，在生活上不断的检查自己，极力克服散漫作风。而在教学方面，认识苏联先进经验集体教学的优越性，开始对于讲稿讨论，感到别扭，组员提供意见，也感到不愉快，对向他人提意见，也多顾虑不大胆，经过三年时光，逐渐克服。教学方法上，有些改进，同学意见也比以往较少。每学期终了，也有较完整的讲稿。这是近年来在教学过程中，与自由主义斗争的情况，但是做的还很不够的。又如政治警惕不够高，保密工作不够重视，尤其严重的，是不分是非，从假象上看人。具体表现，是在这次斗争潘颖舒过程中，开始认为潘颖舒可能也是一个自由主义者，问题不会太大，经过几次同人的揭发，乃始纠正了右倾思想。又从烧信一点证明，他确是吕荧一员大将，这也充分说明我的小资产阶级自由主义的思想在暗中作祟。

总结我的主叶思想，是腐朽的封建思想，其次杂有资产阶级买办思想和小资产阶级意识的成分。当然与无产阶级工人思想，有些距离。解放后，在学习中，自我改造，认识了我的腐朽本质，初步树立了马列主义的人生观，这在我是个新的收获。生幸在毛泽东时代，解放不久的短短六年，经过土地改革、镇压反革命、"三反"、"五反"、思想改造，一系列的政治性的运动。宪法公布，人民政权更进一步的巩固，第一个五年计划，开展不到三年。在李富春副总理《国家在过渡时期总任务报告》中，不论工业、农业、商业、运输、文化、教育方面，都有突飞猛进的成绩，成渝、宝成、甬新、丰沙等铁路的施工，和导淮、导黄、官厅水库的建设，和三门峡水电厂的设计，并有显著的成就。人们在总路线灯塔照耀下，大踏步地向社会主义社会迈进。我以一个旧社会渣滓的知识分子，滥竽文教界，使有机会跟从学习改造，是十分荣幸的。几年来在毛泽东文艺政策方向下，从事教学改革，点点滴滴，有些新的收获，不能不感谢党的领导和培养。劳保条件公布，工作人员生活有了保障。以往旧社会文教工作者，每到学期终了，担心失业恐慌的情况，已成过去的历史。安心工作，使得人们欢欣鼓舞的，树立为人民服务的观点和主人翁的态度的思想。我的家庭，除有一部分亲属尚未找到职业，尚须由我负担外，子女六人，在党的培养和教育下，都走上工作岗位，有的是团员，有的是盟员，都能自立。我虽老病，面对这一现实，也鼓舞了我。以后要在本工作岗位上，尽我一知半解，舍旧图新，从事科学研究，更好的配合教学工作，为人民服务。这是我的一点信心，仍须在不断学习中，锻炼自己，提高自己，坚定阶级立场，肃清一切唯心主义思想，发挥一个螺丝钉的作用，更好地为新社会贡献力量。

一九五五年九月二十八日写于青岛山东大学

《山东大学中文论丛》启事及稿约

《山东大学中文学报》自本辑起更名为《山东大学中文论丛》，仍请北京大学袁行霈先生赐题名签，特此申谢。

1.《山东大学中文论丛》是山东大学文学院主办的学术刊物，每年四期，由山东人民出版社发行。本刊加入知网及其他公共网络平台，作者如有不同意见，请接到用稿通知后回复说明。

2.本刊发表海内外关于中国语言文学研究的论文、科学考察报告、学术札记，以及与中文学科相关的人物传记、回忆等。

3.欢迎教师科研人员及文史爱好者赐稿，尤其欢迎青年同志包括在读本科生、研究生赐稿。本刊以质论稿，不讲身份。

4.来稿要求及注意事项：

（1）稿件用简体汉字，现代汉语标点。篇幅一般在一万字以内，特殊情况可以不受字数限制。

（2）稿件内容包含标题、作者姓名及单位、摘要、关键词、正文。注释采用脚注，不设参考文献。未依本刊格式的稿件，将不能进入审稿程序。

脚注格式如下：

①期刊　洪子诚：《关于五十至七十年代的中国文学》，《文学评论》1996年第2期。

（注：如文章有三个以上的作者，仅列前三个，后加"等"）

②专著　冯尔康：《中国社会史研究》，天津人民出版社2010年版，第20页。

③译著　［美］奈斯比特：《大趋势：改变我们生活的十个新方向》，梅艳译，中国社会科学出版社1984年版，第26页。

④析出文献　林穗芳：《美国出版业概况》，见陆本瑞：《世界出版概观》，中国书籍出版社1991年版，第40页。

⑤报纸　丁文祥：《数字革命与竞争国际化》，《中国青年报》2000年11月20日。

（3）须另纸注明工作或学习单位、通信地址、电子邮箱、手机号码等联系方式。

5.本刊实行专家匿名审稿制度，基本审稿周期为两个月。无论采用与否，都将以电子邮件的方式通知作者。

6.来稿一经采用，即付稿费，每千字100元，并赠送样刊2册。

7.凡教师推荐学生稿件，需在文末注明教师身份为"特约审稿人"（即推荐人），并付给审稿费每篇200元，赠送样刊1份，以示尊重。

8.本刊推荐使用电子文档投稿，请将稿件发送至shandazhongwen@163.com。纸本投稿请寄送至：山东省济南市山大南路27号山东大学文学院《山东大学中文论丛》编辑部收，邮编250100。